# Günter Bannas

# Machtver-
# schiebung

*Wie die Berliner Republik unsere
Politik verändert hat*

**Propyläen**

Propyläen ist ein Verlag der Ullstein Buchverlage GmbH
www.propyläen-verlag.de

ISBN 978-3-549-10004-2

2. Auflage 2019
© der deutschsprachigen Ausgabe
Ullstein Buchverlage GmbH, Berlin 2019
Alle Rechte vorbehalten
Gesetzt aus der Minion Pro und Gothem Book
bei LVD GmbH, Berlin
Druck und Bindearbeiten: GGP Media GmbH, Pößneck
Printed in Germany

# Inhalt

# Alles fließt

Zwanzig Jahre können in der Geschichte eines Landes eine lange Zeit sein. Es gibt große und kleine Ereignisse, langfristige Entwicklungen und kurzlebige Skandale. Je auf ihre Weise prägen beeindruckende Gestalten und wichtigtuerische Aufschneider eine Epoche. Als sich Parlament und Regierung 1999 – knapp zehn Jahre nach der Vereinigung Deutschlands – nach Berlin aufmachten, stand das Internet noch am Anfang, Smartphones existierten nur in den Visionen von Technikpionieren. Man bezahlte mit D-Mark. Frauen in der Politik hatten sich mit vermeintlichen Randthemen zu befassen. China war noch keine Weltmacht und die Vereinigten Staaten ein verlässlicher Partner. Rot-Grün stand gegen Schwarz-Gelb. Deutschland wurde stabil regiert. In der Politik selbst und auch im kommunikativen Wechselspiel von Politik und Medien herrschten Formen gelassener Nachsichtigkeit, oft auch gepaart mit rheinischem Humor. Gefühlslagen, Lebensumstände, Selbstverständlichkeiten haben sich seitdem verschoben, vor allem aber Macht.

Womöglich kommen Historiker später einmal zu der Auffassung, die Verhältnisse in Bonn seien mit dem Umzug an die Spree einfach nur nach Berlin verpflanzt worden und eigentlich habe die »Bonner Republik« bis ungefähr 2017 gewährt. Tatsache ist: Fürs Erste galten die »Bonner« Regeln, Maßstäbe und Verhältnisse: klare Mehrheiten im Bundestag; starke Volksparteien; kleinere Parteien, die regierungswillig waren; Koalitionspartner, die auch wirklich gemeinsam regieren wollten. Krisen wurden nach bewährten Mustern gelöst, durch die Entlassung

7

von Ministern zum Beispiel. Doch wurde deshalb nicht von einer Krise der Volksparteien oder gar des Regierungssystems gesprochen oder auch nur palavert. Seit 2017 hingegen ist das Parteiensystem in Deutschland instabil wie selten. Union und SPD, lange Zeit die tragenden Säulen der deutschen Nachkriegspolitik, befinden sich in Krisen bisher ungekannten Ausmaßes. Angela Merkels letzte Regierung war schon bei ihrem Start im Volk so unbeliebt wie keine andere zuvor. Kaum gebildet, wurde über ihr Ende spekuliert. Die Amtszeit des amerikanischen Präsidenten Donald Trump, die weltweiten Flüchtlingsströme, die Krisen der Europäischen Union und die russische Expansionspolitik veränderten die Parameter auch der deutschen Innenpolitik – mit Folgen bis in die Verästelungen der Parteien hinein.

Was also macht die sogenannte »Berliner Republik« überhaupt aus? Alles, was seit 1999 geschah – national, europäisch, weltweit –, wäre schließlich auch passiert, wäre Bonn der Sitz von Regierung und Parlament geblieben. Doch wandelte sich die Bundespolitik in Berlin standort- und zeitbedingt. Schon wegen der geänderten technischen Bedingungen der Kommunikation wurde sie schneller, härter, hektischer, unversöhnlicher. Die politische Klasse am Regierungssitz bildeten nicht mehr nur Politiker und Journalisten, es kamen neue Akteure etwa aus der Wirtschaft und dem Unterhaltungsgewerbe hinzu. Auch sollte nicht so getan werden, als stünde das, was den Parteien in Berlin widerfährt, ausschließlich in der individuellen Verantwortung des jeweiligen Führungspersonals. Auch bei unseren europäischen Nachbarn liegen die christdemokratischen und sozialdemokratischen Parteien am Boden, erklimmen grün-ökologische Parteien die Zwanzig-Prozent-Marke und nehmen Rechtspopulisten entscheidenden Einfluss auf die Politik. Deutschland ist keine Insel.

Im Grundgesetz erklärt Artikel 22: »Die Hauptstadt der Bundesrepublik Deutschland ist Berlin.« Was so unscheinbar klingt, ist eine Besonderheit. Die Landesverfassung Bayerns beispielsweise legt sich nicht auf München als Hauptstadt des selbstbewussten Freistaates fest; niemand käme auf den Gedanken, an »München« zu zweifeln. Ebenso lässt die Verfassung des weniger traditionsreichen Nordrhein-Westfalen offen, ob Düsseldorf dessen Landeshauptstadt sei. Auch die Weimarer Reichsverfassung legte keine Kapitale des Deutschen Reiches fest. Diese war eben Berlin, auch ohne Verfassungsartikel. Die erst 2006 hinzugefügte Bestimmung des Grundgesetzes, wonach die Hauptstadt der Bundesrepublik an der Spree liegt, ist ein Ausdruck deutscher Nichtselbstverständlichkeit. Und diese reicht noch weiter: In Berlin, der Hauptstadt, schlägt seit Ende des Zweiten Weltkrieges nicht mehr das ökonomische Herz des Landes wie in Paris und London. Der Föderalismus und die kulturelle Vielfalt Deutschlands kratzen außerdem am Anspruch Berlins, das wahre Zentrum der Nation zu sein. Auch war Berlin die längste Zeit seines Bestehens nicht deutsche Hauptstadt, sondern erst seit 1871. Fünfzig Jahre lang wurde dann das demokratische Deutschland, die Bundesrepublik, von Bonn aus regiert. Verfassungsrang freilich hatte »Berlin« schon einmal. »Die Hauptstadt der Deutschen Demokratischen Republik ist Berlin«, hieß es in der DDR-Verfassung.

An die Stelle der »Bonner Käseglocke« trat die »Berliner Blase«. Im Quadratkilometer um Kanzleramt und Reichstagsgebäude bleiben die Protagonisten und Nebendarsteller der »Berliner Republik« weitgehend unter sich; Politiker, Beamte, Medienleute, Interessenvertreter aller Sparten und Berater für alle Fälle wähnen sich dort in der großen weiten Welt. Direkt daneben tummeln sich die Touristen, das Brandenburger Tor und die Kuppel des Reichstagsgebäudes gehören zu den Attraktionen der Stadt. Am sichtbarsten sind Bonner und Berliner Republik an den Verwaltungsbauten der Politik zu unterscheiden. In Berlin wurde das Atrium, also der überdachte Innenhof von Verwaltungsgebäuden, populär und sorgte für mehr umbaute

Luft bei gleichbleibender Bürofläche. Helmut Schmidt sagte einst abschätzig über das Kanzleramt in Bonn, es wirke wie die Zentrale einer Sparkasse – weil es ihm zu groß erschien. Niemand käme heutzutage auf den Gedanken, auch nur eines der Regierungs- und Parlamentsgebäude mit einem Sparkassenbau zu vergleichen.

Das Milieu mit seinen stolzen Behördensitzen ist bei manchen Politikern nicht eben beliebt, sie mögen die härter gewordenen Umgangsformen am Regierungssitz nicht oder kommen mit ihnen nicht zurecht. Diverse Landespolitiker meiden deswegen sogar Spitzenämter auf nationaler Ebene. Als die CSU vor Jahr und Tag einen Bundesinnenminister suchte, wollte sich keiner der Fachpolitiker aus München nach Berlin versetzen lassen. Landes- und Lokalpolitiker lästern gerne über »die da in Berlin«, wo nichts funktioniere, der Bau des Flughafens etwa. Nicht nur für sie ist die Hauptstadt kein Vorbild.

Seit nun zwanzig Jahren wird von Berlin aus die Bundespolitik betrieben. Anfangs gab es Befürchtungen, die »Bonner Republik« mit ihrem vermeintlich bescheidenen Auftreten, ihren demokratischen Gepflogenheiten und ihrer internationalen Zuverlässigkeit würde von einer »Berliner Republik« abgelöst, die vor allem Großspurigkeit in preußisch-wilhelminischem Sinne auszeichne. Daneben standen aber auch Hoffnungen: Endlich würde Politik nicht mehr in einer weltfremden kleinen Stadt am Rhein gestaltet, sondern nahe an den Menschen und den Wirklichkeiten des wiedervereinigten Deutschlands, zudem in einer echten »Weltstadt«. Befürchtungen wie Hoffnungen haben sich nicht bewahrheitet. In Berlin ist es nicht zu einer Neuauflage einer deutschen Glanz-und-Gloria-Politik gekommen. Doch nahe an der Gefühlslage der Menschen in Ostdeutschland ist Berlin auch nicht. Die »Abgehängten« leben nicht in Berlin-Mitte.

BERLIN, im Mai 2019
Günter Bannas

# Auf zu neuen Ufern

»Nichts ist gesichert«, Einheit, Freiheit, Rechtsstaat. »Nichts davon ist voraussetzungslos. Nichts selbstverständlich«, führte Wolfgang Schäuble im Herbst 2018, zum Tag der Deutschen Einheit, aus. Schäuble, der zum Mahner und Lehrmeister wurde, ist eine scheinbar immerwährende Institution deutscher Politik. Er ist der Letzte seiner Art. Kein anderer in der deutschen Politik hatte sowohl in den alten Zeiten in Bonn wie auch in den jüngeren in Berlin solch herausragende Ämter inne wie Wolfgang Schäuble: Chef des Bundeskanzleramtes, Bundesinnenminister und CDU/CSU-Fraktionsvorsitzender war er am Rhein, dann an der Spree Partei- und Fraktionsvorsitzender, abermals Innenminister, Bundesfinanzminister und jetzt Präsident des Deutschen Bundestages. Seit 1972 gehört er ihm ununterbrochen an – nach 27 Jahren allein in Bonn nun in Berlin. Beim Festakt zum Tag der Deutschen Einheit 2018 sprach er nicht über die guten alten Zeiten am ehemaligen Regierungssitz, die neuen Zeiten waren nicht danach. »Denn wir spüren, dass alte Gewissheiten wanken.« Und: »Niemand hat das Recht zu behaupten, er allein vertrete ›das‹ Volk.« Schließlich: »Wir sollten auch wieder lernen, mit dem Nicht-Perfekten zu leben, mit dem Unzulänglichen. So ist der Mensch, so ist die menschliche Gesellschaft. Wer das Perfekte anstrebt, endet in der Diktatur.«

Wolfgang Schäuble hat, darin sind sich Akteure und Beobachter einig, den entscheidenden Beitrag dazu geleistet, dass Berlin nicht nur dem Namen nach zur deutschen Hauptstadt wurde. Dank ihm haben dort die Legislative und die Exekutive ihren Sitz, Bundestag, Bundesregierung, Bundesrat und Bundespräsident. Die Rolle Berlins als Hauptstadt nach klassischen nationalstaatlichen Maßstäben, wie sie heutzutage als selbstverständlich erscheint, lag, als nach der Wende in Deutschland und Europa 1989/1990 die Entscheidungen fielen, keineswegs auf der Hand. Sie war höchst umstritten – in den Parteien der (alten und kleineren) Bundesrepublik Deutschland, in den Fraktionen des Deutschen Bundestags und auch im Bundesrat, unter den Regierungen der Bundesländer also. Bonn, das kleine Provisorium am Rhein, hatte sich bewährt. Die Leute hatten sich daran gewöhnt und die meisten Politiker auch. Bonn als Sitz von Regierung und Parlament wurde zwar belächelt, wenn es mit Paris oder London verglichen wurde. Doch es wurde in seinen Funktionen nicht infrage gestellt, auch weil es sich selbst infrage stellte, wenn es um seine Zukunft ging. Nicht nur insgeheim wurde es geschätzt. Erstmals herrschten in Deutschland über eine längere Zeit hinweg stabile demokratische Verhältnisse. Bonn war ihr Repräsentant und stand für das gute, westorientierte und europafreundliche Deutschland. *Bonn ist nicht Weimar* hatte der Titel eines Buches des Schweizer Journalisten Fritz René Allemann gelautet, das 1956 erschienen war, elf Jahre nach dem Ende des Zweiten Weltkriegs und sieben Jahre nach Bildung der Bundesrepublik Deutschland mit ihrer provisorischen Hauptstadt Bonn. Bundeshauptstadt wurde sie genannt, nicht etwa deutsche Hauptstadt, weil das ja Berlin war und bleiben sollte.

Hans Daniels, CDU-Mitglied, war von 1975 bis 1994 Oberbürgermeister in Bonn, so lange wie keiner sonst, nicht einmal sein Vater Wilhelm Daniels (auch CDU), der von 1956 bis 1969 oberster Repräsentant der Stadt war. Die Familie Daniels war es gewohnt, mit den Großen der Welt in Kontakt zu treten; John F. Kennedy, Charles de Gaulle, Elisabeth II., Leonid Breschnew wurden alle im schmucken Rathaus empfangen. Ihnen beschrieben die Daniels die Bedeutung Bonns für die deutsche Zeitgeschichte – und relativierten sie bis zuletzt. Im Sommer 1989, wenige Monate vor der Wende in Europa, kam Michael Gorbatschow, damals noch Generalsekretär der kommunistischen KPdSU, nach Bonn. Der starke Mann der Sowjetunion war als deren Reformator in der Bundesrepublik Deutschland beliebt wie sonst kaum ein ausländischer Politiker. Daniels jun. also sagte zu Gorbatschow:»Gerade wir Bonner sind uns immer der Tatsache bewusst, dass unsere Stadt (...) die Aufgabe der Hauptstadt nur stellvertretend für Berlin bis zu dem Zeitpunkt wahrnimmt, an dem eine Wiedervereinigung Deutschlands möglich ist.« Wenige Monate später gab es die DDR nicht mehr.

Die Bemerkung von Daniels schien damals unspektakulär. Sie hielt sich im Rahmen dessen, was seit 1949 über Bonn und Berlin gesagt worden war, in Sonntagsreden und im Bundestag, in Wahlkämpfen und auf Auslandsbesuchen von Kanzlern und Präsidenten, und eben auch anlässlich von Gegenbesuchen in Bonn. Dazu gehörte freilich auch: Niemand, der die künftige Rolle Berlins als tatsächliche Hauptstadt ansprach, stellte sich ernsthaft vor, dass es bald so kommen könnte. Weder Gorbatschow noch Bundeskanzler Helmut Kohl noch Daniels ahnten, dass sich wenige Monate später die politischen Verhältnisse grundlegend ändern würden. Die politischen Bündnisblöcke und mithin auch die Verhältnisse im geteilten Deutschland erschienen auf unabsehbare Zeit in Stein gehauen. Zwar hatte Ronald Reagan, der amerikanische Präsident, zwei Jahre vor der historischen Wende Gorbatschow vom Brandenburger Tor aus zugerufen:»Öffnen Sie dieses Tor.« Und:»Reißen Sie diese Mauer nieder.« In Bonn erschien das den einen als liebenswerte Utopie, den anderen als Geplänkel im Kalten Krieg zwischen Ost und West. Es kam anders, und es kam schnell.

Nach dem Fall der Mauer im November 1989 und nach der ersten (und letzten) freien Wahl in der DDR im März 1990 wurden zwischen den Regierungen der Bundesrepublik Deutschland und der DDR zwei grundlegende Verträge ausgehandelt, und zwar im Schnelldurchgang – die vielleicht einmalige historische Gelegenheit sollte nicht vertan werden. Am 1. Juli 1990 trat die Währungs-, Wirtschafts- und Sozialunion zwischen den beiden Staaten in Kraft, fortan war die D-Mark auch in der DDR gesetzliches Zahlungsmittel. »Kommt die D-Mark, bleiben wir, kommt sie nicht, gehen wir zu ihr«, verkündeten die Demonstranten in Halle oder Rostock. Sodann wurde zwischen den beiden Regierungen ein Vertrag ausgehandelt, der offiziell »Vertrag zwischen der Bundesrepublik Deutschland und der Deutschen Demokratischen Republik über die Herstellung der Einheit Deutschlands« heißt. In der Kurzform wurde er »Einigungsvertrag« genannt. Aufs Penibelste waren darin sämtliche Gesetze und sonstigen Rechtsverhältnisse benannt, die nun nicht mehr nur in der Bundesrepublik, sondern auch in der DDR zu gelten hatten, darunter etwa die Anerkennung von Studienabschlüssen nach Fachrichtungen, das Krankenhausfinanzierungsgesetz, das Hochschulbauförderungsgesetz oder Details zum Steuerberatungswesen. Die DDR sollte laut Vertrag der Bundesrepublik Deutschland beitreten.

In Berlin, dem Sitz der DDR-Regierung, und nicht etwa in Bonn, dem Sitz der Regierung der Bundesrepublik Deutschland, wurde der Vertrag von Wolfgang Schäuble, dem »Bonner« Innenminister, und von Günther Krause unterzeichnet, der Parlamentarischer Staatssekretär von DDR-Ministerpräsident Lothar de Maizière war. »Geschehen zu Berlin am 31. August 1990«, wie es in dem Text heißt. Die künftige Rolle der beiden Städte wurde in Artikel 2, Absatz 1 beschrieben: »Hauptstadt Deutschlands ist Berlin. Die Frage des Sitzes von Parlament und Regierung wird nach der Herstellung der Einheit Deutschlands entschieden.« Es war eine ganz und gar ungewöhnliche, weil im politischen Sinne vieles offenhaltende Formulierung. Kennzeichen einer Hauptstadt ist es nach hergebrachter Auffassung, auch Standort wesentlicher Verfassungsorgane zu sein, zumindest derjenigen von Legislative und Exekutive. Laut Vertrag

14

aber hätte Bonn in diesem Sinne »Hauptstadt« bleiben können. Einen konkreten Zeitpunkt für die Entscheidung nannte der Vertrag nicht, was umso bemerkenswerter war, als politisch darum gestritten wurde, was unter der »Herstellung der Einheit Deutschlands« zu verstehen sei. Formale Einheit bloß, also die Existenz von einem statt von zwei deutschen Staaten? Oder »Einheit« auch in einem weiteren, konkreteren Sinne, etwa der Einheitlichkeit der Lebensverhältnisse in Ost und West? Ungewöhnlich erschien damals auch die Formulierung »Hauptstadt Deutschlands«. Der Staat, um dessen Hauptstadt es ging, hieß nicht Deutschland. Er hieß Bundesrepublik Deutschland. So sollte es laut Vertrag auch bleiben. Die Formulierung im Einigungsvertrag aber war ein Kompromiss: Die Zustimmung zum Vertrag im Deutschen Bundestag und im Bundesrat drohte an der »Hauptstadtfrage« zu scheitern. Es musste Zeit gewonnen werden. Schäuble war der Architekt dieser Aktion.

Bonn war friedlich und wohlerzogen. Es langweilte eher, als dass es aufregte. Auf Bonn wurde herabgeschaut. Das Schönste dort sei, wie es hieß, die Straßenbahn nach Köln. Die Bonner wiederum waren nicht hochmütig. Sie freuten sich, wenn Staatsgäste zu besichtigen waren. Die Anwesenheit der Politik nahmen sie freundlich zur Kenntnis, nicht mehr, nicht weniger. Das Regierungsviertel wurde Gästen gezeigt, zog aber kaum Touristen an. Es mangelte dort an Lokalen und Cafés. Doch wer wollte und Glück hatte, sah Kanzler zu Fuß zum Bundestag gehen. Gemessen am heutigen Berlin war das Regierungsviertel in Bonn eine polizeifreie Zone. Auch der »Normalbürger« konnte bis zum Eingang des Deutschen Bundestages spazieren, genauer: zu einem der vielen Eingänge des verschachtelten Parlamentskomplexes. Der Rhein nebenan schien die Nerven der Leute zu beruhigen. Demonstrationen verliefen friedlich. Wenn es kritisch zu werden drohte, besprachen sich Linksradikale der Friedensbewegung mit der Führung der örtlichen Polizei.

In Bonn erschien das politische Geschehen überschaubar.

Der Deutsche Bundestag und der Bundesrat tagten buchstäblich unter einem Dach. Zum Kanzleramt hin waren es gerade einmal hundert Meter. Das Regierungsviertel mit seinen Abgeordnetenbüros und den repräsentativen Vertretungen der Landesregierungen zu durchqueren dauerte keine zehn Minuten. Die Parteizentrale der CDU, das Konrad-Adenauer-Haus, und jene der SPD, das Erich-Ollenhauer-Haus, lagen einander an der Bundesstraße 9 gegenüber. Straßen und Plätze des Regierungsviertels wurden nach Gründungsvätern der Bundesrepublik und, um des lieben Friedens willen, später auch nach anderen verdienten Politikern benannt. Nicht nur Konrad Adenauer (CDU), Kurt Schumacher (SPD) oder der erste Bundespräsident Theodor Heuss (FDP) kamen zu Ehren, sondern auch die Mitbegründerin der Grünen, Petra Kelly. Die meisten Journalisten waren am »Tulpenfeld« untergebracht, das so hieß, weil dort vor der Errichtung der Gebäude für Abgeordnete und Medienleute Tulpen angebaut worden waren. Es gab das Pressehaus I und das Pressehaus II, und manchmal gönnte man sich den Spaß, ein Gerücht in die Welt zu setzen und zu schauen, wann es als »Nachricht« zu einem zurückkäme.

Die älteren Akteure des Bonner Betriebs, also jene, die schon seit den Fünfzigern und Sechzigern dabei waren, trafen sich zum Essen und Kartenspielen bei Ria im »Weinhaus Maternus« in Bad Godesberg. Die Jüngeren, die in den Achtzigern dazukamen, gingen in die »Provinz« von Heike Stollenwerk gegenüber dem Bundeskanzleramt. Rote und Grüne kungelten hier bevorzugt. Von hier aus soll der junge Gerhard Schröder spätabends hinüber zum Zaun des Bundeskanzleramtes aufgebrochen sein, mit dem zur Legende gewordenen Ruf »Ich will hier rein«. Mit Joschka Fischer, dem Wortführer der Grünen, und mit Otto Schily, der damals den Grünen und noch nicht der SPD angehörte, schrieb er der Legende nach die Liste der wichtigsten Kabinettsmitglieder einer rot-grünen Bundesregierung auf einen Bierdeckel. Traditionelle Sozialdemokraten, »Kanalarbeiter«

genannt, die sich als politische Leibgarde von Helmut Schmidt und als ganz und gar nicht links verstanden, palaverten im »Kessenicher Hof«. Wenn sich junge Abgeordnete der CDU mit Altersgenossen von den Grünen im »Sassella« trafen, bekam das Helmut Kohl mit, weil er mit seiner Entourage im selben italienischen Restaurant verkehrte wie die »Pizza-Connection«.

Der Fall der Mauer stellte das »Bundesdorf« plötzlich infrage. Die Debatte »Bonn oder Berlin« begann schon im Sommer 1990, während der Verhandlungen über den »Einigungsvertrag«. Im Juli sprach sich die CSU-Führung für Bonn aus, das für »bundesrepublikanische Bescheidenheit« stehe. Arbeitsminister Norbert Blüm, der auch nordrhein-westfälischer CDU-Landesvorsitzender war, plädierte pflichtgemäß für Bonn. Eberhard Diepgen (CDU) aus Berlin warf der SPD-geführten nordrhein-westfälischen Landesregierung vor, den Einigungsvertrag an der Hauptstadtfrage scheitern lassen zu wollen. Wolfgang Clement, SPD und Chef der Staatskanzlei in Düsseldorf, entdeckte ein zu Bonn passendes Zitat von Konrad Adenauer aus der Zeit vor 1949: »Wer Berlin zur neuen Hauptstadt macht, schafft geistig ein neues Preußen.« Hans-Jochen Vogel, damals SPD-Fraktionsvorsitzender und Jahre zuvor kurzzeitig Regierender Bürgermeister Berlins, wurde boshaft. Hauptstadt von Nordrhein-Westfalen sei ja auch Düsseldorf und nicht etwa Meschede im Sauerland. Im Hintergrund setzte sich Wolfgang Schäuble, der zuständige Innenminister, frühzeitig für die Verlegung von Parlament und Regierung nach Berlin ein.

Die Debatte nahm an Schärfe zu. Weil Bundespräsident Richard von Weizsäcker, auch er vormals Regierender Bürgermeister Berlins, sich für die Stadt an der Spree als Regierungssitz ausgesprochen hatte, hieß es im *Express,* der führenden Boulevardzeitung von Bonn, die Stadt werde Weizsäcker »keine Träne nachweinen«, wenn er nach Berlin gehe. Aus Sorge vor internen Auseinandersetzungen lehnte es die Führung der Bonner Koalition aus Union und FDP ab, Berlin zum künftigen

*An sich ist der Bonner kein Demonstrant. An sich hat er auch nichts gegen andere Städte – außer in den Neunzigerjahren gegen Berlin. Da wurde er zum Wutbürger. Die Wut legte sich: Bonn machte einen guten Schnitt.*

Regierungssitz zu bestimmen. Bei den Feierlichkeiten in Bonn am 3. Oktober 1990, laut Einigungsvertrag der »Tag der Deutschen Einheit«, tauchten Plakate auf. Nicht nur »Willkommen Deutschland« hieß es darauf, sondern auch »Bonn – Brücke zu Europa« und »Ja zu Bonn«.

Schier unversöhnlich kämpften »Bonner« gegen »Berliner«. In Anlehnung an die Leipziger »Montagsdemonstrationen«, die eineinhalb Jahre zuvor das Ende der DDR eingeleitet hatten, wurden in Bonn wöchentlich Kundgebungen organisiert, die ebenfalls Montagsdemonstrationen hießen. Die »Berliner« erinnerten an die Versprechen, die seit 1949 in Bonn regelmäßig pro Berlin abgegeben worden waren, und witterten Verrat. Die »Bonner« argumentierten, es habe, anders als in Frankreich oder Großbritannien, in der deutschen Geschichte immer wieder neue »Hauptstädte« gegeben – Aachen, Augsburg, Frankfurt, Nürnberg. Sie warnten vor Berliner »Großmannssucht«. Bonn sei ein Synonym für die Westbindung Deutschlands, lautete ihr wichtigster Punkt. Ein SPD-Bundesparteitag sprach sich mit einer Stimme Mehrheit dafür aus, dass Regierung und Parlament in Bonn bleiben sollten.

Helmut Kohl legte sich lange Zeit öffentlich nicht fest, was zu Spekulationen führte, er sei für das Verbleiben in Bonn. Kohl habe, wurde später kolportiert, sein Votum für Berlin abgegeben, weil er sicher gewesen sei, die Entscheidung werde zugunsten Bonns ausfallen. Bewiesen ist dies nicht, doch war der Katholik aus Rheinland-Pfalz in Herkunft und Werdegang ein klassischer Vertreter der westeuropäisch geprägten Bundesrepublik – ein Enkel Konrad Adenauers eben, wie er sich selbst verstand. Zudem hatte der Kanzler Rücksichten zu nehmen. In seiner Partei, der CDU, und erst recht in der Schwesterpartei CSU, herrschte eine Pro-Bonn-Stimmung, so auch in Kohls Heimatverband, der rheinland-pfälzischen CDU, welche soeben erstmals seit Bestehen des Landes die Regierungsmacht an die SPD verloren hatte. Zudem liegt Bonn nahe der Grenze zu Rheinland-Pfalz, und viele Bonner Beamte wohnten in dem benachbarten Bundesland. Die Personalräte der Bundesministerien plädierten im Sinne ihrer Mitarbeiter für das Verbleiben in Bonn. Die Führung der FDP wiederum war zerstritten. Außenminister Hans-Dietrich Genscher trat für Berlin, der FDP-Vorsitzende Otto Graf Lambsdorff für Bonn ein. Die ostdeutschen Politiker waren für Berlin, doch verfügten sie mangels Masse im Bundestag und dessen Fraktionen über wenig Einfluss. Am mächtigen Block aus Nordrhein-Westfalen kam auf Parteitagen und in den Bundestagsfraktionen von Union und SPD so schnell niemand vorbei. Die Stimmung am Noch-Regierungssitz war aufgeheizt wie selten in Bonn.

Der 20. Juni 1991, ein Donnerstag, wurde als Datum der Abstimmung im Bundestag festgelegt, wobei anzufügen ist, dass noch am Vorabend Gespräche darüber stattfanden, die Entscheidung um einige Jahre aufzuschieben. Der Düsseldorfer Kanzleichef Clement (pro Bonn) und auch Innenminister Schäuble (pro Berlin) zeigten sich aufgeschlossen, erwarteten doch beide, die Zeit würde für ihre jeweilige Position arbeiten. Hans-Jochen Vogel und der vormalige DDR-Ministerpräsident Lothar de Maizière aber lehnten solche Erwägungen rigoros ab. Es blieb beim festgelegten Showdown im »Wasserwerk«, dem puppenstubenartigen Provisorium, in welchem der Bundestag tagte, während nebenan der großzügige Neubau des Plenarsaals errichtet wurde. Eng saßen die 662 Abgeordneten beieinander. Bei vollständiger Anwesenheit fanden viele von ihnen nicht unten im Saal, sondern nur oben auf den Besuchertribünen einen Platz, so auch an diesem Tag.

Fünf Anträge wurden vorgelegt, genauer Gruppenanträge, die Abgeordnete mehrerer Fraktionen formuliert hatten. Weil knappe Mehrheiten erwartet wurden, hatte jede Seite, sofern sie wirklich auf Erfolg aus sein wollte, Rücksichten auf die jeweils andere zu nehmen. Die Grenzen zwischen Koalition und Opposition waren aufgehoben, die informellen Regeln und Zwänge der Fraktionsdisziplin für die Abgeordneten nicht bindend – was nicht bedeutete, dass es nicht doch Zwänge und Druck gab. Denn klar war: Die Abstimmungen im Bundestag sollten »namentlich« abgehalten werden. Es würde später nachzulesen sein, welcher Abgeordnete wie abgestimmt hatte. Sich in der Masse der Parlamentarier zu verstecken, wie das bei den meisten Abstimmungen im Bundestag möglich ist, war an diesem Tag ausgeschlossen. Klar war auch: Wer reden wollte, durfte reden, die »wichtigen« Abgeordneten zu Beginn der Sitzung etwa eine Viertelstunde. Später wurde die Redezeit auf fünf Minuten begrenzt. »Wann die Aussprache zu Ende ist, lässt sich noch nicht genau sagen«, sagte Bundestagspräsidentin Rita Süssmuth (CDU) zu Beginn der Sitzung früh am Morgen. Gewiss nicht vor 18 Uhr, fügte sie an. Es sollte 20.45 Uhr werden.

Der sogenannte Bonn-Antrag trug den vollen Namen »Bundesstaatslösung für eine Aufgabenteilung zwischen der Hauptstadt Berlin, dem Parlaments- und Regierungssitz Bonn und den neuen Bundesländern«. Demnach sollte der Bundespräsident als Staatsoberhaupt nach Berlin ziehen, die ihn – in der Regel alle fünf Jahre – wählende Bundesversammlung sollte ebenfalls in Berlin, der Hauptstadt, tagen. Auch der Bundesrat als Vertretungsorgan der Bundesländer sollte sich in Berlin niederlassen. Sitz der Bundesregierung und des Bundestages aber würde Bonn bleiben. Norbert Blüm, Kohls Arbeitsminister, war der prominenteste Unterzeichner des Antrags. Horst Ehmke, in Bonn lebender SPD-Abgeordneter und zwanzig Jahre zuvor Chef des Bundeskanzleramtes, war ebenso auf seiner Seite wie Gerhart Baum, der frühere Innenminister der FDP. Insgesamt aber wurde der Antrag nicht von den wichtigen Leuten der Bundestagsfraktionen, sondern vom Mittelbau des Parlaments getragen.

Das verhielt sich für den »Berlin-Antrag« mit dem hehren Titel »Vollendung der Einheit Deutschlands« anders. Diesen unterstützte das *Who is who* der Bonner Republik: Ex-Kanzler Willy Brandt, Innenminister Schäuble, Wolfgang Thierse, der wortgewaltige SPD-Führungsmann aus den ostdeutschen Bundesländern, die Fraktionsvorsitzenden Hans-Jochen Vogel (SPD) und Hermann-Otto Solms (FDP) sowie dessen langjähriger Vorgänger Wolfgang Mischnick hatten ihn unterschrieben, auch Angela Merkel, damals Jugend- und Familienministerin und die Jüngste in Kohls Kabinett. Der Bundeskanzler hatte seinen Namen nicht unter den Antrag gesetzt, unterstützte ihn aber, wie er jedenfalls öffentlich bekannt gemacht hatte. Inhalt des Antrags: Parlament und Regierung ziehen nach Berlin. Die fragwürdige Begründung: das Bekenntnis zur ganzen deutschen Geschichte – fragwürdig deshalb, weil Berlin erst seit 1871 Hauptstadt war. Die Zugeständnisse: Der Umzug würde schon aus praktischen Gründen erst einige Jahre später vollzogen und eine »Aufgabenteilung zwischen beiden Städten« festgelegt werden. Bonn bleibe »Verwaltungszentrum der Bundesrepublik Deutschland«, es bleibe Sitz von Teilen der Bundesregierung, und es sollten Institutionen nationaler und internationaler Bedeutung hier angesiedelt werden. Eine Fülle von Ausgleichsmaßnahmen wurde versprochen – und auch, dass »der größte Teil der Arbeitsplätze in Bonn erhalten bleibe«.

Daneben gab es einen vor allem von CDU/CSU-Abgeordneten formulierten »Konsensantrag Berlin/Bonn«, der es allen Seiten recht machen wollte. Der frühere CDU-Generalsekretär Heiner Geißler und sein Nachfolger Volker Rühe hatten ihn unterschrieben – und sogar der Ostdeutsche Lothar de Maizière. Inhalt: Sitz des Bundestages ist Berlin, der der Bundesregierung und der Ministerien aber Bonn. Während der Sitzungswochen des Bundestages solle das Bundeskabinett in Berlin tagen. Die Ministerien würden in Berlin »Außenstellen« erhalten. Der Bundespräsident solle der Repräsentativität wegen nach Berlin ziehen, der Bundesrat wiederum in Bonn bleiben. Ein politisches und organisatorisches Tohuwabohu drohte, weshalb ein »schneller Aufbau und Ausbau leistungsfähiger Ost/West-Verkehrsverbindungen« verlangt wurde.

Eine direkte Antwort darauf wurde in einem weiteren Antrag »Zur Erhaltung der Funktionsfähigkeit der parlamentarischen Demokratie« gegeben. Otto Schily (früher Grüne und nun SPD) unterstützte ihn, zudem Abgeordnete, die sich auch auf den Unterstützerlisten anderer Anträge eingetragen hatten. Kurz und bündig hieß es: »Sitz des Deutschen Bundestages und der Bundesregierung dürfen örtlich nicht voneinander getrennt werden.« Ausgerechnet die Frage nach dem Wohin wurde aber nicht beantwortet. Knapp formuliert war auch der Antrag von Gregor Gysi und der Abgeordneten der damaligen PDS (»Partei des Demokratischen Sozialismus«, in der sich vor allem ehemalige Mitglieder der SED organisiert hatten). »Hauptstadt Deutschlands ist Berlin. Sitz von Parlament und Bundesregierung ist Berlin. Dieser Beschluss ist sofort in Kraft zu setzen.«

Emotionale Reden prägten die stundenlange Debatte, manche groß, andere missglückt oder gar ärgerlich. Historische Vergleiche wurden gezogen und missbraucht. Es zeichneten sich überparteiliche Bündnisse und innerfraktionelle Verwerfungen ab. Die Auseinandersetzungen der vergangenen Monate, das Misstrauen auf beiden Seiten flossen in diese Debatte zur deutschen Zeitgeschichte ein.

»Wir haben uns nicht zum Deutschen Reich wiedervereint, sondern zu einem kräftigen Bundesstaat«, rief Blüm, der erste Redner, der für das Verbleiben von Regierung und Parlament in Bonn plädierte. »Geschichte ist kein Museum. Geschichte ist Entwicklung.« Berlin werde auch ohne Regierung und Parlament eine Metropole sein. Und: »Der Nationalstaat Deutschland ist also nicht einfach die Verlängerung der Vergangenheit über die Gegenwart in die Zukunft.« Ein wenig weinerlich bat Blüm: »Lasst dem kleinen Bonn Parlament und Regierung. Bonn verliert mit Bundestag und Bundesregierung viel. Berlin gewinnt mit Bundestag und Bundesregierung viele neue Probleme: Wohnungsprobleme, Raumordnungsprobleme, Infrastrukturprobleme.« Schließlich: »Mit Bonn verbindet uns die friedlichste und freiheitlichste Epoche unserer Geschichte. Sie sollte nie zu Ende gehen.«

Erster Hauptredner der »Berliner« war Wolfgang Thierse, der in Breslau geborene und in Ost-Berlin aufgewachsene Sozialdemokrat. Die »Abfindung« Berlins mit repräsentativen Funktionen einer Hauptstadt »wäre denn doch eine Beleidigung für die Berliner und eine Erniedrigung der Bürger im Osten Deutschlands«, lautete sein zentrales Argument. »Deshalb sollte der Bundestag seinen Sitz in Berlin nehmen. Erst dann ist Berlin wirklich die Hauptstadt Deutschlands.« Es gehe auch um politische Gerechtigkeit. Frankfurt bleibe Finanzzentrum, München ein Zentrum der Technologie, Hamburg Handelszentrum, zählte Thierse auf. »Was bleibt für den Osten Deutschlands? Das Problemgebiet?« Es gehe um wirkliche »gesamtdeutsche

Solidarität«. Eine Hauptstadt Berlin ließe die Menschen in Deutschland »näher zusammenrücken«.

Die nach damaligem und auch späterem Empfinden entscheidende Rede aber hielt Wolfgang Schäuble. Der Innenminister war noch keine fünfzig Jahre alt und doch schon so etwas wie ein »Bonner Urgestein« und mit dem nicht nur als Kompliment gemeinten Spitznamen »kleiner Napoleon« versehen. Seit acht Monaten musste er nach einem Attentat im Rollstuhl sitzen, was er, jedenfalls nach außen hin, mit ironischem Sarkasmus nahm. Es gehe nicht um den Wettkampf zweier Städte. Es gehe auch nicht um Arbeitsplätze oder Strukturpolitik. »Das alles ist zwar wichtig, aber in Wahrheit geht es um die Zukunft Deutschlands. Das ist die entscheidende Frage.« Schäuble komprimierte und dehnte Vergangenheit und Hoffnungen, Wünsche und Wahrheiten: »Das Symbol für Einheit und Freiheit, für Demokratie und Rechtsstaatlichkeit für das ganze Deutschland war wie keine andere Stadt immer Berlin.« Eine Entscheidung für Berlin sei auch eine für die Überwindung der Teilung Europas. Kohl nickte zufrieden seinem Minister zu. Bloß zum Schein? Willy Brandt vollzog eine Geste. Steif und gemessen ging der Sozialdemokrat hinüber zur Regierungsbank – zu Schäuble. Händedruck. Es schien, als sei die Entscheidung gefallen.

Schäuble überstrahlte alle an diesem Tag und legte den Grundstein für sein Ansehen, das später nach dem politischen Tief der CDU-Spendenaffäre in Berlin zur Reife kam. Schäuble überstrahlte sogar Kohls Rede, der Schäubles »Es geht um Deutschlands Zukunft« mit der Bemerkung relativierte, es stehe eine »wichtige Entscheidung« an, doch hoffentlich nicht eine Entscheidung über die Zukunft der deutschen Politik schlechthin. Schäubles Rede machte den schrägen Vergleich Willy Brandts vergessen, der zum Entsetzen der Berlin-Anhänger ausrief: »In Frankreich wäre übrigens niemand auf den Gedanken gekommen, im relativ idyllischen Vichy zu bleiben, als fremde Gewalt der Rückkehr in die Hauptstadt an der Seine nicht mehr im Wege stand.«Bonn gleich Vichy? Idylle hier wie da? Bonner Demokraten gleich französische Kollaborateure? Andere Abgeordnete zogen andere Vergleiche. Hermann Scheer (SPD, Bonn-Anhänger) verwandte warnend den Begriff vom »Vierten Reich« mit der Hauptstadt Berlin. Er wolle nicht in den »Reichstag« in Berlin ziehen, weil da 1933 das Ermächtigungsgesetz verabschiedet worden sei, was ihm den strengen Zuruf seines Fraktionsvorsitzenden Vogel eintrug, das sei in der Kroll-Oper geschehen. Friedbert Pflüger, der lange Jahre im Stab Richard von Weizsäckers gearbeitet hatte, wandte sich gegen das Argument, der Bundestag gehöre nach Berlin, weil er dort den Problemen der Vereinigung Deutschlands näher sei. Er sei nicht gegen Berlin.»Mein politisches Vaterland aber ist die Bonner Demokratie.«Pflüger ist es gewesen, der die Bonner Republik ausbuchstabierte.»Ich habe unser Parlament lieber im Bundestag als im Reichstag und unseren Bundeskanzler lieber im schmucklosen Bau hinter der Moore-Plastik als im Kronprinzenpalais Unter den Linden.« Dagegen stand das vielfach verwandte Argument, der Umzug nach Berlin werde zum »Zusammenwachsen« der beiden soeben vereinten deutschen Staaten beitragen.

Der sogenannte Konsensantrag mit seinen komplizierten Regeln über Sitzungsorte und Tagungen kam als Erster zur Abstimmung. Er wurde abgelehnt. Auch der schlichte Antrag, Regierung und Parlament müssten in einer Stadt liegen, erhielt keine Mehrheit. Gysi zog dann den PDS-Antrag, alles müsse nach Berlin und zwar schnell, zurück. Längst wurden schon Zeitungen gedruckt, als Rita Süssmuth das Ergebnis des Stichentscheids zwischen »Bonn-Antrag« und dem »Berlin-Antrag« bekannt gab. 660 Stimmen waren abgegeben worden. Zwei Enthaltungen gab es und eine ungültige Stimme. 320 Abgeordnete stimmten für Bonn, 337 für Berlin – 17 Stimmen Unterschied. Als wenig später der ZDF-Reporter Klaus Prömpers den SPD-

Fraktionsvorsitzenden Vogel mit dem Hinweis konfrontierte, die SED-Nachfolge-Organisation PDS sei mit exakt 17 Mandaten im Bundestag vertreten, geriet der Pro-Berlin-Sozialdemokrat in Wallung. Hätte er nicht – fälschlicherweise – angenommen, das Interview würde live ausgestrahlt, hätte er es erst gar nicht zu Ende gebracht. Die Emotionen und die Gefühle blieben. Angela Merkel sagte Jahrzehnte später, für sie sei es der bis dahin »glücklichste Tag« in ihrem politischen Leben gewesen, und sie habe sich nicht vorstellen können, wie jemand das anders hätte sehen können. Hans Daniels etwa, der Bonner Oberbürgermeister, sprach von einem »schwarzen Donnerstag«.

Das knappe Ergebnis jenes Tages war auch deshalb bemerkenswert, weil sich die Spitze der Bundesregierung und auch die Wortführer in den Fraktionen für Berlin ausgesprochen hatten. Für die Bonner war aus der ersten Reihe außer Blüm nur Finanzminister Theo Waigel (CSU) angetreten. Einige Abgeordnete, die damals für Bonn stimmten, machten später in Berlin Karriere. Aus der CDU/CSU-Fraktion wurden Gerda Hasselfeldt CSU-Landesgruppenvorsitzende, Volker Kauder CDU/CSU-Fraktionsvorsitzender, Norbert Lammert Bundestagspräsident, Ronald Pofalla Chef des Bundeskanzleramtes, Peter Ramsauer Verkehrsminister. Aus der SPD-Fraktion brachten es Franz Müntefering zum Partei- und Fraktionsvorsitzenden, Ulla Schmidt zur Gesundheitsministerin, Heidemarie Wieczorek-Zeul zur Bundesministerin für wirtschaftliche Zusammenarbeit. Tatsächlich hatte von den Abgeordneten der CDU/CSU-Fraktion (164:154) und der SPD-Fraktion (126:110) jeweils eine Mehrheit für Bonn und gegen Berlin gestimmt. Es waren die Vertreter der kleinen Parteien FDP, PDS und des ostdeutschen Bündnis 90, die dafür sorgten, dass Regierung und Parlament nach Berlin zogen. Wenige Tage später beschlossen die Landesregierungen, der Bundesrat solle noch eine Weile in Bonn bleiben. Dass er mit dem Bundestag und der Regierung nach Berlin übersiedeln würde, stand aber außer Frage.

Es begannen die Beratungen über die Ausgleichsmaßnahmen für die bald »Bundesstadt« genannte Stadt Bonn und auch für die Beamtenschaft. Welche Ministerien sollten mit ihrem Hauptsitz nach Berlin wechseln, welche in Bonn bleiben? Welche Bundesbehörden sollten künftig in Bonn untergebracht werden? Wie stand es um die Finanzierung von Umzügen der Beamten, wie um das ihnen im Falle des Falles zustehende Trennungsgeld? Knapp drei Jahre nach dem Umzugsbeschluss erschien das »Gesetz zur Umsetzung des Beschlusses des Deutschen Bundestages vom 20. Juni 1991 zur Vollendung der Einheit Deutschlands«, das »Bonn-Berlin-Gesetz«, im Bundesgesetzblatt.

Die Pro-Bonn-Aktivisten hatten ganze Arbeit geleistet – vorneweg Wolfgang Clement als Chef der nordrhein-westfälischen Staatskanzlei. Im Hintergrund wirkte Klaus Westkamp, ein Ministerialdirigent im Bauministerium, der davor Pressesprecher des früheren Innenministers Baum gewesen war. Westkamp avancierte zum Umzugsbeauftragten der Bundesregierung. Was er für Bonn und seine Beamten leistete und herausholte, kann nicht hoch genug geschätzt werden. Die Ministerien für Verteidigung, Bildung, Gesundheit, Ernährung und Landwirtschaft, Umwelt und Entwicklungspolitik sollten ihren »ersten« Sitz in Bonn behalten. Alle anderen, einschließlich des Bundeskanzleramtes, sollten einen »Zweitsitz« in Bonn behalten. Elf Bundesbehörden sollten neu in Bonn angesiedelt werden, darunter das Bundeskartellamt, das bis dahin seinen Sitz an der Spree gehabt hatte. Und siehe da: Die Beamten aus Berlin taten sich ebenso schwer mit dem Umzug nach Westen wie jene aus dem Rheinland mit dem nach Osten. 4500 »Personaltausche« wurden in jenen Jahren gezählt.

Für die Bundestagsabgeordneten wurde an der Spree unweit von Tiergarten und Bundestag ein Gebäudekomplex (»Schlange«) errichtet, was zur Beruhigung der Nerven angebracht war, sich ansonsten aber als überflüssig erwies. Die meisten Abgeordneten suchten sich anderswo in Berlin eine Unterkunft. Der eigentlich exklusiv für sie vorgesehene Klinkerbau in Berlin-Moabit kam nur wenige Jahre später auf den freien Markt. Das während der politischen Auseinandersetzungen benutzte Argument, Berlin sei mit der Aufnahme der »Bonner« strukturell überfordert, löste sich in der Praxis in Luft auf. Berlin war natürlich nicht überfordert. Auch bei den Bemerkungen, mit dem Umzug nach Berlin komme die Politik näher an die Probleme heran, die im Vollzug der Vereinigung Deutschlands entstanden, handelte es sich eher um theoretische Betrachtungen und Wünsche der »Berliner«. Die jüngeren Neu-Berliner – Politiker, Beamte, Journalisten – zog es in den Bezirk Mitte und zum Prenzlauer Berg, die nicht mehr ganz Jungen in den »alten Westen« der Stadt, worüber sich Wolfgang Thierse in den Jahren des Umzugs echauffieren konnte. Er war einer derjenigen gewesen, die das Argument, in Berlin sei die Politik den Problemen näher als in Bonn, ernst genommen hatten – und sich später getäuscht sahen.

Es fügte sich, dass Teile des Südwestens Berlins und seines Umlands den Wohngebieten des alten Bonner Politikbetriebes glichen wie ein Ei dem anderen: Bad Godesberg sah aus wie Berlin-Schmargendorf, Meckenheim bei Bonn wie Kleinmachnow in Brandenburg. Die »Bonner« verloren sich in Berlin. Jene, die sich in den politischen Parteien der Hauptstadt engagieren wollten, lernten, dass sie nicht willkommen waren. Die Altmitglieder von CDU und SPD in Berlin erwiesen sich als sperrig und wenig aufgeschlossen, so wie das auch in anderen großen und auch kleinen Städten der Fall ist. Kungelei und ein Unter-sich-bleiben-Wollen gibt es, so erfuhren die »Bonner« in Berlin rasch, nicht nur im Rheinland, sondern auch an der Spree.

Der Umzug fand 1999 während der parlamentarischen Sommerpause statt. Die heftigen Debatten acht Jahre zuvor flammten nur spärlich wieder auf, etwa dann, wenn ein maßgeblicher oder auch unmaßgeblicher Politiker meinte, das Pendeln der Beamten zwischen den beiden Städten und den Erst- sowie Zweitsitzen der Ministerien müsse beendet werden. Es sei verschleudertes Geld und verbrauche Energien. Dann protestierten die Bundestagsabgeordneten aus Bonn und dem weiteren Rheinland. Die alten Emotionen kochten in Empörungsritualen wieder hoch.

Noch keine Bundesregierung aber hat sich seither an das Bonn-Berlin-Gesetz mit seinen Regeln zur Arbeitsteilung herangewagt. Der Block der »Nordrhein-Westfalen« in den Parteien und den Fraktionen und auch der Einfluss der Düsseldorfer Landesregierung in Berlin sind zu groß, als dass es gelingen könnte, die in Bonn ansässigen Ministerien nach Berlin zu holen. Nordrhein-westfälische Ministerpräsidenten sind regelmäßig auch stellvertretende Vorsitzende ihrer Bundesparteien, man denke nur an Johannes Rau und Hannelore Kraft in der SPD sowie Jürgen Rüttgers und Armin Laschet in der CDU. An diesen zementierten Verhältnissen änderte auch nichts, dass auch jene Minister, deren Häuser laut Gesetz ihren »Erstsitz« in Bonn haben, sich im Alltag in Berlin aufhalten. Ihre politischen Abteilungen und Beraterstäbe haben ebenfalls ihren Sitz an der Spree. Beamte, die Karriere machen und Einfluss haben wollen, suchen die räumliche Nähe ihrer Minister und der Führungsetagen in Berlin.

Außerhalb des politischen Betriebes und seines engeren Umfeldes gab es in Fragen von »Bonn und Berlin« alsbald kaum noch Aufgeregtheiten. Nicht einmal das Vorhaben, Berlins Hauptstadtfunktion ins Grundgesetz aufzunehmen, führte zu öffentlichen Auseinandersetzungen der ehemaligen Kontrahenten. Die Initiative entstand während der Arbeiten an der Föderalismusreform I, die dem Bund-Länder-Verhältnis und der Aufteilung von Kompetenzen zwischen Zentralstaat und den Bundesländern galt. Von 2003 bis 2006 zogen sich die Verhandlungen zwischen Bund und Ländern hin. Franz Müntefering, der in Berlin tätige SPD-Vorsitzende, und Edmund Stoiber, der CSU-Vorsitzende und bayerische Ministerpräsident, standen der sogenannten Föderalismuskommission vor, der eine Fülle von Bundes- und Regionalpolitikern angehörte. Müntefering, der einst im Bundestag für Bonn gestimmt hatte, machte während der Beratungen und der öffentlichen Präsentation von Ergebnissen manche Bemerkungen, die der Stadt Berlin und dem Grundgesetz galten. Er plädierte für eine »Unterstützung der Hauptstadtfunktion Berlins« und sagte: »Berlin soll eine Verankerung als unsere Hauptstadt im Grundgesetz bekommen.«

Niemand scherte sich um Münteferings Äußerungen zu Berlin, nicht Klaus Wowereit (SPD), damals der Regierende Bürgermeister von Berlin, und auch nicht die nordrhein-westfälischen Ministerpräsidenten Peer Steinbrück (SPD) und ab 2005 dann Jürgen Rüttgers (CDU). Den Regierungschefs der Länder ging es in den Verhandlungen um realen Einfluss auf die Gesetzgebung des Bundes. Symbolfragen um Berlin interessierten sie nicht. Ohne größeres Aufheben wurde im Sommer 2006 der Artikel 22 des Grundgesetzes, in dem bis dahin nur die Farben der Bundesflagge (»schwarz-rot-gold«) verfassungsrechtlich normiert waren, mit der erforderlichen Zweidrittelmehr von Bundestag und Bundesrat ergänzt: »Die Hauptstadt der Bundesrepublik Deutschland ist Berlin. Die Repräsentation des Gesamtstaates ist Aufgabe des Bundes. Das Nähere wird durch Bundesgesetz geregelt.« Ein entsprechendes Bundesgesetz wurde seither allerdings nicht neu beschlossen. Und: In Begleittexten zur Verfassungsänderung wurde versichert, das »Bonn-Berlin-Gesetz« bleibe von der Grundgesetzänderung »unberührt«. Die Grundgesetzänderung zum Thema Hauptstadt bewegte die Gemüter schließlich auch deshalb nicht sonderlich, weil die übrigen Verfassungsänderungen von größerer Relevanz waren als der Status Berlins.

Die Zeit des Streites über den Regierungssitz war vorüber. Auch die »Bonner« hatten ihren Frieden mit der Entscheidung von 1991 gemacht. Vor allem aber hatten die meisten Abgeordneten, die 2006 mit der Grundgesetzänderung befasst waren, mit Bonn kaum noch etwas zu tun gehabt. Sie hatten die parlamentarischen Zeiten am Rhein gar nicht mehr oder kaum noch erlebt. Nur noch ein knappes Drittel der 614 Abgeordneten von 2006 hatte schon im Regierungsviertel am Rhein gearbeitet und gewohnt. Die Übrigen waren erst nach dem Umzug in den Bundestag gewählt worden oder allenfalls 1998, als die »Bonner Republik« schon die Koffer packte. Kontinuierlich geht die Zahl der Mitglieder des Bundestages, die Bonn-Erfahrung haben, zurück. Von den 709 Politikern, die im Herbst 2017 in den Bundestag gewählt wurden, hatten nur noch fünfundzwanzig die Stadt am Rhein wirklich kennen gelernt und weitere dreißig für ein knappes Jahr.

Der Lauf der Zeit bringt es mit sich, dass vieles in Vergessenheit gerät. An der Spree in Berlin-Mitte, gegenüber dem Bahnhof Friedrichstraße, liegt ein Lokal. Meist ist es gut besucht, im Sommer sitzt man draußen, zur fünften Jahreszeit weht ein Hauch von rheinisch-karnevalistischem Frohsinn durch den großzügigen Gastraum. »Ständige Vertretung« heißt es, weil es schon vor den Wendezeiten eine Ständige Vertretung der Bundesrepublik in Ost-Berlin gab, die wegen der deutsch-deutschen Besonderheiten nicht Botschaft heißen durfte. In den Neunzigerjahren kaperten zwei waschechte Bonner Kneipiers, Friedel Drautzburg und Harald Grunert, die Bezeichnung. In ihrer Schumannklause, gelegen am Bahndamm in der Bonner Südstadt, hatte sich die studentische Linke versammelt. Drautzburg gehörte zu jenen, die die wöchentlichen Pro-Bonn-Kundgebungen organisierten. In Berlin entwarfen die beiden ein neues Geschäftsmodell, die Ständige Vertretung eben, was mit »StäV« abgekürzt wird und auf rheinische Weise »Stäff« auszusprechen ist.

In der StäV hängen Bilder aus Bonner Zeiten. Willy Brandt, Helmut Schmidt, Norbert Blüm, Johannes Rau, Minister und

Ministerinnen am Rhein. Auf der Theke sind Namen von Bonner Stammgästen eingraviert. Das Lokal wurde zum Treffpunkt leise vor sich hin trauernder Bonner und sonstiger Rheinländer, doch blieb es dabei nicht. Die Trauergemeinde löste sich auf, und das Lokal wandelte sich zur Touristenschwemme. Es mehren sich Berichte, die Gäste und das Servicepersonal könnten mit den Bonner Geschichten und den Bildern an der Wand nur wenig oder gar nichts anfangen. Ein Stachel im Fleisch ist die StäV also nicht, gleichwohl so etwas wie ein Überbleibsel der alten Zeiten, auch ein Erfolgsprojekt. Nur der Versuch von Drautzburg und Grunert, den rheinischen Karneval in Berlin zu implementieren, ging schief, aus Sicht der wahrhaftigen Bonner und Kölner jedenfalls. Berlin mit seiner preußisch-protestantischen Vergangenheit erwies sich als ungeeignet für derlei Versuche. Der Karnevalsumzug ging nicht durch die Stadt, sondern bloß eine Straße rauf und wieder runter, mal den Kudamm, mal Unter den Linden.

Kaum noch spricht man in Berlin darüber, wie schön und übersichtlich es einst in Bonn gewesen sei. Mehr und mehr fehlen Gesprächspartner, die eigene Erlebnisse vom Rhein beisteuern könnten. Vor Ort ist das ehemalige Regierungsviertel kaum wiederzuerkennen. Der einstige lichtdurchflutete Plenarsaal ist zum Kongresszentrum geworden. Wo die – damals unter Denkmalschutz stehende – Villa Dahm an der Dahlmannstraße stand, in der bis 1999 die Parlamentarische Gesellschaft ihren Sitz hatte und einen Treffpunkt für halbprivate politische Gespräche und Skatpartien bot, ist heute ein Parkhaus nebst Hotel errichtet. Die Dahlmannstraße, einst Adresse der Büros der großen Zeitungen und benannt nach einem Mitglied der Frankfurter Nationalversammlung von 1848, heißt auch nicht mehr Dahlmannstraße, sondern, nach dem ehemaligen Bundespräsidenten, Karl-Carstens-Straße. Wo einst in Einfamilienhäusern der Kindergarten für den Nachwuchs der Bundestagsbediensteten untergebracht war, prägen heute modernistische Bürogebäude der Deutschen Post und der Telekom das Bild. Rundum liegen die Niederlassungen internationaler Einrichtungen einschließlich der Vereinten Nationen – Resultate des sogenannten Bonn-Berlin-Ausgleichs, der nach dem Umzugsbeschluss ausgehandelt worden war. Bonn hat nicht gelitten, die Immobilienpreise stiegen deutlich an.

Nur weniges ist geblieben, der Park etwa zwischen dem alten Kanzleramt und der Villa Hammerschmidt, die nur noch als Zweitsitz des Bundespräsidenten dient. Frank-Walter Steinmeier, der Hausherr, nutzt ihn für Empfänge und Veranstaltungen, die häufig mit dem »Damals in Bonn« zu tun haben. Der Kanzlerbungalow, dessen erster Bewohner Ludwig Erhard war, kann besichtigt werden. Im ehemaligen Kanzleramt ist nun der »Erstsitz« des Entwicklungshilfeministeriums untergebracht, weshalb der frühere – abhörgeschützte – »Nato-Saal« heute Nelson-Mandela-Saal heißt. Erhalten sind auch die beiden Platanen im Garten, zwischen denen einst zur Sommerzeit eine Kabinettssitzung der ersten großen Koalition stattfand, festgehalten auf einem Fotoklassiker der »Bonner Republik« vom 5. Juli 1967. Sommerliches Outfit? Die Herren um Kanzler Kurt Georg Kiesinger (CDU) trugen Krawatte, die Anzüge teils ein bisschen heller als dunkelgrau. Auch zwei Damen sind zu sehen: die Ministerinnen Käte Strobel (SPD, Gesundheit) und Aenne Brauksiepe (CDU, Familie und Jugend). Frauenquote? Unbekannt, damals.

# Deutsche Himmelsrichtungen

Kurz nach der Wende in Deutschland wagte Volker Rühe eine Prognose. Im Februar 1990 war es, als die DDR noch existierte und die erste und letzte freie Wahl zur Volkskammer noch bevorstand. Rühe, geboren in Hamburg und Protestant, sagte auf dem CDU-Landesparteitag in Hamburg, er erwarte tiefgreifende Veränderungen in seiner Partei, weil sie durch die Vereinigung Deutschlands »nördlicher, östlicher und protestantischer« werden würde. Lediglich Helmut Herles, damals FAZ-Korrespondent in Bonn und versehen mit einem wachen Auge auch für die kleinen historischen Ereignisse, hielt sie fest. Früher in der deutschen Geschichte war das kein geringfügiges Thema gewesen. Um Fragen der Konfession und des Gewichts von Regionen wurden Kriege geführt.

Ziemlich gewagt und mutig schien die Voraussage des CDU-Generalsekretärs, der von Kohl ausgewählt worden war, weil sich der Kanzler von Heiner Geißler, Landsmann Kohls aus Rheinland-Pfalz und katholischer Glaubensgenosse, aus Gründen des innerparteilichen Machterhalts trennen musste. Außer Ludwig Erhard waren alle CDU-Vorsitzenden und Bundeskanzler der CDU seit 1949 – Konrad Adenauer, Kurt Georg Kiesinger, Rainer Barzel und Helmut Kohl – katholisch getauft. Wesentliche CDU-Politiker der Kohl-Jahre waren es ebenfalls: Norbert Blüm, Alfred Dregger, Heiner Geißler, Rita Süssmuth und Bernhard Vogel. Die vergleichsweise wenigen Ausnahmen: Wolfgang Schäuble, Gerhard Stoltenberg und Richard von Weizsäcker. Auch überwog die Zahl der aus West- und Südwestdeutschland stammenden Politiker in der CDU und auch in den anderen Parteien. Einflussreich und im Bundeskabinett sowie den Fraktionsführungen im Bundestag besonders stark vertreten waren die Landesverbände aus Baden-Württemberg, Hessen und Rheinland-Pfalz.

Eine besondere Bewandtnis hatte es mit Nordrhein-Westfalen, dem mit Abstand einwohnerreichsten Bundesland, aus dem mithin ein großer Block von Abgeordneten im Bundestag vertreten war. Dass die Parlamentarier von Rhein und Ruhr vergleichsweise selten an den Schalthebeln der Macht saßen, wurde mit einem regionalen Umstand erklärt. In den Sitzungswochen des Bundestages in Bonn fuhren sie abends nach Hause, sei es zur Familie, sei es zu ihren Parteifreunden daheim. Ihre Partei- und Fraktionskollegen aus dem Süden machten derweil Posten und Pöstchen unter sich aus. Traditionelle politisch-parteiliche Besonderheiten des Bundeslandes Nordrhein-Westfalen kamen hinzu. Die CDU dort war gespalten in zwei Stämme – Rheinländer und Westfalen, die immer aufs Neue personalpolitische Auseinandersetzungen austrugen. Die SPD im größten Bundesland war (und ist) in vier Bezirksverbände gegliedert, zwei rheinische und zwei westfälische, die es so hielten wie ihre Pendants in der CDU. Das politische Zentrum der FDP wiederum saß in Nordrhein-Westfalen. Hans-Dietrich Genscher, Otto Graf Lambsdorff und Gerhart Baum wurden alle über die nordrheinwestfälische Landesliste in den Bundestag gewählt. Warum? Die Herren brauchten keine weite Anreise von zu Hause zur Arbeitsstelle. Und: Das größte Bundesland konnte die meisten »sicheren« Bundestagsmandate garantieren.

Es war im Februar 2012, also gut zwanzig Jahre nach Rühes Prophezeiung, als ein Kuriosum eintrat. Es waren die Tage, als Christian Wulff vom Amt des Bundespräsidenten zurückzutreten hatte. Sämtliche Akteure, Betroffene und Beteiligte stammten aus Nord- und Ostdeutschland, zuvorderst Christian Wulff, der davor Ministerpräsident in Niedersachsen gewesen war.

Deshalb saß auch die Staatsanwaltschaft, die die Ermittlungen gegen ihn eingeleitet hatte, in Hannover. Aus Niedersachsen stammte sodann Philipp Rösler, FDP-Vorsitzender und auch Vizekanzler, dessen Partei sich auf die Seite der SPD und der Grünen schlug, als diese den protestantischen Pfarrer Joachim Gauck aus Mecklenburg-Vorpommern für die Nachfolge Wulffs ins Gespräch brachten. Zudem war zu registrieren, dass mit Wolfgang Huber und Margot Käßmann auch zwei ehemalige evangelische Bischöfe als künftige Bundespräsidenten infrage kamen. Gauck war der Kandidat des SPD-Vorsitzenden Sigmar Gabriel und des Grünen-Fraktionsvorsitzenden Jürgen Trittin, beide aus Niedersachsen. Verliererin jenes Sonntags: Angela Merkel, Ostdeutsche, gebürtige Hamburgerin, Pastorentochter, die ihren Wahlkreis in Mecklenburg-Vorpommern hat. Dass Wulffs Rücktritt und die Nachfolgeregelung auch noch genau zu der Zeit stattfanden, in welcher am Rhein der Karneval seinem Höhepunkt zustrebte, war eine kennzeichnende Nebensächlichkeit. Niemals hätte eine Staatsanwaltschaft aus den Hochburgen des katholisch geprägten Frohsinns, aus Köln oder Düsseldorf, am Donnerstag der sogenannten Fünften Jahreszeit, Weiberfastnacht genannt, das Ermittlungsverfahren eingeleitet, das den Rücktritt des Bundespräsidenten und die Nominierung seines Nachfolgers am Karnevalssonntag nach sich zog. In Hannover aber konnte es geschehen. Bis 2017 jedenfalls standen zwei ostdeutsche Protestanten an der Spitze des Staates: Bundespräsident Joachim Gauck und Bundeskanzlerin Angela Merkel.

Zeitweise konnten in jenen Jahren Fernsehdiskussionen mit Prominenten aus sämtlichen Parteien allein mit Politikerinnen und Politikern aus Niedersachsen besetzt werden, etwa so: Ursula von der Leyen, stellvertretende CDU-Vorsitzende; für die SPD der Parteivorsitzende Sigmar Gabriel oder der Fraktionschef Thomas Oppermann; für die Grünen Jürgen Trittin; für die FDP Philipp Rösler oder sein Generalsekretär Patrick Döring. Viele von ihnen kannten sich schon aus den Zeiten, in denen sie dem niedersächsischen Landtag angehört hatten. Weitere SPD-Spitzenpolitiker aus Niedersachsen waren der 2012 verstorbene Fraktionsvorsitzende Peter Struck und Arbeitsminister Hubertus Heil, außerdem zwei im Binnenbetrieb der SPD einflussreiche Politiker: der ehemalige Parlamentarische Geschäftsführer der Bundestagsfraktion, Wilhelm Schmidt, und die SPD-Schatzmeisterin Inge Wettig-Danielmeier.

Nicht alle diese Entwicklungen lassen sich mit den Folgen der deutschen Einheit erklären und als Verwirklichung der Prognose von Volker Rühe anführen. Niedersachsen war seit jeher eine starke Bastion der deutschen Sozialdemokratie. Nach dem Zweiten Weltkrieg führte Kurt Schumacher von Hannover aus die SPD. Ihr Vordenker Peter von Oertzen prägte eine ganze Generation jüngerer Sozialdemokraten, darunter auch Gerhard Schröder, in dessen Windschatten weitere Sozialdemokraten aus dem Bundesland nach oben kamen. Zeitweilig kam fast die gesamte SPD-Spitze aus dem Norden und Osten Deutschlands: Gabriel aus Goslar als Vorsitzender, seine Stellvertreter Olaf Scholz und Aydan Özoğuz aus Hamburg sowie Manuela Schwesig aus Mecklenburg-Vorpommern. Der gebürtige Westfale Frank-Walter Steinmeier hatte seinen Wahlkreis in Brandenburg.

Das west- und süddeutsche Element des rheinischen Katholizismus in der Politik erlosch, wovon die CDU am meisten betroffen war, zumal nach dem Ende der Ära Kohl mit dessen Wahlniederlage 1998. Nach dem Interregnum Schäubles an der Parteispitze wurde mit Angela Merkel eine in Ostdeutschland aufgewachsene Protestantin CDU-Vorsitzende. Die CDU-Spendenaffäre galt als Ausdruck der Krise der westdeutsch-katholisch geprägten Partei.

Mit ihrem Artikel in der *Frankfurter Allgemeinen Zeitung* kurz vor Weihnachten 1999 löste sich Merkel nicht nur von ihrem Förderer Kohl. »Die von Kohl eingeräumten Vorgänge haben der Partei Schaden zugefügt.« Mit protestantischem Ethos beschwor sie die CDU:»Nur auf einem wahren Fundament kann die Zukunft aufgebaut werden.« Dass ein solcher Weg nicht »ohne Wunde, ohne Verletzungen« zu gehen sei, räumte Merkel, damals noch CDU-Generalsekretärin, ein. Schäuble, der aus Baden-Württemberg stammende CDU-Vorsitzende, wurde von ihrem Artikel kalt erwischt. Wenige Wochen später fiel auch er der Spendenaffäre seiner Partei zum Opfer – aus eigener Schuld. Die Anhänger des Altkanzlers in der Partei aber gerieten in Bedrängnis, sie sahen aus wie die Leute von gestern. Zudem erschienen sie schuldbeladen, weil Kohl sich standhaft weigerte, die Namen der Spender preiszugeben, die ihm und der CDU entgegen den gesetzlichen Regelungen hatten Gutes tun wollen. Merkel erinnerte in ihrem Text zudem an die Flick-Spenden-Affäre, die Ende der Siebziger- und Anfang der Achtzigerjahre das politische Bonn in seinen Grundfesten erschüttert hatte. Nichts daraus gelernt zu haben, lastete Merkel, die Ostdeutsche, Kohl und seinen westdeutschen Anhängern an. Einer der verbliebenen Kohl-Anhänger in der CDU, Jürgen Rüttgers, verlor darüber die Landtagswahl in Nordrhein-Westfalen. Der hessische CDU-Landesverband, einst eine Stütze von Kohls Machtapparat, hatte seine eigene Spendenaffäre. Das südwestdeutsche CDU-Milieu war geschwächt.

In Berlin löste sich die politische Klasse von hergebrachten westdeutschen Mustern. Von der Hauptstadt aus betrachtet, war das übrige Land provinziell. Politiker, die einen heimischen Dialekt sprachen, gerieten am Regierungssitz in Verruf. Kurt Beck etwa, der zwar in Rheinland-Pfalz ein erfolgreicher Ministerpräsident war und mehrfach Landtagswahlen gewonnen hatte, scheiterte in seiner Funktion als SPD-Vorsitzender. Er galt eben als Pfälzer, der mittels Sprachfärbung Vertrauen zu den Menschen in der Heimat aufbauen könne, aber nicht geeignet sei für die große Politik mit ihren auch internationalen Bezügen. Über die CSU, insbesondere über deren Vorsitzenden Horst Seehofer, wurde im Umfeld Angela Merkels schlecht und herablassend geredet, lange bevor sich die Vorsitzenden der beiden Unions-parteien wegen Merkels Flüchtlingspolitik entzweiten. Dass ein Mann wie der CDU-Innenpolitiker Wolfgang Bosbach, eigent-lich ein treuer Gefolgsmann, nach Merkels Auffassung nicht für das Amt des Bundesinnenministers tauge, lag auch an seinem rheinischen Singsang und seiner Vorliebe, sich im Kölner Kar-neval zu exponieren und Büttenreden zu halten. Über die in Wiesbaden beheimatete SPD-Entwicklungshilfeministerin Hei-demarie Wieczorek-Zeul wurde in den sogenannten Berliner Kreisen gerne gelächelt, ihres unverfälschten Hessischs wegen. Allenfalls jemandem wie Wolfgang Schäuble wurde die heimat-liche Sprachverfärbung nachgesehen, so wie das einst auch bei Machtpolitikern der ersten Reihe der Fall war – man denke nur an den Kölner Konrad Adenauer oder den Bayern Franz Josef Strauß. In Norddeutschland, in Niedersachsen zumal, werde hingegen, so ging das Empfinden, das reinste Hochdeutsch ge-sprochen. Mehr und mehr trat hervor, dass eine regionale Sprachfärbung den Aufstieg eines Politikers in Berlin hemmte. In Bonn war das anders gewesen.

Das politische Milieu in Berlin ist nicht von »Ossis« geprägt, auch wenn ein Gutteil der aus Bonn Zugezogenen in Berlin-Mitte, dem ehemaligen Ostteil der Stadt also, seine Bleibe fand. Die »Wessis«, kurz nach dem Umzug von Berlinern »die Bon-ner« genannt, waren deutlich in der Mehrheit, sei es unter den Bundestagsabgeordneten und Kabinettsmitgliedern, den Jour-nalisten, Beratern und Lobbyisten, in der Beamtenschaft na-türlich auch. Die Ostdeutschen traten auch immer weniger als Vertreter sämtlicher »neuer Bundesländer« auf, sondern als Sachsen, Thüringer, Mecklenburger und Brandenburger. In den Parteien und den Bundestagsfraktionen spielen sie keine größe-ren Rollen – sie blieben zu wenige. Schon mittelgroße Kreisver-bände von Parteien in Westdeutschland hatten und haben mehr Mitglieder als ganze ostdeutsche Landesverbände. Selbst die ostdeutschen Ministerpräsidenten sind in ihren Bundesparteien weitgehend ohne Einfluss, wenn es um machtpolitische Auseinandersetzungen geht. Dem ersten Kabinett von Bundeskanzler Schröder gehörte mit Christine Bergmann, SPD, zuständig für Familien, Frauen und Jugend, genau ein Mitglied aus Ostdeutschland an. Im zweiten Kabinett Schröder war Manfred Stolpe, SPD, zuständig für Verkehr und Bau, der einzige Ostdeutsche. In Merkels Kabinetten besserte sich nicht viel, außer natürlich, dass die Bundeskanzlerin eine ostdeutsche Sozialisation mitbrachte und der aus Bonn stammende CDU-Bundesminister Thomas de Maizière seinen Wahlkreis in Dresden hatte. Der »Jahresbericht der Bundesregierung zum Stand der deutschen Einheit« fristet ein parlamentarisches Schattendasein, ebenso der Ostbeauftragte der Bundesregierung. Sein offizieller Titel heißt auch nach fast dreißig Jahren deutscher Einheit »Beauftragter der Bundesregierung für die neuen Bundesländer«.

Zugleich aber geriet selbst das größte Bundesland, Nordrhein-Westfalen, unter Spitzenpolitikern in Berlin an den Rand des Interesses. Wolfgang Clement, der als SPD-Ministerpräsident in Düsseldorf gerne darauf hinwies, für sich genommen gehöre sein Bundesland zu den zehn größten Industrienationen der Welt, galt als Großsprecher. Eine eigenwillige Aktion der nordrhein-westfälischen CDU-Landtagsfraktion vom Mai 2007 wurde in Berlin kaum zur Kenntnis genommen, ja nicht einmal ignoriert, wie das gerne ausgedrückt wird. Zu Zeiten des CDU-Ministerpräsidenten Jürgen Rüttgers beschloss seine CDU-Fraktion einen Antrag, das Bundesland solle dem Benelux-Vertrag beitreten, einem Abkommen, in dem Belgien, die Niederlande und Luxemburg 1958 eine Wirtschaftsunion vereinbart hatten. Die Abgeordneten taten einfach so, als ob Nordrhein-Westfalen ein eigenständiges Staatsgebilde wäre. Frank-Walter Steinmeier, als Außenminister für auswärtige Angelegenheiten zuständig, hatte den ungewöhnlichen Vorstoß der Landespolitiker nicht mitbekommen, wie sich herausstellte.

Auch die Berater von Franz Müntefering, in jenen Tagen Arbeitsminister, SPD-Vizekanzler und auch noch aus Nordrhein-Westfalen stammend, waren ahnungslos. Unter nordrheinwestfälischen CDU-Bundestagsabgeordneten aber wurde erzählt, Rüttgers habe sich kurz zuvor maßlos über Merkel geärgert. Der Grund: Sein Landesverband, der größte der CDU, war bei der Bildung von Merkels erstem Bundeskabinett personalpolitisch leer ausgegangen. Die Distanz zwischen Berlin und Düsseldorf ist eben größer als früher die Entfernung zwischen der Landeshauptstadt und dem Regierungssitz in Bonn. Politisch gesehen ist auch die Entfernung zwischen Berlin und München größer, als es jene zwischen Bonn und München gewesen war. Kohl und Strauß waren näher beieinander als eine Politikergeneration später deren Nachfolger Merkel und Seehofer.

Besonders in Merkels Anfangszeiten als Bundeskanzlerin dominierte das evangelische Element an der Spitze von Partei, Fraktion und Bundesregierung: Schäuble, Kauder, von der Leyen, Thomas de Maizière, Hermann Gröhe. Lange Zeit konnte sich Rühe bestätigt sehen. Der Umschwung setzte nach der Bundestagswahl 2017 ein. Im Katholischen Büro, der Vertretung der Deutschen Bischofskonferenz, wurde registriert, die Zahl der katholischen CDU-Bundesminister sei gestiegen. Im dritten Kabinett der Protestantin Angela Merkel war ab 2013 Peter Altmaier der einzige katholische CDU-Minister gewesen. Er stand den Protestanten Ursula von der Leyen, Hermann Gröhe, Thomas de Maizière, Wolfgang Schäuble und Johanna Wanka gegenüber. Im 2018 gebildeten Kabinett Merkel IV ist es umgekehrt. Von der Leyen ist die einzige protestantische CDU-Ministerin, die übrigen sind Katholiken: Peter Altmaier, Helge Braun, Anja Karliczek, Julia Klöckner und Jens Spahn. Es fügte sich, dass an der Spitze der CDU/CSU-Fraktion auf den Protestanten Volker Kauder der Katholik Ralph Brinkhaus folgte. Die Nachfolgerin Merkels im CDU-Vorsitz, Annegret Kramp-Karrenbauer, ist ebenso katholisch wie ihre Konkurrenten

Spahn und Friedrich Merz. Und wie Kramp-Karrenbauer kommen zwei Bundesminister aus dem kleinen Saarland, neben Altmaier (Wirtschaft) Außenminister Heiko Maas (SPD). Und schließlich: Die SPD-Vorsitzende Andrea Nahles kommt aus der Eifel und ist bekennende Katholikin.

# Macht und Ohnmacht

Nie wieder sollte sich wiederholen, dass, wie nach der Bundestagswahl von 1961, die Koalitionspartner das politische Ende eines Kanzlers festlegen. Als Unionsparteien und FDP über ihr Bündnis verhandelten, waren der Name Konrad Adenauer und das Amt des Bundeskanzlers für die Menschen in der jungen Bundesrepublik längst zu Synonymen geworden. Doch nicht einmal Helmut Kohl und Angela Merkel, die Jahre später ebenfalls über mehrere Legislaturperioden in Bonn und Berlin die Regierungsgeschäfte führten und auf zunehmende innerparteiliche Vorbehalte stießen, widerfuhr das Schicksal des »Alten aus Rhöndorf«. »Die Koalitionspartner gehen davon aus, dass der Vorsitzende der Christlich-Demokratischen Union, Dr. Konrad Adenauer, das Amt des Bundeskanzlers entsprechend seiner vor der Fraktion der CDU/CSU am Dienstag, dem 17. Oktober 1961, abgegebenen Erklärung nicht für die ganze Dauer der Legislaturperiode bekleiden wird«, wurde im Abkommen der Unionsparteien und der FDP festgelegt. Zwar war in dem Koalitionsvertrag kein Zeitpunkt der Amtsübergabe genannt worden, wie auch der Nachfolger Ludwig Erhard (CDU), obwohl dessen Aufstieg ins Bundeskanzleramt feststand, nicht namentlich erwähnt wurde. Zur Mitte der Wahlperiode aber vollzog sich der Wechsel an der Spitze der Bundesregierung, was schließlich auch auf einen Streit zwischen den »Europäern« und den »Atlantikern« in den Unionsparteien zurückging: Sollte das Verhältnis zu Frankreich oder jenes zu den Vereinigten Staaten Vorrang haben?

Undenkbar schien in späteren Zeiten eine solche Absprache. Kein weiteres Mal erhob ein kleinerer Koalitionspartner gegenüber dem größeren die Forderung, auf seinen Spitzenmann oder seine Spitzenfrau zu verzichten. Die SPD wagte das nicht einmal in den Verhandlungen mit den Unionsparteien im Winter 2017/2018, obwohl es Parallelen zu den Vorgängen von 1961 gab. Der SPD-Vorsitzende Martin Schulz hatte gleich nach der Bundestagswahl versichert, nie und nimmer werde er in ein Bundeskabinett unter Bundeskanzlerin Angela Merkel eintreten – ähnlich wie lange vor ihm Erich Mende, der FDP-Vorsitzende, der einen Wahlkampf unter dem Motto geführt hatte, mit CDU und CSU koalieren zu wollen, keinesfalls aber mit Konrad Adenauer. Schließlich hatte Merkel, wie Adenauer damals, Autorität und Ansehen in der eigenen Partei eingebüßt.

Das Vorgehen der FDP 1961 aber spielte in den taktischen Überlegungen der SPD fast sechzig Jahre später keinerlei Rolle, im Gegenteil. Wie schon bei der Bildung der großen Koalition 2013 wurde Merkel von der SPD akzeptiert und ihr Verbleib im Amt sogar zur Bedingung für den Fortbestand der Koalition gemacht. Schon damals hatte es Spekulationen gegeben, Merkel könnte zur Mitte der Wahlperiode von sich aus und ohne äußeren Druck das Amt der Bundeskanzlerin niederlegen. Keiner ihrer Vorgänger hatte das geschafft, sie alle wurden entweder vom Koalitionspartner gestürzt, wie etwa Helmut Schmidt 1982 durch die FDP, oder abgewählt, wie Helmut Kohl 1998 und Gerhard Schröder 2005. Nach der Regierungsbildung 2013 aber äußerten sozialdemokratische Kabinettsmitglieder, es sei nicht abgesprochen, dass die SPD-Abgeordneten einen anderen, jüngeren Politiker der Unionsparteien zum Kanzler wählen würden. Die Koalition sei mit Merkel als Kanzlerin und niemandem sonst gebildet worden, lautete die Begründung, die auch 2019 wieder vorgetragen wurde. Die SPD hatte zudem kein Interesse daran, dass der größere Koalitionspartner während einer laufenden Legislaturperiode den Verjüngungsprozess an der Spitze erfolgreich einleitete und damit personalpolitische Zukunftsvorsorge zu Lasten der SPD betrieb. Dann lieber eine schwache Kanzlerin »im Amt einmauern«, wie diese Methode unter parteitaktischen Kalkülen genannt werden kann.

2018 schien sich dieses Muster zu wiederholen, wobei Merkel, damals jedenfalls, nicht daran dachte, freiwillig aus dem Amt zu scheiden. Viele ihrer Unterstützer in der Union trauten ihr eine solche Entscheidung gleichwohl zu, nicht zuletzt ein Bewunderer wie Peter Altmaier, als Kanzleramtschef und Wirtschaftsminister ein alter Verbündeter. Nicht nur die erste Frau an der Regierungsspitze sei Merkel. Sie habe sogar das Zeug dazu, als erster Regierungschef der Bundesrepublik auf dem Zenit des öffentlichen Ansehens und der Macht den Stab an einen Nachfolger zu übergeben. Merkel habe ein distanziertes Verhältnis zum Amt und auch zu den mit ihm verbundenen Würden. Eitel sei sie nicht. Auf ein altes Zitat Merkels wurde oft verwiesen. »Ich möchte irgendwann den richtigen Zeitpunkt für den Ausstieg aus der Politik finden«, sagte sie 1998 in einem Gespräch mit der Fotografin Herlinde Koelbl. Es war freilich eine Sowohl-als-auch-Äußerung. »Das ist viel schwerer, als ich mir das früher vorgestellt habe. Aber ich will kein halbtotes Wrack sein, wenn ich aus der Politik aussteige.« Kohl, der »ewige Kanzler«, war da gerade nach 16 Jahren Amtszeit durch Gerhard Schröder ersetzt worden, weshalb das Zitat Merkels oftmals als auf Kohl gemünzt verstanden wurde.

Viele Parteifreunde teilten die Kritik an Kohl, die Merkels Äußerung barg. Nach ihrem Verständnis hätte die CDU den Wahlkampf gegen Schröder 1998 gewonnen, wenn Kohl – freiwillig – nicht noch einmal als Kanzlerkandidat angetreten wäre, sondern die Kanzlerkandidatur einem Jüngeren, dem von ihm selbst zum Kronprinzen ausgerufenen Wolfgang Schäuble, überlassen hätte. Rot-Grün wäre verhindert worden, lautete noch Jahre später die These in der Union. Kein Wunder, dass Merkel immer wieder mit ihrem Zitat konfrontiert wurde, gerade auch vor der Bundestagswahl 2017. Halbtotes Wrack? »Nun, ich habe mich dann mal angeguckt im Spiegel, und ich finde, dass ich das noch nicht bin«, meinte sie im Gespräch mit der Fernsehmoderatorin Anne Will, nachdem sie sich nach langer Bedenkzeit ein Jahr vor der Wahl entschieden hatte, noch einmal anzutreten.

Merkel-Anhänger, die weniger eingeschworen sind als ein Peter Altmaier, sehen es nüchterner. Merkel, so lauten ihre Prognosen, werde so lange Kanzlerin sein wollen, wie es irgend gehe. Sie werde irgendwann aufhören müssen, so wie es auch ihre Vorgänger schicksalhaft erlitten hätten. Machtbewusstsein und Pflichtgefühl, auch die Gewissheit, ihre Person sei »alternativlos«, gehören schließlich zu den Genen eines Kanzlers. Die Regierungschefs sind eine besondere Kategorie von Politikern. In aller Regel haben sie sich von früh an mit Haut und Haaren dem Ziel verschrieben, an die Spitze der Bundesregierung zu kommen, und der wohl mächtigste Mann, die mächtigste Frau Deutschlands zu werden. Sie haben das Aufsteigen gelernt. Sie haben gelernt, Rückschläge wegzustecken. Sie haben gelernt, dass Politik und das Durchsetzen ihrer Ziele stets auch Kampf bedeuten, Kampf innerhalb der eigenen Partei, Kampf gegen den politischen Gegner, Kampf um ihren Ruf und ihr Ansehen in den Medien und schließlich Kampf um die Zustimmung des Volkes, Wahlkampf genannt. Am Ende ihrer Laufbahn gilt ihr Kampf – und mögen sie es noch so bestreiten – einem Eintrag in die Geschichtsbücher. Nicht als Gescheiterte wollen sie gesehen werden, nicht als Politiker, die das Handtuch geworfen haben, als der Wind ihnen ins Gesicht blies. Und schon gar nicht als Politiker, die ihre Partei und ihre Anhängerschaften im Stich gelassen haben.

Helmut Kohl wollte zum Ende seiner Laufbahn noch den Euro als neue Währung durchsetzen, gegen den Widerstand etwa aus der CSU um Edmund Stoiber. Kohl, der Europa-Politiker, der sich als »Enkel Adenauers« sah, traute Schäuble das nicht zu. Er wollte es noch einmal wissen, im Wahlkampf. Den Euro setzte er durch, die Wahl verlor er. Auch Schröder wollte um und für seine Politik kämpfen. Für seine sozialpolitischen Reformvorhaben der Agenda 2010 wollte er in der Bundestagswahl 2005 eine Zustimmung des Volkes erwirken. Er wollte sie durch ein Votum des Volkes legitimieren. Er unterlag, wenn auch nur knapp. Einer der Lieblingssätze Schröders war es, er wolle sich »nicht vom Hofe« treiben lassen. Vom Hofe hieß: aus dem Kanzleramt. Seine Wortwahl schien seiner Biografie zu entsprechen. Schröder wusste, was Armut ist. Aus kleinen Verhältnissen in ländlicher Region stammend, wusste er, was es bedeutet, wenn Menschen vom Hof getrieben werden und ins Nichts fallen. Nicht von den Kritikern und Gegnern in seiner eigenen Partei und erst recht nicht von Stoiber und Merkel wollte sich Schröder, der sich zeit seines Lebens von unten nach oben durchgeboxt hatte, vertreiben lassen. Theaterkritiker würden sagen: Schröder wählte den großen Abgang.

Merkel, obwohl sie sich stets von Kohls und Schröders Verhalten absetzen wollte, verhielt sich wie ihre Vorgänger. Niemals aufzugeben wurde zu ihrer Maxime. Sie wollte sich nicht verjagen lassen – weder von den Kritikern ihrer Flüchtlingspolitik, noch vom konservativen Flügel der CDU und erst recht nicht von der CSU. Im Kampf um die Macht freilich verspielte sie im Sommer 2016 die Möglichkeit, ihren Ausstieg aus der Politik als freie Entscheidung zu inszenieren. Merkel fügte sich ein in die Reihe ihrer Vorgänger. Das Ende ist mindestens ebenso schwer wie der Anfang, mit einem Unterschied: Am Anfang dreht sich der Kampf um die Macht im Kanzleramt; am Ende gilt es, die eigene Ohnmacht zu bewältigen.

In der Öffentlichkeit wird der Kampf um die Macht bewundert. Schöne Porträts werden geschrieben, schöne Dokumentationen über den Aufstieg gesendet. Macht ist geil. Wer sie hat, genießt sie. Jeder Kanzler weiß, dass sie irgendwann verfliegt und dann die Kehrseite des schönen Scheins hervortritt. Das

Publikum ergötzt sich am Abstieg der einst Gefeierten. Die Mitarbeiter im Kanzleramt bemerken plötzlich einen Leerlauf in der Behörde. Die publizistischen Freunde von früher wenden sich ab. Wahlweise sehnen sie das Ende herbei oder sagen es voraus. So erging es Gerhard Schröder. »Ihr wollt mich fertigmachen«, rief er Journalisten zu, die er vormals als Unterstützer angesehen hatte, darunter Redakteure des *Spiegel*. Merkel würde so etwas nie zum Ausdruck bringen – nicht öffentlich und nicht einmal halböffentlich. Gedacht haben wird sie es gleichwohl. Macht und Ohnmacht sind Schwestern. Sie sind die ständigen Begleiter der (scheinbar) Mächtigen. Sogar im Grundgesetz tauchen sie auf, verborgen hinter den wohlklingenden Worten über die Bundesregierung, den Bundeskanzler und die Bundesminister. Kanzler sind verfassungsrechtlich nicht so frei, wie es von internationalen Zeitschriften verliehene Attribute vermuten lassen, die Angela Merkel zur »mächtigsten Frau« oder gar zum »mächtigsten Regierungschef« der Welt erklärten. In der Realität können Bundeskanzler nicht einmal das eigene Kabinett nach Wunsch zusammenstellen. Und mit der sogenannten Richtlinienkompetenz ist es auch nicht weit her, wie Merkel im Streit mit »ihrem« Innenminister Seehofer 2018, Sommer des Missvergnügens, erleben musste. Er tanzte ihr auf der Nase herum, in Sachen Flüchtlingspolitik vor allem. Merkel musste es schlucken. Verfassung und Verfassungswirklichkeit sind die Schwestern von Macht und Ohnmacht.

Die Artikel 64 und 65 des Grundgesetzes klingen einfach und klar: »Der Bundeskanzler bestimmt die Richtlinien der Politik und trägt dafür die Verantwortung«, heißt es über die – in der Überschrift zu jenem Artikel wörtlich auftauchende – »Richtlinienkompetenz des Bundeskanzlers«. Zudem heißt es in der Verfassung: »Die Bundesminister werden auf Vorschlag des Bundeskanzlers vom Bundespräsidenten ernannt und entlassen.« Politische Fußangeln für den Kanzler gibt es freilich auch. »Innerhalb dieser Richtlinien leitet jeder Bundesminister seinen

Geschäftsbereich selbstständig und unter eigener Verantwortung.«Sodann folgt der Satz:»Über Meinungsverschiedenheiten zwischen den Bundesministern entscheidet die Bundesregierung.«Nicht etwa der Bundeskanzler, wäre anzufügen. Die alltägliche Praxis sieht anders aus. Sie orientiert sich an den Machtverhältnissen innerhalb der sogenannten Regierungsparteien wie auch zwischen diesen. In Koalitionsverträgen, zwischen den Parteiführungen vereinbart und von deren Vorsitzenden unterschrieben, wird jeweils im letzten Kapitel das Grundgesetz politisch konkretisiert. Die Verfassungsnorm, in Streitfällen entscheide die Bundesregierung, findet sich in dem Satz:»Im Kabinett wird in Fragen, die für einen Koalitionspartner von grundsätzlicher Bedeutung sind, keine Seite überstimmt.«Das ist nichts anderes als eine Aufweichung der Richtlinienkompetenz des Regierungschefs. Auch wird in den Koalitionsverträgen geregelt, welche Partei die Leitung welcher Ministerien bekommt. Dem Grundgesetz wird dann nur noch insofern Genüge getan, als die von den Parteien für die Ministerämter bestimmten Politiker vom Bundeskanzler dem Bundespräsidenten vorgeschlagen werden.

Das für das Erscheinungsbild einer Koalition wichtigste Kapitel ihres Vertrags ist zugleich das kürzeste. Fast 180 Seiten lang ist die Vereinbarung, die CDU, CSU und SPD im Frühjahr 2018 – fast ein halbes Jahr nach der Bundestagswahl – schlossen. Der Abschnitt über die»Arbeitsweise der Regierung und der Fraktionen«, in dem unter anderem die»Ressortverteilung« geregelt wurde, umfasst gerade einmal drei Seiten. Es ist sozusagen das Kleingedruckte der Verträge, welches aber in Zweifelsfällen große Wirkung entfalten kann. Ehedem in Bonner Zeiten kamen derlei Verträge ohne das ausdrückliche Stichwort »Ressortverteilung« aus. Die Verteilung der Ministerien wurde lediglich mündlich – quasi per Handschlag – geregelt, was freilich nichts daran änderte, dass die Parteien dann die Besetzung »ihrer« Ministerien selbst bestimmten. Änderungen der Praxis gab es dann ab 1998 gegen Ende der Bonner Ära, die Verträge zwischen SPD und Grünen enthielten den Abschnitt »Personelle Vereinbarungen«. Ausdrücklich und namentlich hieß es, Gerhard Schröder (SPD) werde zum Bundeskanzler gewählt. Die Formulierung »Das Amt des Vizekanzlers wird durch Joschka Fischer (BÜNDNIS 90/DIE GRÜNEN) ausgeübt« folgte, was auf zweierlei Weise bemerkenswert war. Zum einen »Joschka«. Es war Fischers grün-interner Vorname, ein Kampfname aus seinen wilden Frankfurter Zeiten. Im Handbuch des Bundestages aber nannte sich Fischer seinem Geburtsnamen entsprechend »Joseph«. Natürlich wurde Fischer in den meisten Medien »Joschka« genannt, was interessanter und ungewöhnlicher klang als »Joseph«. Grün eben. Und Fischer war es auch recht. Doch änderte das nichts daran, dass Fischer gerne auch Joseph genannt wurde, was zwar in seinen Augen ein wenig schrullig und altbacken klang, dafür aber ziemlich seriös, wie es eben einem Außenminister der Bundesrepublik Deutschland zukam. Auch einem »Vizekanzler«? Mit diesem Begriff war es von alters her so eine Sache. Schon Hans-Dietrich Genscher (FDP), Bundesaußenminister von 1974 bis 1992, ließ sich gerne als »Vizekanzler« bezeichnen, weil das wichtig klingt. Im Grundgesetz aber taucht der Begriff gar nicht auf. Dort heißt es lediglich: »Der Bundeskanzler ernennt einen Bundesminister zu seinem Stellvertreter.« Fischer aber wurde – laut Vertrag aus eigenem Recht – »Vizekanzler«. Zudem wurde aus dem bloßen Titel ein »Amt« gemacht, das sogenannte Vizekanzleramt.

Immerhin: Nach den rot-grünen Regierungszeiten, seit 2005 also, wurde die Nomenklatur im Koalitionsvertrag dem Grundgesetz angepasst. »Die SPD stellt den Stellvertreter der Bundeskanzlerin«, heißt es nun. Auch werden seither nicht mehr die Namen des Bundeskanzlers und seines Stellvertreters erwähnt, doch was, wenn man es mit der Formel »Die CDU/CSU stellt die Bundeskanzlerin« sehr genau nähme? Könnte jemand anderes als Merkel gemeint gewesen sein? Annegret Kramp-Karren-bauer oder Ursula von der Leyen beispielsweise, also ausdrück-lich keiner der Männer aus CDU und CSU? Fragestellungen, ob im Falle eines Wechsels an der Spitze des Bundeskanzleramts auf Merkel wieder eine Frau nachrücken müsste, konnte man getrost als spitzfindig abtun, jedenfalls in Zeiten der Eintracht und des politischen Friedens zwischen den Koalitionsparteien. Doch was, wenn sich die Zeiten änderten?

Die zu besetzenden Spitzenämter in den Ministerien wurden bislang in den Verträgen nicht namentlich vergeben, weil sich im Laufe von Wahlperioden die personellen Umstände – natür-lich – ändern können. Doch wird in den Formeln »Die CDU/ CSU stellt die Leitung folgender Ministerien« und »Die SPD stellt die Leitung folgender Ministerien« vereinbart, die Par-teien, genauer: deren Führungen, haben über die Besetzung der Ministerposten zu bestimmen, und nicht etwa der Bundeskanz-ler oder die Bundeskanzlerin. Schon in Bonn ließ sich die FDP-Führung das Heft nicht von Schmidt und auch nicht von Kohl aus der Hand nehmen. Der kleinere Koalitionspartner will sich nicht unterpflügen lassen – vom Kanzler schon gar nicht.

Eine bemerkenswerte Änderung der Berliner Vertragsfor-mulierungen setzte Horst Seehofer durch, nachdem er 2008 CSU-Vorsitzender und Bayerischer Ministerpräsident ge-worden war und 2013 für seine Partei die absolute Mehrheit in Bayern zurückerobert hatte. Noch im schwarz-gelben Koali-tionsvertrag von 2009 waren die Ministerposten für die Unions-parteien nicht gesondert an CDU oder CSU vergeben worden. In den Koalitionsverträgen mit der SPD von 2013 und 2018 aber wurden die den Unionsparteien zugesprochenen Ministerien gesondert der CDU oder der CSU zugeschrieben. Bis dato hätten, laut Vertrag, Merkel als CDU-Vorsitzende und die CDU-Führung insgesamt ein Mitspracherecht auch bei der Nominie-rung der CSU-Minister reklamieren können, und selbstver-ständlich auch umgekehrt. Im Koalitionsvertrag vom März 2018 etwa steht nun aber: »Innen, Bau, Heimat (CSU).« Eine weitere Option der Machtausübung war der Bundeskanzlerin aus der Hand genommen.

Nur wenige Wochen nach Abschluss des Koalitionsvertrages der dritten großen Koalition unter Angela Merkel sollte sich im Sommer des Missvergnügens zwischen der Kanzlerin und Seehofer das Übergewicht der Vertragsformulierungen gegenüber dem Grundgesetz erweisen. Im Streit zwischen den beiden Unionspolitikern über die Flüchtlingspolitik im Allgemeinen und die Abweisung von Asylbewerbern an der deutschen Grenze im Besonderen widersprach Merkel den Vorstellungen »ihres« Innenministers mit dem Hinweis: »Das wäre dann eine Frage der Richtlinienkompetenz.« Sie sagte »wäre«. Es war das erste Mal, dass Merkel zu diesem Schwert gegriffen hatte. Womöglich war es ein Wutausbruch nach der Art Merkels, die bekanntermaßen nicht von aufbrausender Natur ist.

Schon Merkels Vorgänger haben es tunlichst vermieden, zu häufig mit diesem Mittel zu operieren. Mit der Richtlinienkompetenz zu drohen kann als Drohung mit dem Ende der Koalition verstanden werden. Schröder hingegen, der seinem Wesen nach zu Drohungen oder »Basta«-Ansagen zu greifen pflegte, neigte zu solch heftigen Schritten. Seiner Nachfolgerin gab er denn auch Ratschläge, wie sich ein Kanzler im Falle des Falles gegenüber einem Minister zu verhalten habe. »Entweder er zwingt den Widersacher über die Verbindung mit der Vertrauensfrage in die Solidarität. Oder er entlässt den Minister«, sagte Schröder der Zeitschrift *Stern* zum Merkel-Seehofer-Streit. Richtlinienkompetenz heiße, »dass der Kanzler etwas vorgibt, auch per Einzelanweisung, und der Minister hat das dann umzusetzen«. Auch erhob er einen Vorwurf gegen Merkel: »Aus einer Richtlinienkompetenz wurde eine Nichtlinienkompetenz.«

Vor allem, wenn es die Grünen in Sachen Außen- und Sicherheitspolitik zu disziplinieren galt, hatte sich Schröder so verhalten. Fischer, sein »Vizekanzler«, pflegte sich dann öffentlich zurückzunehmen. Er vermied es, Schröder in der Öffentlichkeit zu widersprechen. Der Grünen-Politiker hatte gegenüber dem Amt des Bundeskanzlers und mithin auch gegenüber der entsprechenden Person einen gehörigen, geradezu staatstragenden Respekt. Fischer, wie häufig gerne dramatisch, über Schröder: »Ich habe einen Höllenrespekt vor seinem Amt. Da laufen alle Kraftlinien dieser Republik zusammen.« Er verhielt sich danach. Freilich: Gegen den Willen Fischers und seiner Partei entließ Schröder niemals einen Minister der Grünen. Nur um den Bruch der Koalition hätte Schröder das durchsetzen können. Die Personalhoheit von Kanzlern ist – bei allem Respekt vor der Verfassung – auf die eigene Partei begrenzt. Merkel hat sich an dieses »Gesetz« gehalten.

Und Seehofer? Er ließ sich nicht auf eine ernsthafte Verfassungsdebatte ein: »Mir gegenüber hat sie mit der Richtlinienkompetenz nicht gewedelt – das wäre auch unüblich zwischen zwei Parteivorsitzenden.« Mit der Verfassung wedeln? Es war eine despektierliche Antwort des Innenministers, der ja qua Amt auch als Verfassungsminister gilt. Despektierlich, selbstbewusst, ungehörig. Oder doch realitätsnah? Dass die Richtlinienkompetenz des Grundgesetzes ein weltfremder Verfassungsgrundsatz sei, gehört unter den Machtpolitikern Berlins zum Allgemeingut. Zwar wurde Merkels Hinweis auf ihre Richtlinienkompetenz als Drohung verstanden, Merkel könnte von ihrem – ebenfalls im Grundgesetz normierten – Recht Gebrauch machen, wonach die Bundesminister »auf Vorschlag des Bundeskanzlers« vom Bundespräsidenten entlassen werden. Seehofer aber stellte auch das infrage: »Ich lasse mich nicht von einer Kanzlerin entlassen, die nur wegen mir Kanzlerin ist.« Natürlich haben Mitarbeiter der Bundeskanzlerin den Kopf geschüttelt. Auch wurde von ihnen verbreitet, Merkel habe es ernst gemeint mit ihrer Drohung, Seehofer zu entlassen. Aber sie tat es nicht. Dass Wolfgang Schäuble – Bundestagspräsident und politische Autorität – ihr geraten hatte, nötigenfalls müsse

Merkel den unliebsamen Minister vor die Tür setzen, mag sie erst recht davon abgehalten haben. War es doch kein guter Ratschlag Schäubles, sondern eher einer, der Merkels Schwäche noch einmal offenlegte. Ein Hinauswurf Seehofers hätte nämlich – Verfassungsregeln hin, Koalitionsvereinbarungen her – nicht nur das Ende der Koalition bedeutet, sondern auch das Ende der Gemeinschaft der Unionsparteien. Merkel hätte das nicht überstanden. Ein paar Monate später teilte sie vielmehr mit, in jenen Wochen erstmals überlegt zu haben, den CDU-Vorsitz abzugeben.

Vorerst wurde ein »Wir verstehen Seehofer nicht mehr« verbreitet. Wie könne er so reden? Dass Seehofer auch noch die Äußerung »Ich kann mit dieser Frau nicht zusammenarbeiten« nachgesagt wurde, passte ins Bild. Doch Merkel blieb ruhig. »Für mich ist der Maßstab – das haben die Väter und Mütter des Grundgesetzes eigentlich gut geregelt –, dass Minister nur derjenige sein kann, der diese Richtlinienkompetenz akzeptiert«, äußerte sie mit Blick auf ihren Innenminister. Doch machtpolitisch gesehen und auch der Sache nach hatte Seehofer recht. Er hatte den Koalitionsvertrag (mit) unterschrieben. Ohne die CSU wäre Merkel nicht zur Bundeskanzlerin gewählt worden. Und so wie sich Merkel auf die Richtlinienkompetenz im Grundgesetz bezog, konnte sich Seehofer auf den Koalitionsvertrag berufen. Keine Seite, keine der drei Parteien also, dürfe im Bundeskabinett überstimmt werden – in Fragen, die für einen Partner von grundsätzlicher Bedeutung sind.

Dieser Grundsatz ist auch Bestandteil einer schriftlichen Übereinkunft, die CDU und CSU nach bisher jeder Bundestagswahl trafen, signiert von den beiden Parteivorsitzenden, zuletzt also von Merkel und Seehofer. Sie trägt den Titel »Vereinbarung über die Fortführung der Fraktionsgemeinschaft zwischen CDU und CSU«. Es werde, heißt es darin, »an dem Grundsatz festgehalten, dass es sich bei jeder Gruppe um die Abgeordneten einer jeweils eigenständigen Partei handelt«. Dieses Dokument hat in der Regel nur interne Bedeutung, die aber nicht zu unterschätzen ist. Die CSU-Abgeordneten bestimmen mit der Wahl ihres Landesgruppenvorsitzenden zugleich den Ersten Stellvertretenden Vorsitzenden der Gesamtfraktion. Und während der CDU/CSU-Fraktionsvorsitzende Volker Kauder im Herbst 2017 zunächst nur für ein Jahr (und dann nicht wieder) gewählt wurde, erhielt – laut Vereinbarung – dessen Stellvertreter, der CSU-Landesgruppenvorsitzende Alexander Dobrindt, ein Mandat für die gesamte Legislaturperiode. Das macht frei und unabhängig. Schließlich heißt es, als sollte auch hier die Richtlinienkompetenz des Kanzlers unterminiert werden, in der Vereinbarung: »Grundsätzliche politische Entscheidungen der CDU/CSU-Fraktion erfolgen nur im Einvernehmen zwischen beiden Gruppen.« Das kommt einer Veto-Position für die CSU im Bundestag nahe, Seehofer muss sich also von Angela Merkel nicht viel sagen lassen. Immer wieder machte er das auch deutlich und drangsalierte die Kanzlerin. Die Schwächung von Merkels Autorität wurde von der CSU billigend in Kauf genommen.

Gerade noch gefehlt hätte es, wenn Seehofer und die CSU in den letzten Koalitionsverhandlungen durchgesetzt hätten, es solle nicht nur einen Stellvertreter der Kanzlerin – vulgo: Vizekanzler – geben, sondern deren zwei. Einer leichten Beugung des Grundgesetzes hätte es schon bedurft, denn nur von einem Stellvertreter ist dort die Rede. In einigen Landesregierungen, die aus drei Koalitionsparteien gebildet wurden, gibt es mittlerweile zwei Stellvertreter des Ministerpräsidenten, so in Sachsen-Anhalt und in Schleswig-Holstein, wo ein »zweiter Stellvertreter« aus den Reihen des kleinsten Koalitionspartners kommt. Zwar hält sich die wahre Bedeutung der Titel in engen Grenzen und geht kaum über eine Ehrenbezeichnung auf Empfängen oder im Wikipedia-Eintrag hinaus. Doch gibt es eben Eitelkeiten und Befindlichkeiten in den Parteien und bei ihren Abgesandten. Wird etwa nicht auch die vierte Regierung Merkel von drei Koalitionsparteien getragen? Die CDU hatte es zu erleiden, die SPD zu beobachten, und die CSU legte schon immer Wert darauf. Sie will nicht bloß die kleine Schwester der CDU sein und schon gar nicht deren bayerischer Landesverband. Merkel aber schien im März 2018 erleichtert, dass die CSU-Führung darauf verzichtet hatte, im Sinne der Gleichbehandlung mit der SPD auch über einen »Stellvertreter« der Bundeskanzlerin bestimmen zu wollen. Bitte das Thema nicht anrühren, hieß es, wenn auch erst nach der abermaligen Wahl Merkels zur Bundeskanzlerin. Wie auch immer – anders als im Grundgesetz niedergeschrieben, bestimmt nicht der Kanzler seinen Stellvertreter. Der Koalitionspartner tut es.

# Wenn Glaube zum Irrglauben wird

Ein Gespräch mit Helmut Schmidt im Dezember 2003, kurz vor dessen 85. Geburtstag. Ob er es bedauere, dass er als Bundeskanzler nicht zugleich auch SPD-Parteivorsitzender gewesen sei? Ob er es früher in seiner aktiven Zeit bedauert habe? Ob es nicht besser gewesen wäre, wenn er, Schmidt, Willy Brandt im Frühjahr 1974 nicht nur als Bundeskanzler, sondern auch als Parteichef abgelöst hätte? »Aus der Rückschau«, sagte Schmidt, sei dieser Umstand »nicht so wichtig« gewesen. Natürlich sei es »kein Schaden« für die Betroffenen gewesen, dass bis dahin alle Bundeskanzler auch Parteivorsitzende gewesen seien. Adenauer, Kohl und zum Zeitpunkt des Gesprächs auch Schröder. Für sich selbst sagte Schmidt: »Manches wäre leichter, manches jedoch auch schwieriger geworden.« Mehr als acht Jahre lang teilten sich Brandt und Schmidt die beiden einflussreichsten Ämter, die ihre Partei damals zu vergeben hatte. Es gab Spannungen zwischen den beiden Charakteren. Schmidt konnte sich aber darauf verlassen, dass Brandt nicht (noch einmal) Bundeskanzler werden wollte. Es mag den cholerisch veranlagten Schmidt verärgert haben, dass Brandt nicht jedes Detail der Politik des Kanzlers und auch nicht immer dessen Auftreten guthieß. Aber die Zusammenarbeit funktionierte und war erfolgreich. Acht Jahre sind in der Politik eine nicht gerade kurze Zeitspanne.

Angela Merkel ist es gewesen, die die Legende zu neuem Leben erweckte, wer Bundeskanzler sei, müsse auch Vorsitzender seiner Partei sein. Als Bundeskanzler Gerhard Schröder 2004 den SPD-Vorsitz abgab und Franz Müntefering in diesem Amt sein Nachfolger wurde, ließ Merkel sogleich vernehmen, das Ende von Schröders Kanzlerschaft sei nahe. Weil es auch so kam, sah sie sich bestätigt. Erst recht blieb sie dabei, als sich – schon vor der Bundestagswahl 2017 – in der CDU die Auffassung breitmachte, zur Organisation ihrer eigenen Nachfolge solle sie als ersten Schritt auf das Amt der CDU-Vorsitzenden verzichten, um einen Nachfolger für die Kanzlerschaft »aufzubauen«. Merkel lehnte das ab. Erstens sei es in einem demokratischen System ohnehin nicht möglich, einen Nachfolger aufzubauen, und zweitens gehörten Kanzlerschaft und Parteivorsitz in eine Hand – siehe Schröders Schicksal.

Schröder hatte sich 1993 bei einem SPD-Mitgliederentscheid nur deshalb um das Amt des SPD-Vorsitzenden beworben, damit er 1994 auch Kanzlerkandidat hätte werden können. Als er fünf Jahre später ins Bundeskanzleramt einzog, war aber Oskar Lafontaine SPD-Vorsitzender. Das ging nicht gut. Beide waren sich in ihrem Machtanspruch zu ähnlich. Inhaltliche Differenzen kamen hinzu. Nach einem halben Jahr rot-grüner Regierung trat Lafontaine vom Parteivorsitz und als Finanzminister zurück. Nicht der Parteivorsitzende, sondern der Kanzler setzte sich durch. Schröder wurde SPD-Chef – und hatte schon bald schwer an der Doppelbelastung zu tragen, die Regierungspolitik mit ihren internationalen Verpflichtungen zu leiten und sie zugleich in der sperriger werdenden SPD durchzusetzen. Zwar sagen ehemalige Vertraute von ihm immer noch, Schröder hätte 2004 nicht auf den Parteivorsitz verzichten dürfen. In den eineinhalb Jahren aber, in denen Schröder Kanzler und Müntefering Parteivorsitzender waren, funktionierte die Zusammenarbeit – im Rahmen des Möglichen.

Schröder konnte sich stets darauf verlassen, dass Müntefering seine Agenda-2010-Vorhaben unterstützte und auch nicht Bundeskanzler werden wollte. Die merkelsche These, dass Schröders Zeit als Bundeskanzler zu Ende ging, weil er nicht mehr SPD-

Vorsitzender war, stimmt nicht. Schröders Regierungszeit ging vielmehr zu Ende, weil die SPD bei der Bundestagswahl 2005 nur auf Platz zwei landete – knapp hinter den Unionsparteien, die dann mit Merkel an der Spitze das Kanzleramt beanspruchten. Eher schon endete Schröders Kanzlerschaft, weil Lafontaine mittlerweile für die neu entstehende Linkspartei kandidierte und der SPD damit die wenigen fehlenden Wählerstimmen nahm, die es ermöglicht hätten, eine große Koalition unter ihrer Führung zu bilden. Müntefering sah später andere Mängel in ihrer Arbeitsteilung.»Ich hätte es besser nicht gemacht mit dem Parteivorsitz«, sagte er im Gespräch. Teile der SPD hätten von ihm verlangt, die Partei gegen Schröders Politik in Stellung zu bringen.»Ich selbst sah meine zentrale Aufgabe bei allem Respekt vor dem Parteiamt aber in der Rolle des Fraktionsvorsitzenden.« Sollte heißen: Müntefering sah es als seine oberste Pflicht an, Schröders Politik zu unterstützen und in der SPD durchzusetzen, statt die Bedenken in der SPD gegen Schröder zu artikulieren oder gar zu verwirklichen.

Das Problem von Schmidt und Schröder lag nicht darin, ob sie zusätzlich zum Kanzleramt auch das Amt des SPD-Vorsitzenden innehatten. Vielmehr verloren beide SPD-Kanzler in entscheidenden Fragen ihrer Regierungspolitik die erforderliche Unterstützung der SPD – Schröder in der Sozialpolitik, Schmidt auf den Gebieten der Wirtschafts- und Umweltpolitik sowie der NATO-Strategie. Nicht einmal die ihnen treuen Parteivorsitzenden Brandt und Müntefering konnten das verhindern. Erst recht hätte ein SPD-Vorsitzender Schmidt nicht auf Dauer verhindern können, dass in den Siebzigerjahren mit dem Eintritt von Zehntausenden jungen neuen Mitgliedern an der Basis der Partei neue, gegen seine Politik gerichtete Mehrheiten entstanden. Die jungen Linken aus der Generation Schröders setzten sich bei Abstimmungen und Wahlen in den Untergliederungen der SPD zunehmend gegen die Anhänger von

Schmidts Politik und den »rechten« Parteiflügel durch. Beide SPD-Kanzler aber hinterließen ein politisches Erbe, das zu Lasten ihrer Partei ging. Zu Zeiten Helmut Schmidts entstand die Partei der Grünen. Zu Schröders Zeiten wurde die Linkspartei erst richtig stark – über die ehemaligen DDR-Grenzen hinaus.

In Wirklichkeit orientierte sich Angela Merkel mit ihrer Betrachtungsweise, Parteivorsitz und Kanzlerschaft gehörten »in eine Hand«, an Helmut Kohl. Dieser wollte CDU-Vorsitzender werden, weil er Bundeskanzler werden wollte. Das Parteiamt, in das er 1973 gewählt wurde, war Mittel zum Zweck. Während der ersten Jahre seiner Kanzlerschaft wurde Kohl misstrauisch, weil sich der – von ihm vorgeschlagene – CDU-Generalsekretär Heiner Geißler als »geschäftsführenden CDU-Vorsitzenden« bezeichnen ließ. Und als Kohl 1989 erfuhr, dass ihn Geißler und andere CDU-Politiker aus dem Amt des CDU-Vorsitzenden zu vertreiben planten, trennten sich die Wege der beiden. Kohl, obwohl während des entscheidenden CDU-Parteitages 1989 in Bremen gesundheitlich am Ende seiner Kräfte, setzte sich durch. Er war sicher, das Amt des Bundeskanzlers zu verlieren, wenn er erst einmal vom Thron des Parteivorsitzenden gestürzt worden wäre.

Auch Merkel strebte das Amt der CDU-Vorsitzenden an, um Bundeskanzlerin zu werden. Sie hatte Erfolg. Doch Merkel musste – wie Schröder und ganz früher sogar Konrad Adenauer – die Erfahrung machen, dass der Parteivorsitz nicht viel hilft, wenn sich die Mitglieder vom Regierungskurs »ihrer« Kanzlerin beziehungsweise Parteivorsitzenden abwenden. Im Falle Merkels war die Flüchtlingspolitik Grund und Anlass. Merkel zog die Konsequenz. Sie stellte das Parteiamt zur Verfügung, um das Regierungsamt noch eine Weile behalten zu können. Ob sie nun mehr Zeit als früher habe, wurde Merkel gefragt. Sie verneinte. Nun gebe es mehr Abstimmungsbedarf. Dass ihr die Zusammenarbeit mit der neuen CDU-Vorsitzenden Annegret Kramp-Karrenbauer leichter fallen würde als mit

Friedrich Merz, war zu erwarten gewesen. Doch auch so wird die CDU seit Dezember 2018 nicht mehr aus dem Bundeskanzleramt geführt. Für die Partei ist das eine neue Erfahrung. Nur in den Sechzigerjahren war für kurze Zeit ein CDU-Kanzler nicht zugleich CDU-Vorsitzender.

Doch gingen Kramp-Karrenbauer und Merkel pfleglich miteinander um, wissend, dass permanente Auseinandersetzungen das Ansehen und die Autorität beider belasten und der CDU schaden würden. Das von Kramp-Karrenbauer angesetzte »Werkstattgespräch« über Merkels Flüchtlingspolitik geriet – in deren Abwesenheit – nicht zur Abrechnung mit der Bundeskanzlerin. Die Sitzungen des Koalitionsausschusses, Treffen also der Vorsitzenden von CDU, CSU und SPD, wurden nicht etwa, wie es Brauch war, von der Vorsitzenden der größten Koalitionspartei geleitet, sondern von der Bundeskanzlerin. Seit Merkel den CDU-Vorsitz abgab, schien sie über den drei Parteien zu stehen, die die Regierung bilden. Sie ist gewillt, bis zum Ende der Wahlperiode als Bundeskanzlerin zu amtieren. Womöglich wird dereinst ihre Auffassung, Parteivorsitz und Kanzlerschaft gehörten in eine Hand, von ihr selbst widerlegt.

# Daheim und unterwegs

Angela Merkel hat es nicht getan. Nicht einmal Gerhard Schröder hat sich das getraut, Helmut Kohl schon. Im Herbst 1995 besuchte Kohl China mit üblichem Programm: politische Gespräche und solche über Handel und Wirtschaft. Ein weiterer Punkt: Zwei Stunden lang sprach der Bundeskanzler mit Offizieren der 196. Infanteriedivision der chinesischen Volksbefreiungsarmee – als erster westlicher Regierungschef gute sechs Jahre nach dem Massaker, das Chinas Militärs auf dem Platz des Himmlischen Friedens an demonstrierenden Studenten verübt hatten. Tausende waren dort im Sommer 1989 getötet worden, groß war die Empörung rund um die Welt gewesen. Die Proteste in Bonn gegen Kohls Kasernenbesuch, gegen diese pure Realpolitik im Interesse der deutschen Industrie hielten sich in Grenzen. Immerhin hatte der Kanzler recherchieren lassen, ob die von ihm besuchte Division am Massaker beteiligt gewesen war, mit dem gewünschten Ergebnis. Kein Nachfolger Kohls wäre damit in der deutschen Innenpolitik durchgekommen. So weit und so bedenkenlos dürfe es mit der sogenannten Realpolitik nicht gehen, hätte es geheißen.

Als Gerhard Schröder Jahre später – begleitet von einer großen Wirtschaftsdelegation aus führenden Vertretern der Großindustrie und des Mittelstands – die Führung in Peking besuchte, hatte er eine Liste von amnesty international mit Namen politischer Häftlinge dabei, für die er sich einsetzen sollte. Im Verlauf seines Gesprächs mit Zhu Rongji, dem chinesischen Ministerpräsidenten, so wurde berichtet, habe Schröder aus der Liste vorgetragen. Zhu Rongji hörte höflich hin. Schröder erinnerte an die Bedeutung der Menschenrechte. Unversehens wechselte der Gastgeber das Thema. Es sei geplant, das Zentrum der Metropole Schanghai mit dem Flughafen schneller zu verbinden. An den Transrapid sei gedacht, die Magnetschwebebahn, die auf einer Versuchsstrecke im Emsland ihre Runden drehte, ohne in Deutschland ökonomisch Erfolg zu haben. Siemens sei doch gewiss daran interessiert, bemerkte der Chinese. Der Deutsche sah es genauso. Zwei Jahre später wurde der Probebetrieb aufgenommen. Schröder aber kündigte an, er werde von nun an jedes Jahr die Volksrepublik besuchen. Er hielt sein Wort. Angela Merkel hat die Tradition fortgesetzt. Nach wie vor erinnern Bundeskanzler und Bundespräsidenten die chinesische Führung an die Einhaltung der Menschenrechte; ihnen wird höflich zugehört. Dann geht man zur Tagesordnung über.

Außerhalb der Europäischen Union treffen deutsche Regierungschefs keine anderen ausländischen Staatsführer so häufig wie die chinesischen. Keinen Staat der Erde besuchen sie so oft wie die Volksrepublik, schon gar nicht Länder des afrikanischen Kontinents. Bei ihren wenigen Reisen dorthin machten Schröder und Merkel – und ihre überschaubaren Wirtschaftsdelegationen – die gleiche Erfahrung: Die Chinesen waren schon da. Erst als es um die Bewältigung der Flüchtlingskrise ging, besuchte Merkel in kurzen Abständen afrikanische Hauptstädte. Zuvor aber waren Mahnungen des damaligen Bundespräsidenten Horst Köhler, sich mehr um Afrika und das Schicksal der Nationen und Menschen zu kümmern, zurückgestellt und als Marotte des Bundespräsidenten in den Wind geschlagen worden. Fatalerweise.

Gesinnungs- und Verantwortungsethik, das Spannungsverhältnis zwischen Handels- und Sicherheitsinteressen einerseits sowie Menschenrechts- und Freiheitsfragen andererseits beschäftigten natürlich schon in den Bonner Jahren die politischen Kreise, wenn auch nicht übermäßig. Zwar gab es zu Zeiten des Apartheid-Regimes Initiativen, die Leute sollten keine Apfelsinen aus Südafrika kaufen. Doch dies waren Forderungen von humanitär engagierten Minderheiten, die sich auf die eigentlich politischen Beziehungen nicht weiter auswirkten. Selbst die Verurteilung der Diktatur des Pinochet-Regimes in Chile und der Militärjunta in Argentinien war für große Teile der Regierungsparteien in Bonn keine Selbstverständlichkeit, ebenso wenig in den gesellschaftlichen Debatten. »Argentinien ist ein Land, in dem Ordnung herrscht. Ich habe keinen einzigen politischen Gefangenen gesehen«, äußerte Berti Vogts, Fußballspieler und Kapitän der deutschen Nationalmannschaft, die 1978 an der Weltmeisterschaft in Argentinien teilnahm. Das war zwar damals umstritten, aber nicht in einer Weise, dass Vogts darüber ins Abseits geraten wäre. Heutzutage wäre ein Sturm moralischer Entrüstung und veröffentlichter Häme über ihn hinweggefegt.

Seit dem Umzug nach Berlin verschoben sich die Gewichte. Der geistige Unterbau deutscher Außenpolitik veränderte sich – eine Machtverschiebung der besonderen Art, ausgehend von politischen Vorstellungen, die mit dem Entstehen und Erstarken der Grünen befördert wurde. Innerstaatliche Verhältnisse anderswo wirkten sich auf die politischen Beziehungen aus. Selbst Sachverhalte, die einst als irrelevantes Randthema abgetan wurden, gerieten ins Zentrum des Interesses. Auf Reisen Merkels nach Saudi-Arabien machte sie zum Thema, ob Frauen wahlberechtigt seien und den Führerschein machen dürften. Die Inhaftierung des Internet-Aktivisten Raif Muhammad Badawi belastete die Beziehungen zwischen Riad und Berlin, erst recht im Herbst 2018 die Ermordung des oppositionellen saudischen Journalisten Jamal Kashoggi im saudischen Generalkonsulat in Istanbul. Waffenexporte wurden eingestellt, Exportzusagen zurückgezogen – wahrscheinlich aber nur, bis Gras über die Angelegenheit gewachsen sein würde. Selbst der mögliche Verkauf von Schiffen an die Zollverwaltung von Angola wurde

zu einem Großthema während einer Afrika-Reise der Bundeskanzlerin, als der Begriff »Kriegsschiffe« in die Berichterstattung eingeflossen war. Am deutschen Wesen soll die Welt gene-
sen? Kaum ein Aspekt deutscher Außen- und Sicherheitspolitik
kann die Gemüter so erhitzen wie der Export von Rüstungsgü-
tern.

Schröder pflegte sich zu empören, wenn er bei seinen Reisen
nach China ständig mit der Frage konfrontiert wurde, ob er einzelne Menschenrechtsverletzungen und grundlegende demokratische Mängel ansprechen werde. Tatsächlich verstand sich
Schröder auch als oberster Handelsvertreter der Republik und
hielt den Gesinnungsethikern vor, in Wahrheit gehe es ihnen
allein um deutsche Innenpolitik und sonst gar nichts. Naiv sei
die Ansicht, ein deutscher Bundeskanzler könne auf die chinesische Innenpolitik Einfluss nehmen. Er setze darauf, dass wach-
sender wirtschaftlicher Wohlstand zur Demokratisierung des
Landes beitrage. Für alle Fälle wurde ein sogenannter Rechts-
staatsdialog zwischen beiden Regierungen vereinbart, der sich
aber nicht bloß und nicht einmal in erster Linie mit Freiheits-
und Menschenrechtsfragen befasste. Eher schon ging es um die
Rechtssicherheit für deutsche Investoren.

Merkel machte später eine ähnliche Entwicklung durch wie
ihr Vorgänger. Anfangs äußerte sie deutliche Ermahnungen
und empfing sogar den Dalai Lama im Kanzleramt, was zu einem Streit mit Frank-Walter Steinmeier, damals Außenminister, führte, der das als Provokation der chinesischen Führung
ansah. »Als Bundeskanzlerin entscheide ich selbst, wen ich
empfange und wo«, beschied sie den Sozialdemokraten. Mit der
Zeit rückte das in den Hintergrund. Zwar traf sie sich auf ihren
China-Reisen stets auch mit Vertretern der »Zivilgesellschaft«,
darunter auch Oppositionellen. Diskret und verschämt waren
die Treffen, auch »stille Diplomatie« geheißen. Doch rasch
prägten Handelsinteressen und Fragen der internationalen Politik auch Merkels China-Politik. Die Bundeskanzlerin würdigte

die Leistungen der chinesischen Führung, aus einem riesigen Land mit großteils verarmter Bevölkerung die zweitgrößte Wirtschaftsnation der Welt geformt zu haben. China sei ein »strategischer Partner« Deutschlands, lautete die Leitlinie Merkels. Nach der Wahl von Donald Trump zum amerikanischen Präsidenten mauserte sich die chinesische Führung in Sachen Freihandel zum wichtigsten Partner der Bundesregierung. Ein deutsch-chinesisches Bündnis suchte sie zu schmieden – gegen die Vereinigten Staaten von Amerika. Dass Spannungen mit China nicht ausblieben, hing nicht mit der Lage der Menschenrechte dort zusammen, sondern mit handelspolitischen Differenzen.

Merkels Rede in einem Bierzelt in München kennzeichnete einen Umbruch. »Die Zeiten, in denen wir uns auf andere verlassen konnten, sind ein Stück vorbei. Das habe ich in den letzten Tagen erlebt«, war der Kernsatz. Gegen Trump und dessen »America first«-Politik war das gerichtet. Nie hatte sich ein deutscher Bundeskanzler so klar von der Führung in Washington abgesetzt, wie es Merkel seit 2017 tut. Sämtliche Felder der deutsch-amerikanischen Beziehungen sind betroffen: die Sicherheitspolitik, das Verhältnis zu Russland, das NATO-Bündnis, die internationalen Wirtschaftsbeziehungen. Nicht einmal Schröder hatte es in seiner Kanzlerschaft so weit kommen lassen. Sein Nein zur Beteiligung der Bundeswehr am Irak-Krieg von Präsident George W. Bush und auch Schröders Koalition mit dem französischen Präsidenten Jacques Chirac betrafen allein diesen Ausschnitt der Beziehungen. Schröder hatte immerhin nach den Anschlägen auf das World Trade Center in New York und das Pentagon in Washington vom 11. September 2001 versichert, »dass Deutschland fest an der Seite der Vereinigten Staaten steht, und uneingeschränkt, ich betone das, uneingeschränkte Solidarität übt«. Die Bundeswehr beteiligte sich am Krieg in Afghanistan. Schröders Nein zum Irak-Krieg schloss logistische und nachrichtendienstliche Hilfen an die amerikanische Seite nicht aus. Gleichwohl dauerte es fast bis zum Ende von Schröders Amtszeit als Bundeskanzler, bis das Verhältnis zu Bush wieder halbwegs in Ordnung war.

Merkel vollzog im Laufe der Jahre eine Kehrtwende. Im Februar 2003 veröffentlichte sie in der *Washington Post* unter dem Titel »Schröder spricht nicht für alle Deutschen« einen Artikel. Die damalige Oppositionsführerin kritisierte die ablehnende Haltung des Bundeskanzlers zum Irak-Krieg und dessen Amerika-Politik. »Für die Partei, die ich führe, ist die enge Partnerschaft und Freundschaft mit den Vereinigten Staaten von Amerika ebenso Essenz deutscher Staatsvernunft, wie es die europäische Integration ist.« Und: »Deshalb entscheidet sich an der Entschlossenheit und Geschlossenheit der freien Völker im Irak-Konflikt auch mehr als die Bewältigung dieses einen – die Menschen so belastenden – Konfliktes.« Dem Ja zur amerikanischen Politik 2003 folgte Merkels Nein 2017: »Wir Europäer müssen unser Schicksal wirklich in die eigene Hand nehmen.«

Schleichend und beiläufig hatte sich diese Entwicklung vollzogen. In Afghanistan bekämpfte die Bundeswehr den Anbau und Vertrieb von Rauschgiften, um dem Terrorismus seine finanziellen Grundlagen zu nehmen, während amerikanische Militärs mit den Drogenbaronen kooperierten, um sie als Bündnispartner im Kampf gegen den Terrorismus zu gewinnen. Der CSU-Politiker Peter Ramsauer erfuhr auf Dienstreise nach Teheran, dass die iranische Armee mit Uniformen aus amerikanischen Beständen beliefert wurde – trotz der amerikanischen Handelssanktionen gegen das Mullah-Regime. In den Bundestagsfraktionen schrumpfte der Einfluss der sogenannten Atlantiker. Im Sommer 2008 wollte Barack Obama eine Rede halten, in Berlin am Brandenburger Tor. Der Politiker aus Illinois hatte sein Ziel, die Präsidentschaftskandidatur der Demokratischen Partei, noch nicht erreicht. Merkel empfing ihn zwar unter minimalem Aufwand im Kanzleramt, doch einen Auftritt am Wahrzeichen Berlins verhinderte sie – mit der Folge, dass

*Barack Obama war der Liebling der Deutschen. Merkels Begeis-
terung hielt sich in Grenzen – zum Zeitpunkt dieses Auftritts im Juni
2013 etwa wegen des Streites über Schnüffeleien des NSA in
Deutschland.*

Obama vor 200 000 Menschen auftrat, die sich an der Sieges-
säule und auf der Straße des 17. Juni versammelt hatten.

Lange musste Merkel warten, bis sie den amerikanischen
Präsidenten Obama wieder in Berlin empfangen konnte. Obwohl sich Obama mehrfach in Deutschland aufhielt, auf dem
NATO-Gipfel in Baden-Baden etwa, mied er die deutsche
Hauptstadt. Erst 2013, fast fünf Jahre nach seiner ersten Wahl
zum amerikanischen Präsidenten, besuchte Obama Berlin –
mitsamt Rede am Brandenburger Tor. Da hatte sich bereits ein
weiterer Schatten über die deutsch-amerikanischen Beziehungen gelegt. Die Abhörmaßnahmen des amerikanischen Ge-
heimdienstes NSA in Deutschland bis hin zum Mobiltelefon
Merkels waren zutage getreten. Deutsche Proteste und auch
Reisen von Merkels Abgesandten nach Washington richteten

dort wenig aus. Im Wahlkampf stehend, schlug Merkel antiamerikanische Töne gegen Obamas Administration an. »Abhören unter Freunden – das geht gar nicht.« Und: »Nicht alles, was technisch machbar ist, darf auch gemacht werden.« Und: »Deutschland ist kein Überwachungsstaat.« Und: »Auf deutschem Boden hat man sich an deutsches Recht zu halten.« Schließlich: »Bei uns gilt nicht das Recht des Stärkeren, sondern die Stärke des Rechts.« Das Copyright dieses Satz gehörte freilich Gerhard Schröder. Als der Bundeskanzler in seiner Neujahrsansprache 2003 die Pläne von George W. Bush kritisierte, verwandte er zur Begründung diese Formel. Merkels Wiederholung wirkte wie eine späte Reverenz an ihren Vorgänger – und wie eine Entschuldigung für ihren Gastbeitrag in der *Washington Post*.

Präsidenten der Vereinigten Staaten konnten schon zu Obamas Zeiten, was die Häufigkeit der Gespräche zur Spitze im Kanzleramt angeht, mit der Führung in Peking nur dann gleichziehen, wenn man NATO-Gipfel und Telefongespräche mitzählte. Nach dem Amtswechsel von Obama zu Trump blieb es dabei. Donald Trump wurde von Merkel an die Werte erinnert, die Deutschland und die Vereinigten Staaten verbänden: Demokratie, Freiheit, Würde des Menschen – unabhängig von Herkunft, Religion und auch »sexueller Orientierung«, wie es Merkel erläuterte. »Auf der Basis dieser Werte biete ich dem künftigen Präsidenten der Vereinigten Staaten von Amerika, Donald Trump, eine enge Zusammenarbeit an«, sagte sie nach dessen Wahl. Spannungen blieben, neue Differenzen tauchten auf. In Berlin befand sich die Bundeskanzlerin im Konsens mit den Parlamentariern aller Fraktionen.

Ob unter Kohl, Schröder oder Merkel – die Regeln der Machtverteilung in der deutschen Außenpolitik waren und sind einfach. Der Bundeskanzler beziehungsweise die Bundeskanzlerin sowie die außenpolitische Abteilung im Bundeskanzleramt sind für die großen Länder zuständig: Amerika, China, Russland. Nachdem sie sich in parteipolitischen Tiefen und in Wahlkämpfen bewährt hatten, entdeckten die Regierungschefs regelmäßig die Vorzüge, Schönheiten und natürlich auch die Bedeutung der internationalen Aufgaben. Sie genossen Begegnungen mit den Großen der Welt fernab vom Klein-Klein des Alltagsbetriebs. Im übertragenen Sinne verboten ist ihnen bloß, sich bei touristischen Sehenswürdigkeiten der Gastländer blicken zu lassen – bei den Pyramiden von Gizeh oder auf der Chinesischen Mauer. Für Kohl war das noch anders gewesen, doch haben seine Nachfolger an Bilder und deren Wirkung auf ihre Wähler zu denken. Schröder mied die Pyramiden von Gizeh mit Rücksicht auf sozialpolitische Einsparungen daheim. Als Merkel in Peking die Verbotene Stadt besuchte, tat sie es am frühen Morgen und weitestgehend ohne Begleitung der sogenannten Bildpresse.

Der Außenminister darf mitwirken und sich um die weniger bedeutsam erscheinenden Regionen der Welt kümmern. Auch genießt er den Vorteil, in den Ranglisten der Beliebtheit von Politikern meist ganz oben zu stehen. Die Abgeordneten des Bundestages fahren ihrerseits auch gerne ins Ausland, doch war und ist es für sie wichtiger, weil innerparteilich bedeutsamer, sich auf den Feldern der klassischen Innen-, Wirtschafts- und Sozialpolitik zu bewähren. Nicht mit klugen Aufsätzen zur internationalen Politik wird der politische Aufstieg fundiert, sondern mit Positionen zur Innenpolitik, zu Rente, Sicherheit, Wachstum. Joachim Gauck bemängelte das. »Es ist auch kein gutes Zeichen, wenn jüngere Mitglieder des Deutschen Bundestages das Gefühl haben, die Beschäftigung mit Außen- und Sicherheitspolitik sei für ihre Karriere nicht förderlich«, monierte der Bundespräsident bei seinem Auftritt vor der Münchner Sicherheitskonferenz Anfang 2014. Gauck präsentierte eine Statistik. 240 Mal habe der Bundestag seit 1994 über Auslandseinsätze der Bundeswehr beraten und entschieden. Aber nur zehn Grundsatzdebatten zur Außen- und Sicherheitspolitik habe es in dieser Zeit gegeben.

Außenpolitik solle nicht eine Sache nur von Spezialisten sein – ist sie aber. Tatsächlich toben Grundsatzdebatten und ideologische Schlachten auf den Feldern der Innenpolitik, was nun einmal den Erwartungen der Parteifreunde in den Wahlkreisen entspricht. Selbst die Vorsitzenden der Bundestagsfraktionen sind auf dem weiten Feld der auswärtigen Beziehungen unerfahren. Ausnahmen gibt es nur am Rande, zum Beispiel den Einsatz Volker Kauders gegen die Verfolgung von Christen in muslimisch geprägten Ländern.

Nur wenn die Außen- und Sicherheitspolitik zur Innenpolitik und zu Machtfragen zwischen Fraktionen mutierte, mischten sich deren Spitzen ein, in Bezug auf Auslandseinsätze der Bundeswehr vor allem. Doch mehrheitlich folgte das Parlament stets den Vorgaben der Bundesregierung, so bei den Abstimmungen über eine deutsche Beteiligung an Auslandseinsätzen in Afrika (Mali, Horn von Afrika) und im Mittleren Osten (Afghanistan, Irak). Die Fraktionen von CDU/CSU und SPD stimmten beinahe geschlossen zu. Die Linksfraktion lehnte stets ab. Die Grünen waren meist gespalten. Humanitäre Gründe wurden zumeist angegeben, um die Bundeswehreinsätze parlamentarisch durchzusetzen. Mädchen in Afghanistan sollten nicht von Taliban-Terroristen am Schulbesuch gehindert werden; das Leid der Jesiden im Irak verlange nach einem Eingreifen; Entführungen von Schulklassen in Mali müssten verhindert und Massaker in Somalia eingedämmt werden. Die Bemerkung von Peter Struck, Sozialdemokrat und Verteidigungsminister, »unsere Sicherheit wird nicht nur, aber auch am Hindukusch verteidigt«, geriet zum Bonmot, das im parlamentarischen Streit aus der Zitatenkiste geholt wurde.

Als Bundespräsident Horst Köhler Jahre später – im Mai 2010 war das – einen Schritt weiter ging als Struck und die Bundeswehreinsätze mit der Sicherung von deutschen Wirtschaftsinteressen verknüpfte, braute sich ein Gewitter über ihm zusammen. Auf dem Rückflug von einer Reise nach China und nach

einem kurzen Besuch bei der Bundeswehr in Afghanistan hatte
Köhler eine lange und komplizierte Bemerkung gemacht.
Deutschland trage international Verantwortung. Es sei auch in
Ordnung, dass in Deutschland darüber »skeptisch mit Frage-
zeichen diskutiert« werde. Dann folgte ein Satzungetüm – in
Mikrofone gesprochen und im Deutschlandfunk auch gesendet:
»Meine Einschätzung ist aber, dass insgesamt wir auf dem Wege
sind, doch auch in der Breite der Gesellschaft zu verstehen, dass
ein Land unserer Größe mit dieser Außenhandelsorientierung
und damit auch Außenhandelsabhängigkeit auch wissen muss,
dass im Zweifel, im Notfall auch militärischer Einsatz notwendig ist, um unsere Interessen zu wahren, zum Beispiel freie Han-
delswege, zum Beispiel ganze regionale Instabilitäten zu verhindern, die mit Sicherheit dann auch auf unsere Chancen
zurückschlagen negativ durch Handel, Arbeitsplätze und Ein-
kommen.« Es folgte eine Debatte sondergleichen. Politiker der
Linkspartei unterstellten, Köhler befürworte Wirtschaftskriege.
Jürgen Trittin, Fraktionsvorsitzender der Grünen, hielt dem
Bundespräsidenten »Kanonenbootpolitik« vor. Der SPD-Poli-
tiker Thomas Oppermann äußerte, das Grundgesetz erlaube
keine Wirtschaftskriege. Merkel sagte nichts, weil es zu ihren
Grundsätzen gehörte, Äußerungen anderer Staatsorgane, also
auch des Bundespräsidenten, nicht zu kommentieren. Köhler
fühlte sich im Stich gelassen. Er bedauerte die Missverständ-
nisse. Die Vorwürfe aber ließen Respekt gegenüber dem Staatsoberhaupt vermissen. Gute zwei Wochen nach dem Interview
trat Köhler zurück.

Gaucks Rede aber vor den außenpolitischen Eliten der
Münchner Konferenz klang wie eine späte Wiedergutmachung
für Köhler. Er drückte aus, was sein Vorvorgänger gemeint hatte.
Deutschland müsse international mehr Verantwortung übernehmen. Militärische Interventionen seien nicht auszuschließen – auch wenn deren Folgen »schwer« oder »vielleicht auch
gar nicht« zu kalkulieren seien. »Das Prinzip der staatlichen

Souveränität und der Grundsatz der Nichteinmischung dürfen gewalttätige Regimes nicht unantastbar machen.« Bündnisverpflichtungen seien einzuhalten, weil das auch in deutschem Interesse liege. Gauck hatte – anders als vormals Köhler – das Glück, dass Mitglieder des Bundeskabinetts Ähnliches sagten, beispielsweise Ursula von der Leyen, die CDU-Verteidigungsministerin. Doch auch große Reden deutscher Staatsoberhäupter geraten in Vergessenheit, in Wahlkämpfen zumal. 2017 ging es um Forderungen Trumps nach höheren Finanzleistungen Deutschlands für die NATO und um die Auslegung eines Beschlusses des Bündnisses, seine Mitglieder sollten zwei Prozent des Bruttoinlandsprodukts für Verteidigung und Sicherheit aufwenden. Ganz wörtlich sei das nicht gemeint, war die Position der SPD. Sei es doch, meinten die Unionsparteien, vorausgesetzt, man rechne die Ausgaben für die Entwicklungspolitik mit ein. Wie immer fanden Unterhändler der Parteien einen Koalitionskompromiss, der dann auch gleich wieder infrage gestellt wurde. Wie auch immer: Die Innenpolitik und der Berliner Alltag hatten die deutsche Sicherheitspolitik wieder okkupiert. Weil Parteien und Wähler es so wollen, galt der Grundsatz: Außenpolitik ist Innenpolitik.

# Die Vorzimmer
# der Kanzler

Gänzlich unwichtig ist der Ehrentitel »Vizekanzler« beziehungsweise die Funktion »Stellvertreter des Bundeskanzlers« nicht. Sein Ministerium bekam im Laufe der Jahre – personell und administrativ – eine herausgehobene Funktion. Schon in Bonn hatte der Büroleiter des jeweiligen Ministers die Aufgabe, die Arbeit der vom kleineren Koalitionspartner geführten Ministerien im Auge zu haben und auf ein kohärentes Vorgehen zu achten. Für Genscher erledigte das unter anderem Klaus Kinkel, der Jahre später Justiz- und dann auch Außenminister der FDP wurde. In der rot-grünen Bundesregierung war es Joachim Schmillen, ein Weggefährte Joseph Fischers und Chef des Planungsstabes des Auswärtigen Amtes. Seine Aufsichtspflicht erfüllte er aus dem Hintergrund, ohne öffentliche Wirkungen und vor allem ohne eine teure zusätzliche Planstelle.

Das änderte sich nach der Bundestagswahl 2005. Nur um Haaresbreite hatten die Unionsparteien besser abgeschnitten als die SPD. 35,2 Prozent zu 34,2 Prozent. Auf »Augenhöhe« sah sich die SPD mit der neuen Kanzlerpartei. Das sollte Konsequenzen haben – über diese große Koalition hinaus. Seither wurde in dem Ministerium, dem der Stellvertreter des Bundeskanzlers vorstand, die Stelle eines beamteten Staatssekretärs geschaffen, der sich um die Koordinierung der Regierungsgeschäfte des kleineren Partners zu kümmern hatte. Ein kleineres Pendant zum Kanzleramt war entstanden, leicht ironisch »Vizekanzleramt« genannt. In dieser ersten großen Koalition unter Merkel war es Kajo Wasserhövel (SPD), der Vertraute des »Vizekanzlers« und Arbeitsministers Franz Müntefering, der diese Aufgabe erfüllte. Vier Jahre später legte die FDP wegen ihres fulminanten Ergebnisses von 14,6 Prozent Wert darauf, den von der SPD eingeführten und von Merkel akzeptierten Brauch fortzusetzen. In der schwarz-gelben Koalition wurde 2009 Martin Biesel (FDP), langjähriger Berater des Außenministers Guido Westerwelle, Staatssekretär im Auswärtigen Amt. Mit internationalen Angelegenheiten hatte er jedoch nichts zu tun, sondern ausschließlich mit koalitionspolitischen Sachverhalten und der Arbeit der FDP-Minister.

So sollte es bleiben. Leiter des »Vizekanzleramtes« von Merkels Stellvertreter und Wirtschaftsminister Sigmar Gabriel (SPD) wurde Rainer Sontowski. Auch nach der Bundestagswahl 2017 wurde der Brauch fortgesetzt. Olaf Scholz (SPD), der vormalige Erste Hamburger Bürgermeister, wurde im Frühjahr 2018 Finanzminister und Stellvertreter Merkels. Wolfgang Schmidt, der Scholz während seines Aufstiegs in der Politik zugearbeitet hatte, übernahm als Staatssekretär die Koordinierung der SPD-Ministerien. Der besondere Vorzug des im Berliner Politikmilieu bestens vernetzten und zudem noch beliebten Schmidt: Auch mit Andrea Nahles, der SPD-Partei- und Fraktionsvorsitzenden, ist der umtriebige Jurist zumindest im politischen Sinne befreundet.

Das Duo Olaf Scholz/Wolfgang Schmidt und ihr gemeinsamer Werdegang sind typisch. Spitzenpolitiker und ihre Zuarbeiter bleiben oft viele Jahre oder auch ein ganzes Berufsleben lang beisammen. Schmidt kam nach seinem zweiten juristischen Staatsexamen als Referent zu Scholz, der damals als SPD-Generalsekretär im Willy-Brandt-Haus amtierte. Er wurde dessen Büroleiter. Schmidt folgte Scholz, als dieser in der SPD-Bundestagsfraktion zum Parlamentarischen Geschäftsführer aufstieg. Als Scholz 2007 Arbeitsminister in Merkels erstem Kabinett wurde, blieb Schmidt an seiner Seite. Mit dem Wechsel des Ministers an die Spitze der Freien und Hansestadt Hamburg wurde

Schmidt Staatsrat (vergleichbar mit einem Staatssekretär) der Staatskanzlei des Senats und zugleich Bevollmächtigter Hamburgs beim Bund, quasi also »Botschafter« von Scholz in Berlin. Dass Schmidt als Staatssekretär eine Führungsposition im Bundesfinanzministerium einnahm, war im Grunde Formsache. Spitzenpolitiker, zumal Bundeskanzler, haben leutselig zu sein. Ihre Popularität, auch Netzwerke und Seilschaften hängen davon ab. Zugleich brauchen sie eine Portion Misstrauen. Stets treffen sie Leute, die ihnen gegenüber freundlich, wenn nicht devot auftreten. »Jawohl, Herr Minister« und »Ich bin ganz Ihrer Meinung, Frau Bundeskanzlerin«. Die Ja-Sager haben das Wort. Wie aber unterscheiden zwischen wahren Freunden, den Parteifreunden, den Lebensabschnittsfreunden und den Opportunisten? Sorgsam beobachten die Spitzenleute, ob vermeintliche Freunde in der Partei die Seite wechseln. Sorgsam heißt: misstrauisch. Sie achten auf die Zwischentöne in Gesprächen und darauf, wer mit wem redet. Kohl wollte immer alles wissen. Er telefonierte frühmorgens mit Parteileuten an der Basis. Wie es der Frau gehe, wie den Kindern in der Schule? Als Kohl einige jüngere CDU-Bundestagsabgeordnete in abendlicher Runde mit Grünen-Abgeordneten »beim Italiener« erwischte, soll er despektierliche Bemerkungen gemacht haben. Frank-Walter Steinmeier hatte, als er unter Schröder dem Bundeskanzleramt vorstand, die Behörde fest im Griff – bis in die Referate hinein. Wissen ist Macht.

Ist Widerspruch gegen die politische Nummer eins möglich? Natürlich gehört die Versicherung, der Chef/die Chefin sei selbstverständlich an Widerspruch interessiert, zum Standardrepertoire von Kanzlern, Ministern und ihren Medienfachleuten. Er/sie fordere ihn geradezu heraus. Er/sie wolle schließlich echte Beratung. Die Wirklichkeit ist differenzierter. Widerspruch ertragen Spitzenpolitiker nur, wenn alles im internen Kreis bleibt, wenn Schwächen nicht bekannt werden. Bisweilen können – auch im Binnenbetrieb – Ratschläge zugleich Schläge sein. Verschwiegenheit ist oberstes Gebot. Schon Landesminister bestehen darauf, erst recht Politiker wie Kohl, Schröder und Merkel. Die Folgen für das Umfeld von Kanzlern und anderen Politikern der ersten Garnitur: möglichst wenige personelle Wechsel, möglichst viel Kontinuität, häufig sogar über die Amtszeit hinaus. Jahrelang war Anneliese Poppinga Sekretärin und Mitarbeiterin von Konrad Adenauer. Juliane Weber kam in das Büro von Helmut Kohl, als dieser Mitte der Sechzigerjahre im rheinlandpfälzischen Landtag seinen Aufstieg plante. Sie wurde später Büroleiterin im Bundeskanzleramt. Die Leute sagten damals, niemand, der zum Kanzler wolle, käme an ihr vorbei. Sie sprach für Kohl – nicht in der Öffentlichkeit, aber im internen Betrieb von Regierung und Partei. So war es auch mit Sigrid Krampitz, ihrer Nachfolgerin. Sie organisierte das Büro Gerhard Schröders schon während seiner Jahre in der niedersächsischen Landespolitik. So blieb es, als dieser als Kanzler erst nach Bonn und dann nach Berlin kam. Verschwiegenheit war ihr erstes Gebot. Gegenüber Medienleuten hielt sich Krampitz freundlich-distanziert zurück, auch als sie die Angelegenheiten des Ex-Kanzlers im Bundestag regelte. Ebenso hatten schon Anneliese Poppinga und Juliane Weber die Büros ihrer Chefs geleitet, als diese nicht mehr Kanzler waren. Treue und moderne Formen der Leibeigenschaft – meist gut bezahlt natürlich – liegen eng beieinander.

Einmal vertraut, immer vertraut. Was Krampitz für Schröder war, wurde Beate Baumann für Angela Merkel. Baumann war Referentin im Bonner Jugendministerium, während Merkel 1991 dieses leitete. Seither blieb Baumann als Büroleiterin und zugleich politische Beraterin an Merkels Seite. Sie ist dermaßen unabkömmlich für die politische Organisation des Kanzleramtsbetriebs, dass Baumann Merkel nur ausnahmsweise auf Staatsbesuchen und internationalen Konferenzen begleitet. Zusammen mit Eva Christiansen, die – in Presseangelegenheiten – ebenfalls über zwanzig Jahre bei Merkel wirkte, ist Baumann die eigentliche Vertraute Merkels. Anders als ihre Vorgängerinnen

*»Graue Eminenzen« ist noch nicht gegen-*
*dert. Beate Baumann, Büroleiterin Merkels*
*im Kanzleramt, reicht nicht nur – wie hier*
*im März 2015 – die Notizen an. Sie verfasst*
*sie auch.*

haben die beiden auch die Befugnis erhalten, die Politik der
Kanzlerin zu kommunizieren, wie das im Deutsch der Politik-
berater Berlins gerne genannt wird. Sie taten es mit Erfolg, von
Anfang an. Die publizistisch verbreitete Auffassung, dass Angela Merkel anders als ihr Vorgänger Schröder »die Dinge vom
Ende her« betrachte, geht auf ihr Wirken zurück. Die Botschaft:
Schröder ist impulsiv, ein Bauchmensch, unüberlegt; Merkel ist
abwägend, Kopfmensch, beherrscht. Der Subtext: Männer, auch
Helmut Kohl, sind nun einmal so, während Frauen, also Merkel
und vielleicht noch Annegret Kramp-Karrenbauer, zum Glück
anders agieren. Merkel selbst vermittelte das natürlich auch,

ziemlich offen sogar. Sie brauche eben manchmal eine Zeit des Überlegens, bis sie sich entschieden habe, erzählt sie immer aufs Neue in wohlmeinend moderierten Talkshows.

Mehr als dieses Duo pflegt auch die Bundeskanzlerin nicht preiszugeben, selbst in den sogenannten Hintergrundgesprächen. Und umgekehrt gilt: Wer mit Beate Baumann oder Eva Christiansen spricht, erfährt das Gleiche, als hätte er mit Merkel geredet. Hinzu kommt, dass Baumann kontinuierlich Merkels Büro im Kanzleramt lenkte und lenkt, während die Leitung des Büros der Parteivorsitzenden Merkel regelmäßig wechselte. Der Vorrang des Kanzleramts gegenüber der Parteizentrale entstand dabei auf organische und organisierte Weise. Baumanns Arm reichte weit in die Abläufe des Adenauerhauses hinein, erst recht dann, wenn es nicht nur um Organisatorisches ging, sondern um Politik und deren Präsentation.

# Der Koch und seine Kellner

An einem Juniabend 1999, kurz vor dem Umzug des Bonner Politikbetriebs nach Berlin, lud Gerhard Schröder das Journalistencorps noch einmal in den Kanzlerbungalow. In der aus den Sechzigerjahren stammenden großzügigen Residenz im Park am Rhein hatte 16 Jahre lang Helmut Kohl repräsentiert und gewohnt – jener Kohl, der zur Personifizierung der Bonner Republik geworden war. Nun war Schröder der Hausherr – jener Schröder, der als erster Kanzler der Bundesrepublik Deutschland von Berlin aus regieren würde. Das war ihm nur recht. Das kleine Bonn hatte er nie gemocht. Schröder liebte das Große. Wie für ihn geschaffen schien das neue Zentrum der Macht mit seiner wuchtigen Architektur.

Im Bungalow wohnte, mit dem Segen des neuen Hausherrn, noch immer der Ex-Kanzler. Ob sich Kohl gleich blicken lassen werde, wurde gescherzt. Schröder, der Wahlsieger, gab sich generös. Er genoss es, in den Räumlichkeiten zu residieren, in die – außer Adenauer – alle Kanzler der Bundesrepublik eingeladen hatten. Im großen Kreis ging es um die Vorhaben der rotgrünen Regierung, voran um den »Atomausstieg«. Den Bürgern wolle er ein Datum nennen, trug Schröder vor. »Ich muss den Menschen sagen, wann es zu Ende ist.« Dass es nicht leicht werden würde, hatte er schon erfahren. Zwischen den zuständigen Ministern – dem parteilosen, von Schröder persönlich durchgesetzten Wirtschaftsminister Werner Müller und Umweltminister Jürgen Trittin (Grüne) – kam es zu Reibereien. Weil Trittin aus Sicht Schröders arrogant und überheblich auftrat, hatte der Kanzler wenige Monate zuvor für Aufregung und Ärger bei den Grünen gesorgt. »Weniger Trittin und mehr Fischer« brauche er, hatte Schröder zu Protokoll gegeben. Die Koalition bebte. Schröder suchte sich als Kanzler der Richtlinienkompetenz zu präsentieren. »Ich muss nicht jeden Spiegelstrich kennen«, sagte er. Für Spiegelstriche, also die Details, die am Ende niemanden mehr interessierten, seien die Fachminister und deren Beamte zuständig, sollte das heißen. Die Herablassung war beabsichtigt, und doch stimmte der Satz nicht. Schröder kannte die sogenannten Spiegelstriche. Kein Kanzler kommt um die zeitraubenden Kleinigkeiten herum. Gleichwohl gab er zum Besten: »Ich bin kein Workaholic.«

Noch schwerer hatte es Schröder und die SPD getroffen, dass wenige Monate vor dem Umzug nach Berlin Oskar Lafontaine als SPD-Vorsitzender und Bundesfinanzminister zurückgetreten war. Das war im März gewesen, und die beiden ehemaligen SPD-Kombattanten hatten seither keinen Kontakt mehr gehabt. Warum Lafontaine zurückgetreten sei? »Ich weiß es nicht.« Und sogar: »Ich habe keinen Groll.« Schließlich: Wenn Lafontaine mit ihm reden wolle – jederzeit. Es sollte nicht dazu kommen.

Eigentlich stand das rot-grüne Bündnis, als es sich nach Berlin aufmachte, blendend da, erst recht die SPD. Drei Sozialdemokraten bildeten die Spitzen der Verfassungsorgane: Johannes Rau Bundespräsident, Wolfgang Thierse Bundestagspräsident, Gerhard Schröder Bundeskanzler. Nur in einer kurzen, knapp zwei Jahre langen Phase während der sozialliberalen Koalition hatte es eine solche Konstellation gegeben – vom Herbst 1972 bis Mai 1974 mit Gustav Heinemann als Staatsoberhaupt, Annemarie Renger als Parlamentspräsidentin und Willy Brandt als Kanzler. Dann ging alles in CDU-Hände über, die Ära Kohl währte lange. Nun aber waren Schröder, Fischer, die SPD und die Grünen an der Reihe. Stand Berlin für einen Epochenwechsel, die Stadt, die die SPD beinahe so sehr als ihre Herzkammer ansah wie sonst nur Nordrhein-Westfalen und das Ruhrgebiet?

Die FDP war im Niedergang, die CDU musste sich ohne Kohl erst finden. Für Ewigkeiten schien die rot-grüne Mehrheit geschaffen. Eine neue Regierung in einer neuen Hauptstadt. Einen Schönheitsfehler gab es. Die rot-grüne Mehrheit im Bundesrat war, wenige Monate nach der Bundestagswahl, verloren gegangen, nachdem Schröder und Lafontaine ihrerseits die Vorhaben der schwarz-gelben Vorgängerregierung unter Helmut Kohl jahrelang in der Länderkammer blockiert hatten, ohne dafür vom Wähler bestraft worden zu sein. Bei der hessischen Landtagswahl im Januar 1999 aber verlor die rot-grüne Koalition unter Ministerpräsident Hans Eichel (SPD) die Mehrheit. Roland Koch (CDU) – jung, frech, dynamisch und dazu noch allen rot-grünen Vorhaben abhold – bildete eine CDU/FDP-Regierung. Schröder konnte es verschmerzen. Es stärkt seit jeher die Position des Kanzlers, wenn er mit bedauerndem Augenaufschlag der eigenen Partei und seinem kleineren Koalitionspartner mitteilen muss – oder besser: kann –, leider müsse er Rücksichten auf die Opposition im Bundestag nehmen. Ohnedies hatte Schröder immer wieder (spielerisch?) zu erkennen gegeben, eine große Koalition mit den Unionsparteien wäre ihm nicht unlieb. Unter seiner Führung natürlich.

Doch schleppten Sozialdemokraten und Grüne, vermeintlich ein Traumpaar, auch einige Altlasten vom Rhein an die Spree, die die Jahre in Berlin prägen sollten. Februar 1997, Blauer Salon des Frankfurter Literaturhauses, Gerhard Schröder und Joschka Fischer im Gespräch mit Redakteuren der Zeitschrift *Stern*. Schröder:»In einer rot-grünen Konstellation muss klar sein: Der Größere ist der Koch, der Kleinere ist Kellner. Dies nicht zu akzeptieren, ist eine typische Form grüner Überheblichkeit.« Fischer:»Völliger Quatsch.« Und:»Jeder muss seine Suppe schon selber auftragen.« Über die Jahre hinweg hatten die beiden ein Freund-Konkurrent-Verhältnis, voller Respekt und Misstrauen zugleich. Damals aber war Fischer noch der Auffassung, nicht Schröder, sondern Oskar Lafontaine solle Kanzlerkandidat und dann Bundeskanzler einer rot-grünen Bundesregierung werden. Eigentlich wollten das alle maßgeblichen Politiker aus dem rot-grünen Spektrum, die sich ein wenig linker als Schröder einschätzten. Hatte Schröder nicht als Ministerpräsident der Autoindustrie Avancen gemacht, und zwar nicht nur pflichtgemäß gegenüber Volkswagen, wo er als Regierungschef von Niedersachsen im Aufsichtsrat saß? Auch eine Teststrecke für den Daimler-Konzern im Emsland hatte er befürwortet und durchgesetzt, was die grünen Umweltschützer, Auflagen hin, Beschränkungen her, verärgerte und argwöhnisch machte. Lafontaine hingegen hatte sich auch bei den Friedensdemonstrationen Jahre zuvor engagiert und Helmut Schmidt vorgehalten, mit den von diesem gelobten »Sekundärtugenden« von Pflichtgefühl, Berechenbarkeit und Machbarkeit lasse sich »auch ein KZ betreiben«. Schröder war zwar auch gegen Schmidts NATO-Politik und gegen die von ihm verfolgte Nachrüstung mit Mittelstreckenraketen gewesen. Doch er hatte darüber politisch keine Brücken abreißen wollen.

Schröder, inzwischen Regierungschef in Hannover und zum Pragmatiker geworden, sagte, es gebe keine linke und keine rechte Wirtschaftspolitik, sondern bloß erfolgreiche und nicht erfolgreiche. Lafontaine, Regierungschef im Saarland und damit auch Pragmatiker, aber äußerte, nicht nur eine neue Regierung müsse das Ziel von SPD und Grünen sein, sondern eine neue Politik. Wer mit dem Saarländer das Thema Schröder und dessen Selbstbildnis vom »Automann« anschnitt, bekam zu hören, auch im Saarland gebe es Automobilwirtschaft und er selbst sei auch ein »Automann«. Lafontaine konnte sich kugeln vor Lachen. Auch ein Automann.

Lange Zeit waren sie Verbündete gewesen – gegen die Altvorderen in der Partei, Hans-Jochen Vogel und Johannes Rau, im Eintreten für »Rot-Grün«. Gemeinsam hatten sie Rudolf Scharping aus dem Amt des SPD-Vorsitzenden gejagt. Erstens, weil sie ihn für unfähig hielten, Kohl jemals abzulösen, und zweitens, weil er ihnen auf dem Weg nach ganz oben im Weg stand. Auf für die SPD beispiellose Art wurde Scharping auf dem Parteitag 1995 in Mannheim durch Lafontaine ersetzt. Seither hatten sie sich kritisch beäugt, wenn es um die SPD-Kanzlerkandidatur ging. Beide wollten es machen. Entsprechend schlecht konnten sie über die Fähigkeiten und den Charakter des jeweils anderen reden. Schröder, der ohnehin Zweifel an Lafontaines Willen zur Macht hegte und auch verbreitete, setzte sich schließlich durch. Lafontaine könne nicht kämpfen, pflegte Schröder zu erzählen. Lafontaine wolle »von der Partei geliebt werden«, sagte er. »Das war sein Fehler.« Die Analyse stimmte, zumindest aus Schröders Sicht, auf den beides zutraf: die Ausstattung mit Kampfeswillen und das Nicht-von-der-Partei-geliebt-werden-wollen. Zwar hätte Lafontaine in jenen Jahren jegliche Entscheidung in den Parteigremien gewonnen, wenn er auf einer Nominierung zum Kanzlerkandidaten bestanden hätte. Doch er tat es nicht. Er ließ sich darauf ein, die niedersächsische Landtagswahl im Frühjahr 1998 beziehungsweise Schröders Abschneiden dabei solle das Kriterium der Entscheidung werden. Schröder gewann, erst in Niedersachsen und im Herbst dann im Bund. In Bonn feierten sie gemeinsam. Vorerst.

Lafontaine sollte schließlich doch nicht als Minister mit nach Berlin ziehen, und manche unkten damals, seine Rücktritte vom Parteivorsitz und dem Amt des Finanzministers hingen auch damit zusammen, dass Bonn von Saarbrücken aus leichter und schneller zu erreichen sei als Berlin. Bis zum März 1999 jedenfalls hatte sich eine Fülle von Differenzen zwischen den beiden aufgestaut. Lafontaine empörte sich, dass ausgerechnet Bodo Hombach (SPD) Chef des Bundeskanzleramtes geworden war, der zu seinen ärgsten Gegnern gehört hatte. Differenzen in der Wirtschafts- und Finanzpolitik taten sich zwischen dem Kanzler und seinem Finanzminister auf. Lafontaine wollte in seinen Funktionen als SPD-Vorsitzender und »Schatzkanzler« die Richtlinien der Regierungsarbeit bestimmen. Schröder bemerkte und bekämpfte dies. Die SPD-Linke hielt Lafontaine vor, er komme seiner Pflicht nicht nach, über sein Parteiamt dem Regierungschef die Grenzen aufzuzeigen. Am 11. März 1999 legte Lafontaine drei Funktionen nieder: den Parteivorsitz, das Ministeramt und das Bundestagsmandat. Wortlos rauschte er ab von Bonn nach Saarbrücken. Schröder war, um in seinem Bild zu bleiben, seinen Oberkellner los. Doch wie es so ist in den Restaurants der gehobenen Klasse, wie sie beide sie mögen: Nicht nur einen guten Koch braucht es, sondern auch einen guten Kellner, den Mann also, der den Gästen die Speisen schmackhaft macht.

Schröder hatte nun selbst den Parteivorsitz zu übernehmen, er tat es zögernd und ein wenig widerwillig. Zwischenzeitlich brachte er sogar Renate Schmidt, eine stellvertretende SPD-Vorsitzende, dafür ins Spiel. Er ließ es sich ausreden, schien aber zu ahnen, was auf ihn zukommen sollte. Ein Parteimann war er nicht. Alles, was fortan in und mit der SPD in Berlin geschah, hat seine Wurzeln in jenem Donnerstag, kurz vor den Iden des März. Der linke Parteiflügel hatte seinen Kopf verloren. Es gab keinen Widerpart mehr zum Lager Schröders und zur Führung des Bundeskanzleramtes, die – kurz vor dem Umzug – von Hombach auf Frank-Walter Steinmeier überging. Dieser hatte schon in Hannover Schröders Staatskanzlei geleitet und brachte nun Ordnung und klare Strukturen in die Arbeit der Regierungszentrale. In der Folge sollte das Verhältnis der SPD zu den Gewerkschaften zerbrechen, auf deren Unterstützung oder wenigstens Tolerierung die SPD stets angewiesen war.

Zwar hielt Schröder wenig von »Heuern und Feuern« in der Politik. Kanzler lieben personelle Stabilität. Doch kam es zu Beginn der Berliner Zeit Schröders zu einer Serie von Personalrochaden. Ottmar Schreiner, ein Freund Lafontaines, verzichtete auf sein Amt als Bundesgeschäftsführer der SPD. Franz Müntefering, sein Vorgänger, ersetzte ihn – unter der Bedingung, dass das Amt fortan »Generalsekretär« heiße. Weil Müntefering Verkehrsminister war, musste ein Nachfolger gefunden werden: Reinhard Klimmt, immerhin ein alter Freund Lafontaines aus saarländischen Jugendtagen. Der hatte im Saarland als Nachfolger Lafontaines amtiert und gerade eine Landtagswahl verloren. Die Berliner Szene raunte: Jeder SPD-Ministerpräsident, der daheim eine Landtagswahl verliert, rückt dafür ins Bundeskabinett auf, erst Hans Eichel aus Hessen ins Finanzministerium, dann Klimmt. Dem treuen Sozialdemokraten stand in Berlin keine glückliche Zeit bevor. Ein Jahr später trat er zurück – wegen einer Affäre, bei der es um sein Ehrenamt als Präsident des Fußballclubs 1. FC Saarbrücken, um Kreditlinien und um einen Strafbefehl wegen der Beihilfe zur Untreue ging. Nachfolger wurde Kurt Bodewig, der wie Müntefering aus Nordrhein-Westfalen stammte.

Wenig später tauschten SPD und Grüne noch die Ministerien für Gesundheit und für Landwirtschaft. Ursache war das vermeintliche Versagen der zuständigen Minister bei der Bewältigung einer BSE-Krise (»Rinderwahn«), derentwegen die Leute zu Beginn des Jahres 2001 kein Fleisch mehr essen wollten. Gesundheitsministerin Andrea Fischer (Grüne) schied aus; Ulla Schmidt (SPD, auch aus Nordrhein-Westfalen) kam ins Amt. Der aus Niedersachsen stammende Landwirtschaftsminister Karl-Heinz Funke, ein bodenständiger Sozialdemokrat, der schon dem Ministerpräsidenten Schröder als Landwirtschaftsminister gedient hatte, musste gehen. Auf ihn folgte die Grünen-Politikerin Renate Künast. Es waren keine schönen Zeiten für Rot-Grün. Ministerwechsel fast im Monatsrhythmus hatte es seit Jahrzehnten nicht gegeben. Entsprechend verheerend war das Presseecho.

Zum Ende von Schröders erster Legislaturperiode als Kanzler, im Sommer 2002, als schon Wahlkampf herrschte, erwischte es Rudolf Scharping, den Verteidigungsminister. Eigentlich hatte Scharping 1998 nicht Verteidigungsminister werden, sondern Fraktionsvorsitzender bleiben wollen. Schröder wiederum hatte nicht vor, seinem alten Kontrahenten dieses einflussreiche Amt zu überlassen, Lafontaine auch nicht. Scharping beugte sich abermals, auch aus Pflichtbewusstsein. Er hatte zu erleben, dass das Versprechen Schröders, der Verteidigungsetat werde finanziell nicht angetastet, keinen Bestand hatte. Zwar organisierte und verantwortete Scharping, was schwierig genug war, die Auslandseinsätze der Bundeswehr im zerfallenden Jugoslawien. Doch Schröder verdächtigte ihn stets der Illoyalität. Scharping vermied es tatsächlich, sich so sehr zu verbiegen, dass er als vorbehaltloser Parteigänger Schröders erschienen wäre. Berichte kamen auf, Scharping halte sich weiterhin für kanzlertauglich. Ungeschicklichkeiten traten hinzu. Mit seiner neuen Lebensgefährtin ließ sich der frisch verliebte Minister beim Planschen im Pool ablichten – für die illustrierten Blätter, die ihm eingeredet hatten, das könne seinem Image nutzen. Die Berliner Republik lachte. Schröder aber ärgerte sich, vor allem, weil er öffentlich zu Scharping stehen musste. In der Bundeswehr und in seinem Haus verlor der Minister an Autorität. Das Kabinett beschloss einen Bundeswehreinsatz im Ausland, und der Minister flog anschließend nach Mallorca. Derlei Schlagzeilen häuften sich.

Im Sommer 2002, als Schröder und die SPD die nachfolgende Bundestagswahl zu verlieren schienen, ließen neue Misshelligkeiten und Fehltritte das Fass überlaufen. Bei Schröder zu Hause in Hannover trafen sich die Mächtigen: Schröder, der Kanzler, Müntefering, der Generalsekretär, und Peter Struck, der Fraktionsvorsitzende. Dessen Frau hatte eine Ahnung gehabt. Er solle bloß nicht als Fraktionschef nach Hannover fahren und als Bundesminister der Verteidigung zurückkommen, mahnte sie ihren Mann. Der sicherte dies auch zu, wie er später erzählte. Es kam anders. Schröder und Müntefering redeten auf Struck ein, Scharping müsse gehen und er, Struck, ins Kabinett eintreten. Sie taten es mit Erfolg. Scharping beklagte sich bitterlich. Nicht einmal gehört worden sei er. Er habe sich nicht verteidigen können. Doch die drei anderen hatten genug von seinen Eskapaden. Schröder gab die Entlassung Scharpings bekannt. Früher einmal, als Scharping sich 1994 für die SPD ums Kanzleramt beworben hatte, waren Scharping in der Mitte und ihm zur Seite Schröder und Lafontaine in Werbefilmen als Troika aufgetreten – in Erinnerung an Willy Brandt, Helmut Schmidt und Herbert Wehner, den einstmals allmächtigen Fraktionsvorsitzenden. Im Sommer 2002 musste nach Lafontaine auch der Zweite der neu aufgelegten Troika gehen, und das ausgerechnet während der Wochen der Tour de France, die Scharping als passionierter (und gar nicht schlechter) Rennradfahrer gerne zu begleiten pflegte.

Struck fühlte sich schneller als selbst gedacht in der neuen Aufgabe wohl. Von »meiner Bundeswehr« sprach er und von »meinen Soldaten« und davon, dass Deutschland »auch am Hindukusch« verteidigt werde. Ludwig Stiegler, bis dato Vorsitzender der bayerischen SPD-Abgeordneten, rückte auf. Der Anwalt mit besten Kenntnissen der Altphilologie und einer Schwäche für rote Pullover wusste, dass er nur für die Sommerzeit der Fraktion vorstehen und dann wieder ins Glied zurückkehren würde. Ein Parteisoldat eben, wie das in der SPD gerne genannt wird. In Wahrheit aber war der Weg für den weiteren Aufstieg des Franz Müntefering geebnet.

Das permanente politische Tremolo, das die erste Wahlperiode der rot-grünen Bundesregierung begleitete, unterschied sich von den letzten Amtsjahren Helmut Kohls und dessen erfahrener Regierungsmaschinerie. Vieles war neu: der Regierungssitz, die Grünen am Kabinettstisch einer Bundesregierung. Erstmals in der Geschichte der Bundesrepublik war nicht eine der bisherigen Koalitionsparteien an einer nachfolgenden Bundesregierung beteiligt. Und mittendrin agierte ein Kanzler, der für dauerhafte Aufregung bei Freund und Feind sorgte, selbst wenn er ankündigte, er wolle von nun an »mit ruhiger Hand« regieren.

Schröder war ein Schlagzeilenbringer, und das nicht erst im mächtigsten Staatsamt. Ellenbogengestützt stieg er bei den Jungsozialisten auf, zuerst in Göttingen, wo er Rechtswissenschaften studierte. »Verhindert den rechten Schröder«, war das Motto linker Jungsozialisten dort und später im Bezirk Hannover. Sich an Aktionen der Achtundsechziger-Studentenbewegung zu beteiligen war seine Sache nicht. Schröder, der aus kleinen und tatsächlich ärmlichen Verhältnissen stammte (»Wir waren die Asozialen«), hatte nach einer Lehre über den zweiten Bildungsweg im Alter von 22 Jahren das Abitur gemacht. An der Universität wollte er keine Zeit verlieren. Kaum war er Anwalt geworden, geriet der Jugendverband der SPD in eine ideologisch-organisatorische Krise. Die Parteiführung um Bundesgeschäftsführer Egon Bahr schloss den Juso-Vorsitzenden Klaus Uwe Benneter wegen mangelnder Distanz zur Moskau-hörigen DKP aus der Partei aus. Schröder sprang ein. Er stand weit genug links, war aber zugleich politisch beweglich. 1980 kam er in den Bundestag.

Schon bald erzählte er den Journalisten in Bonn, er wolle Bundeskanzler werden, am liebsten solchen ähnlichen Alters, von denen er sicher war, sie würden ständige Beobachter seines Aufstiegs werden. Gegen den Willen Willy Brandts setzte er seine Spitzenkandidatur für die Landtagswahl in Niedersachsen 1986 durch. Sein eigentliches Ziel aber war nicht Hannover, sondern das Kanzleramt, wie er ziemlich freimütig verbreitete. Schröder setzte auf Rot-Grün – im Gegensatz zum damaligen SPD-Kanzlerkandidaten Johannes Rau aus Nordrhein-Westfalen. 1990 gewann Schröder in Niedersachsen. Noch einmal gelang es Rau, den Aufstieg Schröders zu bremsen. Nach dem Rücktritt des SPD-Vorsitzenden Björn Engholm im Frühjahr 1993 meldete Schröder Interesse an. Scharping, 1991 in Rheinland-Pfalz zum Ministerpräsidenten gewählt, tat das auch. Aus Sorge, Schröder würde gewinnen, überredete Rau die Parteilinke Heidemarie Wieczorek-Zeul, ebenfalls an der verabredeten Mitgliederbefragung teilzunehmen. Das Kalkül ging auf, Wieczorek-Zeul nahm Schröder, der da noch als Linker galt, genügend Stimmen weg. Scharping erhielt nicht die absolute Mehrheit, aber eben doch die meisten Stimmen. Auf eine Stichwahl sollte verzichtet werden. Schröder ärgerte sich über sich selbst. Bisweilen aber gestand er ein, damals wäre er wohl mit der Parteiführung überfordert gewesen. Der Knick in der Karriere stachelte ihn an.

Schröder ging davon aus, nur mit gehöriger Wirtschaftskompetenz werde es der Sozialdemokratie gelingen, Bundestagswahlen zu gewinnen. Den von SPD und Grünen verabredeten Ausstieg aus der zivilen Nutzung der Kernenergie wollte er – mit Erfolg – im Konsens mit der Energiewirtschaft aushandeln, weshalb ihn die antikapitalistischen Attitüden seines grünen Umweltministers Jürgen Trittin störten. Eben deshalb hatte er auch Werner Müller zum Wirtschaftsminister berufen, der wegen seiner beruflichen Vergangenheit beim Energieunternehmen Veba das Vertrauen der anderen Seite genoss. Schröder war überzeugt, dass es nicht reichen würde, politische Minderheiten oder »soziale Bewegungen« für die SPD zu gewinnen. Atomgegner, Friedensfreunde, Ökologen oder die Frauenbewegung brächten auch in der Addition nicht genügend Wählerstimmen ein. »Mehr Helmut Schmidt, weniger Willy Brandt«, könnte diese Strategie, im Schröder-Duktus, genannt werden. Der Bundeskanzler arbeitete entsprechend. Auf ein gutes Verhältnis zur deutschen Industrie und auch zum Mittelstand legte er Wert. Der Schröder kennzeichnende Begriff »Genosse der Bosse« bürgerte sich ein. Natürlich wusste er, dass die Verbandsführungen der Industrie und der Arbeitgeber nicht die natürlichen Freunde der SPD waren, von ihrer Herkunft her und auch aus ideologischen Gründen. Zumal in Wahlkämpfen äußerte er sich harsch über seine angeblichen Freunde, weil diese mit dem Sozialen in der Sozialen Marktwirtschaft nichts zu tun haben wollten. Im Alltag aber legte er Wert auf gute Beziehungen, beispielsweise zu Siemens-Chef Heinrich von Pierer, mit dem er sich auch über politische Dinge austauschte.

Schröders burschikose Umgangsformen halfen dabei. Wenn im kleineren Kreis, auf Auslandsreisen etwa, Mittelständler zu klagen anfingen, dass die Steuern zu hoch und die Regeln staatlicher Bürokratie zu eng seien, lehnte sich der Kanzler, wie die anderen Zigarre rauchend und das Glas Rotwein in der Hand, zurück. Sie sollten sich nicht so anstellen. In Wirklichkeit machten sie doch gute Geschäfte. Sie könnten sich doch auf die Regierung verlassen und auf ihn sowieso. Strahlend trug er das vor. Und seinen Gästen blieb nichts anderes übrig, als dem Kanzler beizupflichten. Ja, er habe schon recht. Eine Stimmung von »Aufsteiger unter sich« konnte er verbreiten. Manchmal kokettierte er sogar mit rudimentären Lateinkenntnissen, als wolle er sagen: Ich habe es zu etwas gebracht.

»Kerle unter sich« nannte die Journalistin Sibylle Krause-Burger einmal Schröders maskuline Gesellschaft. Obwohl im Vergleich mit Kohl gewiss kein Hüne von Gestalt, stand er im Mittelpunkt, beherrschte wie selbstverständlich einen Raum. Dazu trug bei, dass Schröder stets wusste, von welcher Seite er beobachtet wurde. Er konnte in Kameras blicken, die gar nicht auf ihn gerichtet waren. Immer noch vermittelt er den Leuten um ihn herum den Eindruck, genau sie anzuschauen, ob nun wohlwollend oder ablehnend. Engere Freunde wurden »Frogs« genannt, kurz für »Friends of Gerhard Schröder«, und kamen meist aus Hannover. Zum Fußball gehen und Skat spielen gehörte für ihn stets dazu. Dass Schröder, vor allem in seinen Frühzeiten, schnell beim Du war, hatte nicht nur mit dem SPD-Genossen-Du zu tun. Es passte auch zu seiner Person und fügte sich in seine politischen Kalküle.

Doch konnte Schröder stets auch anders, was nichts mit Launenhaftigkeit zu tun hatte. Bei aller Leutseligkeit und gern auch Kumpelhaftigkeit: Schröder legte Wert auf Etikette. Als ihm nach seiner Wahl zum Bundeskanzler ein seit unvordenklichen

Zeiten bekannter Altersgenosse, nennen wir ihn Peter, mit der Bemerkung »Hör mal, Gerd, was ist los?« kam, erhielt er einen deutlichen Verweis: »Für Sie immer noch Herr Bundeskanzler.« Es ging sogar die Rede um, Schröder habe manchem Bekanntem das Du entzogen. Alles hat seine Zeit – diese Weisheit des Predigers Salomo hatte er im Repertoire, bezüglich politischer, beruflicher wie auch privater Angelegenheiten.

# Schröder braucht Hilfe

Eigentlich schien die Entscheidung gelaufen. Niemand setzte mehr darauf, dass Gerhard Schröder nach der Bundestagswahl 2002 weiterhin im Kanzleramt residieren würde, er selbst natürlich ausgenommen. Landtagswahlen waren für die SPD verloren gegangen, die Umfragen standen schlecht für Schröder und seine Partei. Entsprechend sank die Stimmung. Edmund Stoiber, CSU-Vorsitzender, bayerischer Ministerpräsident und Kanzlerkandidat der Unionsparteien – nach Franz Josef Strauß 1980 der erste aus der CSU –, erschien als der sichere Sieger. Auf Auslandsreisen wurde er behandelt, als wäre er es schon. Der Wahlkampf der SPD hatte den Schwung von 1998 verloren. Die Wahlkampfmanager der beiden Kandidaten – der vormalige Boulevardjournalist Michael Spreng für Stoiber und der SPD-Funktionär Matthias Machnig für Schröder – führten ein Eigenleben der besonderen, der einmaligen Art. Die beiden machten die Wahlkampfführung selbst zum Gegenstand der Auseinandersetzung. Bisweilen schien es, als träten nicht Schröder und Stoiber gegeneinander an, sondern Machnig und Spreng.

Zwei Fernsehduelle der beiden Kanzlerkandidaten wurden vereinbart, was eine Berliner Neuerung war. Bis dahin hatten Fernsehdiskussionen der Spitzenkandidaten aller im Bundestag vertretenen Parteien stattgefunden, jahrelang also von CDU, CSU, SPD und FDP, zu denen später die Grünen stießen. Nun aber sahen sich die kleineren Parteien übergangen. Sie wurden es ja auch. Guido Westerwelle, der FDP-Vorsitzende, wollte sein Dabeisein gerichtlich erzwingen, scheiterte aber. Begründung

93

der Richter: Es handele sich um eine Veranstaltung der Fernseh-sender. Jetzt also zwei Duelle Schröder gegen Stoiber, und beide Seiten brachten Parteifreunde und sonstige Anhänger zuhauf mit zum Austragungsort. Diese erzählten den – ebenfalls zuhauf anwesenden – Journalisten hernach, wer warum und wie ge-wonnen habe. Mit dem neu gefundenen Wort vom Erwartungs-management wurde operiert, zum Beispiel so: Weil Schröder laut Umfragen zwar besser als Stoiber abgeschnitten, dieser aber die in ihn gesetzten Erwartungen übertroffen habe, sei Stoiber der eigentliche Sieger gewesen. Im ersten Duell, so lauteten die Wasserstandsmeldungen, habe Stoiber die Nase vorne gehabt, im zweiten dann Schröder.

Schröders Aufholjagd begann im August, als er den »deut-schen Weg« ausrief. Zum einen hatte dieser eine innenpolitische Dimension: Peter Hartz, Personalvorstand bei der Volkswa-gen AG und Sozialdemokrat, war von Schröder beauftragt wor-den, Reformmodelle für die Bundesanstalt für Arbeit zu entwi-ckeln. »Hartz-Kommission« wurde die Arbeitsgruppe genannt, die mit viel öffentlicher Begleitmusik wirkte. Zum andern betraf der »deutsche Weg« die Außenpolitik. Zwar hatte Schröder nach den islamistischen Terroranschlägen vom 11. September 2001 in New York und Washington den Vereinigten Staaten »uneingeschränkte Solidarität« zugesichert, eine Wortwahl, zu der ihm Wolfgang Ischinger, der damalige Botschafter Deutsch-lands in Washington, geraten hatte. Schröder hatte zum neuen amerikanischen Präsidenten George W. Bush bis dahin ein or-dentliches persönliches Verhältnis. Doch als Bush anfing, über den – von Schröder unterstützten – Militäreinsatz in Afghanis-tan hinaus den Irak und das Regime von Saddam Hussein ins Visier zu nehmen, sagte Schröder Nein. Zu »militärischen Abenteuern« sei er nicht bereit, sagte Schröder im Fernsehen, im SPD-Parteivorstand und dann noch einmal, weil die Aussage ihrer unspezifischen Bedeutung wegen aus seiner Sicht nicht genügend öffentliche Resonanz gefunden hatte. Das war auf der ersten großen SPD-Wahlkampfkundgebung am 5. August, in sommerlicher Hitze, im heimatlichen Hannover. »Spielerei mit Krieg und militärischer Intervention – davor kann ich nur warnen«, rief er. »Das ist mit uns nicht zu machen.« Stoiber tat sich schwer, dieser Wendung des Wahlkampfes zu folgen. Als er gleichfalls versicherte, gegen einen Einsatz der Bundeswehr im Irak zu sein, war es zu spät. Schröder, nicht Stoiber, hatte den Punkt gemacht.

Ein zweiter sollte folgen. Unmengen Regen fielen im August, in den Alpen, vor allem aber im Erz- und im Riesengebirge. Die Niederschläge verursachten eine Hochwasserkatastrophe schier unvorstellbaren Ausmaßes mit Dutzenden von Toten. Dörfer gingen unter, bei Milliardenschäden. Es kam die Stunde der Exekutive. Die Bundesregierung setzte einen »Koordinierungsstab Hochwasser« ein, geleitet von Brigitte Zypries, damals die beamtete Staatssekretärin im Bundesinnenministerium. Handfest und zupackend war die Frau aus Kassel, außerdem eine Schröder-Vertraute. Als Schröder in Niedersachsen regierte, arbeitete sie in seiner Staatskanzlei. Berichten zufolge war sie es, die den Landespolitiker auf die Fähigkeiten eines jungen Juristen aufmerksam machte: Frank-Walter Steinmeier. Zypries waltete in stillem Fleiß ihres Amtes, die Katastrophe zu bewältigen, während Schröder sich unübersehbar an der Elbe blicken ließ – fernsehgerecht mit Regenjacke, Gummistiefeln und Journalisten in seinem Schlepptau. Täglich liefen Sondersendungen über die Folgen des Hochwassers – und über Schröders Wirken auch. Ob das nun als Wahlkampf eines Kandidaten oder als Pflichterfüllung eines Regierungschefs zu verstehen war: Schröder war präsent, Edmund Stoiber nicht. Und als der bayerische Ministerpräsident die politische Wucht der Ereignisse erkannt hatte, war es ein zweites Mal zu spät. Es steht dahin, ob ein früheres Erscheinen Stoibers in den vom Hochwasser betroffenen Gebieten seinem Wahlkampf genutzt hätte. Wer weiß, ob er dann nicht des Katastrophen-Tourismus geziehen worden wäre. Wie

95

*Ein Jahrhunderthochwasser mitten im*
*Wahlkampf 2002: Kanzler Schröder – hier*
*in Grimma mit dem sächsischen Minister-*
*präsidenten Milbradt (CDU) – war präsent.*
*Sein Herausforderer Stoiber nicht.*

dem auch sei – Schröder konnte sich als Macher profilieren. Das passte zu seinem Image.

Ein Wahlabend sondergleichen war der 22. September, hier wie dort. Bei der SPD im Willy-Brandt-Haus und bei den Unionsparteien im Konrad-Adenauer-Haus wurde von einem Wechselbad der Gefühle gesprochen, wegen knapper Mehrheiten und wechselhafter Hochrechnungen. Stoiber sah sich schon als künftigen Bundeskanzler an. »Wir haben die Wahl gewonnen.« Wenig später rief Schröder strahlend: »Wir brauchen uns nicht zu verstecken.«Obwohl einige Hochrechnungen prognostizierten, die Unionsparteien hätten die SPD überholt und seien wieder stärkste politische Kraft geworden, sagte Schröder voraus, irgendwann in der Nacht werde die SPD die Nase vorn haben. Während die erschöpften SPD-Wahlkämpfer im Vorstandszimmer beisammen waren, erläuterten Otto Schily und Frank-Walter Steinmeier: Die SPD werde von den Überhangmandaten profitieren – und zwar wesentlich stärker als die Union. Der Spruch »Mehrheit ist Mehrheit« machte die Runde. Rot-Grün werde fortgesetzt, so knapp die Mehrheit auch sei. Es sollte so kommen. Nach Mitternacht erst wurde das vorläufige amtliche Wahlergebnis bekannt gegeben. Trotz der SPD-Verluste und trotz der Unionsgewinne blieb Schröders Partei stärkste Kraft im Bundestag – mit etwa 6000 Stimmen Vorsprung. Jeweils 38,5 Prozent der Stimmen erhielten Union und SPD. Niemals in der Geschichte der Bundesrepublik lagen die beiden Volksparteien bei einer Bundestagswahl so eng beieinander.

Dass SPD und Grüne weiterhin die Regierung bilden konnten, lag tatsächlich an den Überhangmandaten. Eines ging an die Union, vier an die SPD. 251 Abgeordnete erreichte die SPD, 248 die Union. Vor allem aber sicherte der kleinere Koalitionspartner die rot-grüne Mehrheit. Die Grünen legten zu. Ihr Spitzenkandidat Joschka Fischer erschien im Willy-Brandt-Haus, als wolle er nichts anbrennen lassen. Immerhin hatte Schröder in den vorangegangenen Monaten, als bei Abstimmungen im Bundestag über Auslandseinsätze der Bundeswehr die Mehrheit der rot-grünen Koalition auf der Kippe gestanden hatte, immer wieder mit der Vertrauensfrage gedroht und mithin das Ende der Zusammenarbeit mit den Grünen einkalkuliert. Auch früher schon hatte er mit dem Gedanken an eine große Koalition gespielt. An diesem Abend war dies graue Vergangenheit. Wie den eigentlichen Wahlsieger feierten die Sozialdemokraten Fischer. »Joschka, Joschka«, hallte es durch die Parteizentrale. Schröder drang stimmlich kaum mehr durch. Schließlich, nach freundlich-ironischen Ermahnungen des Hausherrn, riefen sie dann doch »Gerhard, Gerhard«.

Prognosen und Deutungen sprossen. Erstmals seit 1953 hatte bei einer Bundestagswahl keine der beiden Volksparteien die 40-Prozent-Marke überwunden. Die Ausnahme sollte zur Regel werden. »Wir haben schwierige Zeiten vor uns«, rief Schröder. Die rot-grüne Mehrheit im Bundestag war knapp – 306 der 603 Bundestagsabgeordneten. Im Bundesrat war die Bundesregierung auf Kompromisse mit den Unionsparteien angewiesen, was sich bald zu Lasten von SPD und Grünen verschärfen und dann zum Ende von Rot-Grün führen sollte. Hochrangige Sozialdemokraten aus dem Schröder-Lager, Kanzleramtschef Steinmeier etwa, warnten schon am Wahlabend, ein »Weiter so« dürfe es in der rot-grünen Koalition nicht geben. Kurze Zeit später leisteten Steinmeier und seine Mitarbeiter die maßgeblichen Beiträge zum Agenda-2010-Vorhaben.

Sigmar Gabriel, in jener Zeit Ministerpräsident in Niedersachsen und eine der kommenden SPD-Führungskräfte, bemängelte öffentlich, die Menschen hätten den Eindruck, dass die Parteien die Arbeitslosigkeit – fast vier Millionen wurden damals gezählt – nicht wirksam bekämpfen könnten. »Das führt dazu, dass Vertrauen verloren geht, auch bei der SPD.« Gabriels Prognose sollte sich bewahrheiten. Wenige Monate später verlor er die Landtagswahl und sein Regierungsamt; die Parteispitze erfand für ihn die Funktion des »Beauftragten für Popkultur und Popdiskurs der SPD«, was sich als ziemlich überflüssige Sache erweisen sollte und Gabriel auch noch Spott (»Siggi Pop«) eintrug. Schröder aber nahm seine Aussage von 1998 zurück, so lange wie Helmut Kohl wolle er nicht Bundeskanzler bleiben. »Nach dieser Wahlnacht kriege ich richtig Lust.« Es sollte nicht lange so bleiben.

Personalpolitisch wurden Weichen gestellt, nicht zuletzt für den Aufstieg von Franz Müntefering. Als Generalsekretär der SPD hatte er die Parteizentrale mit harter Hand geführt. Seine

Führungsmethode: Er stellte den Vorstand und das Willy-Brandt-Haus vor vollendete Tatsachen, worunter vor allem die SPD-Schatzmeisterin Inge Wettig-Danielmeier zu leiden hatte. Ein bedingungsloser Freund der Unabhängigkeit und Freiheit der Bundestagsabgeordneten war er nicht. Ziemlichen Ärger handelte er sich ein, als er – wieder einmal ging es um Bundeswehreinsätze im Ausland – die SPD-Abgeordneten daran erinnerte, allein dank der Partei seien sie in den Bundestag eingezogen. Nun amtierte Müntefering als neuer SPD-Fraktionsvorsitzender. Sein Motto:»Politik ist Organisation.« Nicht ein Mann der Gefühle wie Schröder war Müntefering, sondern ein kühl kalkulierender Ingenieur der Macht.

Die nächste wichtige Personalie bestand in Schröders Entscheidung, Wolfgang Clement, den nordrhein-westfälischen Ministerpräsidenten, nach Berlin zu holen. Clement, in Düsseldorf kein Freund der rot-grünen Zusammenarbeit, erhielt ein»Superministerium«. Das Wirtschaftsministerium und das Arbeitsministerium kamen in die Hand des Sozialdemokraten. Auch wenn ihn seine innerparteilichen Gegner mit dem heftigen Vorwurf bedachten, er sei»neoliberal«, sicherte ihm Schröder vorbehaltlose Unterstützung zu:»Clement darf so weit gehen, wie er es für richtig hält.« Das war recht mutig, hatte Clement doch immer wieder damit auf sich aufmerksam gemacht, dass er – nicht abgesprochen, versteht sich – frühmorgens Radio-Interviews zu geben pflegte, die die SPD im Allgemeinen und den linken Parteiflügel im Besonderen aufmischten. Doch Clement galt als»Schröderianer«, was dem Kanzler natürlich recht war. Wirtschaftsminister Werner Müller und Arbeitsminister Walter Riester mussten weichen.

Die übrigen Personalentscheidungen hatten dagegen begrenztes politisches Gewicht. Justizministerin Herta Däubler-Gmelin erklärte sich nach längerem Sträuben zum Verzicht bereit. Kurz vor der Wahl hatte sie daheim in Baden-Württemberg geäußert, der amerikanische Präsident George W. Bush wolle durch außenpolitische Aktionen von innenpolitischen Problemen ablenken, was man von »Adolf Nazi« kenne. Das war selbst in Zeiten deutsch-amerikanischer Auseinandersetzungen über den Irak-Krieg für Schröder zu viel. Brigitte Zypries, die Staatssekretärin von Innenminister Otto Schily, wechselte an die Spitze des Justizressorts. Manfred Stolpe, vordem Ministerpräsident in Brandenburg, wurde an Stelle von Kurt Bodewig Verkehrsminister, und für Christine Bergmann wurde Renate Schmidt Ministerin für Familie, Senioren, Frauen und Jugend. Schröders zweites Kabinett blieb beisammen bis zuletzt, ohne auch nur einen Wechsel an der Spitze eines Ministeriums. Die Schröder-Freunde in der SPD blieben unter sich – auch in der Parteizentrale. Als Nachfolger Münteferings wurde Olaf Scholz neuer SPD-Generalsekretär. Scholz wurde aus Hamburg geholt, wo er Innensenator gewesen war und im Kampf gegen Kriminalität versichert hatte: »Ich bin liberal, aber nicht doof.« Ein Anhänger Schröders also war auch er.

Was das am Ende doch zu viel »Schröder«? Zwei Tage nach der Bundestagswahl veröffentlichte die Führung des linken Flügels ein Papier, unterzeichnet von Andrea Nahles und von Detlev von Larcher aus Niedersachsen, der Schröder schon immer bekämpft hatte. Eine Abkehr von der Sparpolitik des Kanzlers und seines Finanzministers Hans Eichel wurde darin verlangt. Öffentliche Investitionen müssten Vorrang vor der Konsolidierung des Haushalts bekommen. Forderungen zur Vermögens- und Erbschaftssteuer wurden erhoben. Schröder sei zwar ein »überaus erfolgreicher Krisenmanager« gewesen. »Eine Politik, die über das neoliberale Glaubensbekenntnis hinauswies, formulierte er jedoch nicht.« Nahles und von Larcher schrieben: »Die SPD muss wieder als analytische, konzeptionelle und gestaltende Kraft sichtbar werden. Sie muss Wertorientierungen und Perspektive bieten, die Menschen mitreißt.« Das war für Schröders Lager starker Tobak. Immerhin: Der Text war vor der Bundestagswahl vorbereitet worden, als Argumentationslinie für den Fall einer Wahlniederlage. Nun erinnerten die SPD-Linken daran, der Wahlerfolg sei ein »rot-grüner Wahlerfolg« gewesen. Schröder, der Sieger, konnte großzügig sein, besonders Nahles gegenüber. Der Sprecherin der SPD-Linken war es nicht gelungen, wieder in den Bundestag zu kommen. Ihren Wahlkreis in der Eifel hatte sie verloren, auf der rheinland-pfälzischen SPD-Landesliste hatte sie zu weit hinten gestanden. Er wolle dafür sorgen, dass Nahles – sie war damals 32 Jahre alt – in der Politik bleiben könne, sagte Schröder. Vorsitzende der Jungsozialisten waren sie beide gewesen. Das kann verbinden. Die Warnungen der Parteilinken aber sollten alsbald eine Bedeutung gewinnen, die Schröder in der Euphorie seines Sieges nicht erwartet hatte. Fünf Mal in Folge – drei Mal in Niedersachsen und nun zwei Mal im Bund – hatte er Wahlen gewonnen. Nicht einmal Helmut Kohl hatte das geschafft.

Der Start der zweiten Kanzlerschaft Schröders war schlecht. Schröder empfand das so und der Fraktionsvorsitzende Müntefering auch. Das Vorhaben, Steuervergünstigungen abzuschaffen, wurde in der öffentlichen Meinung als Steuererhöhungsprogramm wahrgenommen. Die Unionsfraktion setzte im Bundestag die Einsetzung eines Untersuchungsausschusses durch, der sich mit gebrochenen Versprechen der rot-grünen Koalition befassen sollte. »Lügenausschuss« hieß er. Hinter den Kulissen stritten Schröder und das Kanzleramt auf der einen Seite mit Fischer und dem Auswärtigen Amt auf der anderen Seite um die Zuständigkeiten in der Europa-Politik. Die Umfragewerte für Schröder und die SPD fielen. Zwei Landtagswahlen standen für den Jahresanfang 2003 bevor, in Hessen und in Niedersachsen. Abermals thematisierte Schröder sein Nein zur Beteiligung am Irak-Krieg, was zum fraglichen Zeitpunkt politisch heikel war. Deutschland gehörte als nichtständiges Mitglied dem Sicherheitsrat der Vereinten Nationen an, und eine Abstimmung über einen Antrag der Vereinigten Staaten zur völkerrechtlichen Legitimierung eines militärischen Eingreifens im Irak stand bevor. Was tun? Zustimmen, aber eine Beteiligung der Bundeswehr ablehnen? Oder ablehnen und sich nochmals gegen den wichtigsten Bündnispartner stellen? Im niedersächsischen Landtagswahlkampf schuf Schröder für die rot-grüne Bundesregierung zusätzliche Klarheit. »Rechnet nicht damit, dass Deutschland einer den Krieg legitimierenden Resolution zustimmt«, rief er. »Rechnet nicht damit.«

Eine mediale und zeitgeschichtliche Kuriosität war alsbald zu verzeichnen. Wegen des Winterwetters fand Schröders Auftritt nicht, wie sonst in Wahlkämpfen, auf einem großen Platz, sondern in einem Kinosaal statt. In der politischen Auseinandersetzung und später auch in der Berichterstattung setzte sich die interessengeleitete – falsche – Wahrnehmung durch, Schröder habe sein Nein zum Irak-Krieg auf einem Marktplatz verkündet. Auf dem Marktplatz von Goslar. Unterton: Es gehöre sich nicht, derlei Entscheidungen »auf einem Marktplatz« anzukündigen. Schröders Rede aber erhielt, anders als seine Anti-Irak-Krieg-Ankündigungen vom Sommer zuvor, den Beigeschmack eines Wahlkampfmanövers. Die SPD verlor abermals in Hessen und, für Schröder schlimmer noch, auch in Niedersachsen, seiner persönlichen und politischen Heimat. Fünf Jahre zuvor hatte er dort die absolute Mehrheit geholt. Die Erfolge der CDU machten ihm das Regieren in Berlin schwerer: Kompromisse im Bundesrat und im Vermittlungsausschuss würden nun teurer werden. Von den fünf größten Bundesländern verfügten SPD und Grüne nur noch in Nordrhein-Westfalen über eine eigene Mehrheit. Auslegungsfähige Bemerkungen machte Schröder in jenen Februartagen 2003. Der Parteivorsitz, den er ja innehatte, sei für die SPD wichtiger als das Kanzleramt. Oder: »Wer sollte mich zum Rücktritt als Kanzler zwingen.« Auch sei sein »Abtreten möglich, aber nicht, wenn ich gezwungen werde«, wie er sagte.

Dem neuen Fraktionsvorsitzenden aber maß Schröder eine für die SPD geradezu historische Funktion zu. »Du musst die

Rolle von Herbert Wehner übernehmen«, sagte er zu Müntefering. Herbert Wehner, das war der legendäre Fraktionsvorsitzende der SPD in Bonn gewesen, zu Zeiten von Willy Brandt und Helmut Schmidt. »Troika« wurden die drei SPD-Großpolitiker damals genannt. Schmidt, der Kanzler, konnte sich auf Wehner bedingungslos verlassen, Brandt nicht. »Onkel« wurde Wehner geheißen. Brüllen konnte er und höhnen – unterschiedslos gegen Freund und Feind. Widersacher in der SPD-Fraktion kartätschte er verbal nieder. Müntefering aber agierte bei allem Selbstbewusstsein wie das Gegenteil von Wehner. Er hatte sich – was nur satzungsmäßig korrekt war – etwa als Generalsekretär der ganzen SPD und nicht als Generalsekretär des gerade amtierenden Vorsitzenden, bloß als dessen Helfer verstanden, ob nun Scharping, Lafontaine oder auch Schröder an der Parteispitze stand. Doch Müntefering trat auf wie der klassische Funktionär eines Parteiapparates. Seine Hintergrundgespräche im Wahlkampf waren eine Qual, seine Rhetorik einfach bis langweilig. Sein Äußeres schien den Siebzigerjahren entsprungen und wurde im Fernsehen wöchentlich zum Gegenstand des Spotts von Harald Schmidt. Nach seiner Wahl zum Fraktionsvorsitzenden aber veränderte er sich, andere Anzüge, neue Frisur. Müntefering lernte dazu, als habe er – was er bestritt – Rhetorik-Seminare besucht und sich coachen lassen. Bis dahin wurden seine Kurzsatzreden – Subjekt, Prädikat, Objekt – als rhetorische Schwäche, gar als Ausweis schlichten Denkens empfunden. Nun wurden sie zum Kult und zum Beweis, dass er die Kunst der Rede beherrschte.

Wegweisend war der Auftritt Münteferings, Schröders Herbert Wehner also, im Bundestag am 14. März 2003, nachdem der Kanzler unter dem Titel »Mut zum Frieden – Mut zur Veränderung« die Vorhaben vorgestellt hatte, die fortan als »Agenda 2010« bezeichnet wurden. Den Umbau der Sozialsysteme, Sparmaßnahmen zur Sicherung des Sozialstaates, zur Konsolidierung des Haushaltes und den Abbau der Arbeitslosigkeit hatte Schröder angekündigt – Maßnahmen, die den Wünschen breiter Teile der SPD widersprachen. Die SPD-Fraktion duckte sich weg. Wo der Beifall der sozialdemokratischen Seite des Hauses bleibe, riefen berechtigterweise die Vertreter von Union und FDP dazwischen. Nach Merkel, die als CDU/CSU-Fraktionsvorsitzende keine schlechte Rede gehalten hatte, sprach Müntefering. Tief in die rhetorische Kiste griff er. Merkel hielt er deren »Kulleraugen« vor. Einen sozialdemokratischen Bogen spannte er – von Ferdinand Lassalle bis zum Nein zum Irak-Krieg. Wie einst Wehner redete er: »Herr Bundeskanzler, Sie haben die volle Unterstützung der SPD-Bundestagsfraktion für diese Politik.« Schröder, ihrem Bundeskanzler, hatten die SPD-Abgeordneten zwar aufmerksam zugehört. Von Münteferings Auftritt aber waren sie begeistert. Lang anhaltender Beifall wurde im Parlamentsprotokoll festgehalten und zudem eine große Geste. »Bundeskanzler Gerhard Schröder überreicht dem SPD-Fraktionsvorsitzenden Franz Müntefering einen Blumenstrauß.« Von nun an bildeten sie ein Gespann.

Schröder war auf Müntefering angewiesen. Widerspruch regte sich nicht nur in den SPD-Gliederungen, auch in der SPD-Fraktion gab es Gegner seiner Agenda-2010-Politik. Die Kritiker drohten mit einem Mitgliederentscheid und setzten einen Sonderparteitag durch. Natürlich konnten sich Schröder und Müntefering durchsetzen. Doch der Widerstand blieb. Die Gewerkschaften, voran die IG Metall, wandten sich von Schröder ab, politisch, aber auch persönlich. Über den DGB-Vorsitzenden Michael Sommer etwa wurde in der engeren SPD-Führung abschätzig geredet. Schröder demonstrierte den Bruch mit dem DGB-Chef – in dessen Beisein – bei einem Auslandsbesuch in Ghana. »Den können Sie gleich hierbehalten, der ärgert mich nur in Berlin«, bemerkte er zu seinen Gesprächspartnern. Ein »echter Schröder« war das: ironisch, salopp, im konkreten Fall aber auch boshaft und verletzend. Es sollte sich auswirken. Die Grundlage eines guten Verhältnisses zwischen Michael Sommer und Angela Merkel, der CDU-Vorsitzenden und späteren Bundeskanzlerin, war geschaffen.

Der SPD-Parteitag im November 2003 in Bochum wurde für Schröder zu einem Desaster. Mit lediglich 80,8 Prozent der Stimmen wurde er im Amt des Parteivorsitzenden bestätigt. Abgesehen von den Besonderheiten des Mannheimer Parteitages 1995, als Lafontaine und Scharping gegeneinander angetreten waren, erreichte er das schlechteste Ergebnis eines SPD-Vorsitzenden seit 1946. Wolfgang Clement, als »Superminister« für Wirtschaft und Arbeit Schröders wichtigster Mann im Bundeskabinett, erhielt in den Wahlen zu den stellvertretenden SPD-Vorsitzenden eine Abfuhr: 56,7 Prozent. Noch ärger traf es Olaf Scholz, Schröders Generalsekretär, der in Treue fest zum Kanzler und zur Agenda 2010 stand. Nur 52 Prozent der Delegierten gaben dem Hamburger die Stimme. Allen im Saale war klar: Nicht Scholz war gemeint, sondern Schröder höchstselbst. Abends in der Hotelbar ließ der SPD-Vorsitzende seine Wut an seinen Parteifreunden aus Niedersachsen aus. »Euch mache ich fertig«, schleuderte er – im nicht ganz kleinen Kreis – dem niedersächsischen SPD-Landesvorsitzenden Wolfgang Jüttner entgegen, weil er den Verdacht hatte, dessen Leute hätten Scholz die Stimme verweigert. Jüttner keilte mit dem Hinweis zurück, Schröder habe die Genossen in Niedersachsen längst »fertiggemacht« und sie mit seiner Politik um das Amt des Ministerpräsidenten gebracht. Weil Presseleute dabei waren, wurde die Sache öffentlich, was alles noch schlimmer machte. Zudem brachten die Delegierten, ausgerechnet Schröders Niedersachsen und Münteferings Nordrhein-Westfalen, dem Gespann schmerzliche Abstimmungsniederlagen auf sozialpolitischem Gebiet bei.

Die Rede der Reden aber hielt Müntefering. Im Stakkato sprach er. »Der Bericht der Bundestagsfraktion liegt schriftlich vor«, rief er. Und er habe versprochen, sich kurz zu fassen. »Deswegen will ich zusammenfassen: Die Fraktion ist gut, die Partei auch. Glück auf«, wurde im Protokoll des Parteitages festgehalten. Das stimmte nicht. Müntefering hatte sich noch kürzer gefasst:»Fraktion gut, Partei gut, Glück auf.« Laut Protokoll gab es »Beifall«. Auch das stimmte nicht. Die Delegierten waren außer sich vor Begeisterung. Protokollarisch gesehen aber hatte Müntefering überzogen. Er hatte dem Vorsitzenden, dem Bundeskanzler, gezeigt, wie man vor Sozialdemokraten auftritt. Er hatte sich keinerlei Zurückhaltung auferlegt. Er hatte Schröder die Show gestohlen. Auch Schröder, dem mit feinem Gespür und auch wachem Misstrauen versehenen Machtmenschen, fiel das auf. Er hatte eine Nase dafür, was sich ziemte und was nicht. Münteferings Rede hatte sich nicht geziemt. Zudem war schon in den Wochen davor aufgefallen, dass Müntefering, eigentlich »nur« der SPD-Fraktionsvorsitzende, sich um Dinge kümmerte, die Sache des Parteivorsitzenden oder des Generalsekretärs gewesen wären.

Eine Serie von Konferenzen unter dem Titel»Fraktion in der Region« veranstaltete Müntefering. Ein Akt der Illoyalität? Der Stärke? Des Führungsanspruchs? Oder der Hilfsbereitschaft? Schröder ahnte wohl schon vor dem Parteitag in Bochum, dass er auf Münteferings Unterstützung angewiesen war. Knapp zwei Wochen zuvor hatte er mit dem Führungskreis der SPD-Linken gesprochen. Ausgerechnet vor den Kritikern seiner Agenda 2010 redete er über Möglichkeiten einer neuen»Arbeitsteilung« mit Müntefering. Wegen seiner Auslandsreisen etwa könne er sich zu wenig um die Partei kümmern, bedauerte er. Die Zuhörer mochten es kaum glauben. Erst Wochen später erschloss sich ihnen, woran Schröder gedacht hatte. Schon während des Parteitages aber sagte Schröder zu Müntefering:»Wahrscheinlich musst du das im nächsten Jahr machen.« Auch der Fraktionsvorsitzende mochte es nicht glauben. Ob Schröder bloß einer schlechten Tagesstimmung erlegen sei, fragte er sich. Im Januar wurden die Gespräche fortgesetzt. Schröder diente Müntefering den Parteivorsitz an. Der Kanzler war der Auffassung, sein Führungspartner könne in der SPD besser als er die erforderlichen Sozialreformen vermitteln.

Anfang Januar spitzte sich die Lage zu. Schröder verlor Initiative und Lenkung. Das Bundeskabinett wurde als in Auflösung wahrgenommen. Jeder Minister kämpfte für sich und gegen andere. Schröder sah eine Medienkampagne gegen sich. Aus den großen Landesverbänden Nordrhein-Westfalen und Niedersachsen heraus wurde eine Umbildung des Bundeskabinetts gefordert, was als Kritik am Kanzler zu verstehen war. Plötzlich ging es, jedenfalls für die meisten Beteiligten, sehr schnell. Er habe den SPD-Vorstand einberufen, um diesem seine Idee darzulegen, Müntefering auf einem Sonderparteitag als neuen Vorsitzenden vorzuschlagen, teilte Schröder den Medien mit. Gemeinsam mit Müntefering erschien er in der Bundespressekonferenz. Erst danach wurden die Parteigremien und Führungsleute unterrichtet, was natürlich ein Affront war.

Schröders Verhältnis zu Clement ging darüber zu Bruch. Noch am Vorabend hatten die beiden angeblich Vertrauten lange beim Wein zusammengesessen. Nicht eine Andeutung machte der Vorsitzende Schröder. Clement empörte sich. Schröders formale Begründung, sonst hätte er auch die anderen stellvertretenden SPD-Vorsitzenden – Wolfgang Thierse und Heidemarie Wieczorek-Zeul – unterrichten müssen, machte die Sache für den gerne und oft aufbrausenden Clement nicht besser. Immerhin ließ Schröder wissen, er sei mit ihm freundschaftlich verbunden und hoffe, dass er »an Bord« bleibe. »Ich schätze seine Art und ihn als Mensch.« Clement blieb.

Müntefering soll sich, laut Schröder, zunächst gesträubt haben, das neue Amt zu übernehmen, »ich musste ihn davon überzeugen«. Müntefering äußerte, man sei sich »nicht schnell einig« gewesen. Erfahrene Leute in der SPD, Andrea Nahles etwa, sollten später über deren Darstellung lachen, die zu sehr auf die Naivität des Publikums baue. Auf geschickte Weise habe Müntefering den Wechsel an der Spitze der Partei eingefädelt – ganz ohne offenen Kampf. Und tatsächlich: Ein gutes halbes Jahr später schrieb Müntefering in einem Brief an die Parteimitglieder: »Vor rund sechs Monaten haben Gerhard Schröder und ich wichtige Aufgaben miteinander neu verteilt.« Das klang ziemlich selbstbewusst und auch nicht danach, als habe sich Müntefering den Wünschen Schröders beugen müssen. Zwei Umstände machten dabei die Verabredungen der beiden einfach: Müntefering kämpfte nach wie vor als treuer Parteisoldat für die Agenda-2010-Vorhaben. Und genauso wichtig: Der neue Vorsitzende wollte Schröder nicht auch noch als Bundeskanzler beerben. Der SPD-Vorsitz – »das schönste Amt neben dem Papst« – reichte ihm. Er sei für die 630 000 SPD-Mitglieder – die es damals noch gab – zuständig, äußerte er, Schröder aber für das ganze Land. Eine machtbewusste Einschränkung von Schröders Kompetenzen folgte freilich auch: »Die Partei ist der entscheidende Kommunikator.« Und: »Ich glaube, dass Gerhard Schröder und ich klarkommen.« Müntefering war kein Kellner mehr. Machtpolitisch gesehen waren die beiden auf Augenhöhe.

Eine Entscheidung gegen die Regeln der Macht? Zu Bonner Zeiten war von der »Kanzlerdemokratie« die Rede gewesen. Nie hätte Helmut Kohl mit sich machen lassen, was Schröder – *nolens volens* – vorschlug, was er akzeptierte oder auch mit sich geschehen ließ. Mit aller Macht hatte Kohl, obwohl gesundheitlich angeschlagen, 1989 den Versuch seiner CDU-Parteifreunde um Heiner Geißler vereitelt, ihn zwar Kanzler bleiben zu lassen, ihm aber den Parteivorsitz wegzunehmen. Für Kohl war es ein Putschversuch gewesen, den es niederzuschlagen galt. Angela Merkel, die CDU-Vorsitzende, die mit gleichem Machtbewusstsein nach der Bundestagswahl 2002 auch den Vorsitz der CDU/CSU-Fraktion erkämpft hatte, sprach schon am Tag des Stabwechsels in der SPD vom größten Fehler Schröders. Der Anfang vom Ende seiner Kanzlerschaft sei das gewesen. Beides gehöre in eine Hand, sagte sie – bis sie 14 Jahre später selbst vom höchsten Parteiamt abließ, weil sie die CDU nicht mehr hinter sich wusste.

# Letzte Runde

Wenige Tage vor dem Parteitag im Frühjahr 2004, auf dem Müntefering zum SPD-Vorsitzenden gewählt wurde, gaben er und Schröder der Berliner Zeitung *Tagesspiegel* gemeinsam ein Interview. Der Kanzler wollte gefühlig wirken, Müntefering distanziert. Müntefering über Schröder: »Ein Individualist, mit dem man aber gut zusammenarbeiten kann.« Schröder über Müntefering: »Ich hätte ihn gern zum Freund.« Müntefering: »Ich bin kein Kumpel.« Schröder: »Das habe ich auch nicht gesagt.« Müntefering: »Ich kenne meine eigene Distanziertheit.« Von Loyalität war die Rede und von vertrauensvoller Zusammenarbeit. Ein Gespann wollten sie sein, wissend, dass die Zeiten nicht leichter werden würden, nicht für sie und nicht für die Partei.

Ein paar Wochen zuvor hatte es schon einen Dämpfer gegeben. Bei der Wahl zur Hamburger Bürgerschaft wurde die SPD abgestraft – mit dem schlechtesten Ergebnis der Nachkriegszeit. Dass das Amt des Bundespräsidenten nicht mehr an einen Sozialdemokraten fallen würde, war ohnehin klar. Johannes Rau hatte schon vorab auf eine zweite Amtszeit verzichtet. Die Unionsparteien und die FDP verständigten sich auf den Kandidaten Horst Köhler. Schröders Bitte, die Sozialdemokratin Gesine Schwan möge als Kandidatin bereitstehen, wurde selbst in der SPD als Eingeständnis bewertet, auf der Bundesversammlung im Mai keine Mehrheit organisieren zu können. So kam es dann auch.

Ein weiteres Desaster folgte am 13. Juni 2004 bei der Landtagswahl in Thüringen. Die SPD blieb bei 14,5 Prozent hängen – vier Punkte weniger als 1999. Bei den Kommunalwahlen in Sachsen waren es 13,6 Prozent. Besonders schlimm war das SPD-Ergebnis in der Europawahl: 21,5 Prozent, fast zehn Punkte weniger als fünf Jahre zuvor. Der Trend setzte sich im September bei den Landtagswahlen im Saarland und in Sachsen fort. Nur in Brandenburg blieb die SPD stärkste Partei und konnte weiterhin den Ministerpräsidenten stellen: Matthias Platzeck. Wie ein Menetekel aber wirkten die Kommunalwahlen in Nordrhein-Westfalen. Von den erheblichen Verlusten der CDU konnte die SPD nicht profitieren und verlor nochmals an Zuspruch. 31,7 Prozent der Wähler entschieden sich für die SPD, und das ein knappes Jahr vor der Landtagswahl.

Unterschiedliche Signale Schröders waren in jenen Wochen zu vernehmen, Äußerungen, die Zweifel und Gewissheit gleichermaßen deutlich machten. »Ja, natürlich gibt es Phasen der Dünnhäutigkeit«, sagte er im ARD-Fernsehen. Ein neuer Schröder, nicht mehr der Kämpfer, nicht mehr die Machtmaschine? Geradezu in Serie gab Schröder Interviews und Hintergrundgespräche, als wolle er derlei Vermutungen in der SPD widerlegen. Noch seien die Landtagswahl in Nordrhein-Westfalen 2005 und die Bundestagswahl 2006 nicht verloren, bemerkte er. Er sagte aber auch, wenn die rot-grüne Koalition in Düsseldorf durch ein schwarz-gelbes Bündnis abgelöst würde, gebe es im Bundesrat eine Zweidrittelmehrheit gegen die rot-grüne Bundesregierung. Gegen eine solche Mehrheit aber könne eine Bundesregierung nicht regieren. Jedes Gesetzesvorhaben, nicht bloß die zustimmungsbedürftigen Steuergesetze, sondern auch die bloßen Einspruchsgesetze könnten von Union und FDP blockiert werden.

Manche Bemerkungen Schröders wirkten wie ein Einerseits-Andererseits. Einerseits: Natürlich werde er 2006 wieder als Kanzlerkandidat antreten, und natürlich wolle er mit Joschka Fischer dann wieder eine rot-grüne Bundesregierung bilden.

Andererseits: Im Falle des Verlustes der rot-grünen Regierungsmacht in Nordrhein-Westfalen werde auch eine rot-grüne Bundesregierung bald am Ende sein. Eine große Koalition werde
dann gebildet werden müssen. Er aber werde dann nicht mehr
Bundeskanzler sein wollen. Einen Wahlkampf für Rot-Grün
führen und danach eine große Koalition bilden, das gehe nicht.
Gemeinsam mit Fischer würde er aufhören. Bloße Gedanken-
spiele Schröders mögen das gewesen sein, vielleicht auch im
Sinne einer Selbstvergewisserung. Zeitgleich erläuterte er weitere Regierungsvorhaben und die Notwendigkeit innenpoliti-
scher Reformen. Aus seinem befreundeten Umfeld aber wurden
Wetten angeboten, dereinst würde Schröder vorzeitig sein Amt
verlassen.

Zu Münteferings 65. Geburtstag am 16. Januar 2005 über-
mittelte Schröder ein zwei Seiten langes Glückwunschschrei-
ben.»Immer wieder schreibt doch das Leben die schönsten und
die überraschendsten Geschichten.« Zehn Monate sei es her,
dass Müntefering den Parteivorsitz übernommen habe.»So, wie
wir beide es gewollt und besprochen hatten.« Und:»Keine
Frage, wir haben mit diesem Schritt die gesamte Öffentlichkeit
überrascht. Nicht zuletzt, weil wir gegen ein scheinbares Gesetz
verstoßen haben, dass man nämlich keine Macht abgibt, wenn
man Macht hat.« Eigentlich hätte Schröder schreiben müssen,
er, der Kanzler, habe Macht abgegeben. Auch in diesem Text
gibt es Anhaltspunkte dafür, dass Müntefering nicht bloß Empfänger und Erfüllungsgehilfe von Schröders Bitte, den Parteivorsitz zu übernehmen, gewesen war, sondern auch ein Akteur,
der die Entscheidung aktiv mit herbeigeführt hatte. Weil entsprechende Vermutungen umgingen, fügte Schröder einen kleinen Rempler gegen die veröffentlichte Meinung an:»Es ist
höchst amüsant, heute die vielen Artikel und Analysen nachzulesen, die zum Wechsel im Parteivorsitz geschrieben wurden.
Wie bemüht die Medien waren, Gegensätze zwischen uns zu
konstruieren, Auseinandersetzungen zu erfinden, Keile zwi-

schen uns zu treiben.« Das sei nicht gelungen. Sie unterstützten und ergänzten einander. »Wenn zwei das Gleiche denken, das Gleiche sagen und das Gleiche tun, ist es noch lange nicht das Gleiche, weil es unterschiedlich wahrgenommen wird«, schrieb Schröder über die Gesetzmäßigkeiten des politisch-medialen Betriebs. »Das Erklären unserer Reformen gegenüber unserer Partei kannst Du einfach besser, weil Du auf weniger Vorbehalte triffst.« Das Lob an den Adressaten und dessen postwendende Relativierung standen im selben Satz.

Selbstverständlich erklärte Schröder in dem Glückwunsch-schreiben die Entscheidung für richtig. Sie werde sich auszahlen. Sie beide seien der Überzeugung, »dass wir dabei im Interesse unseres Landes, im Interesse der Regierung und der Partei handeln«. Als Termin der nächsten Bundestagswahl, bei der die Bürger zu entscheiden hätten, ob sie den »auch beschwerlichen, aber letztlich erfolgreichen Weg der Reformen fortsetzen wollen«, nannte Schröder das Jahr 2006, das Jahr also, in dem die Legislaturperiode des Bundestages ordnungsgemäß enden würde. Ein schönes Zitat von Albert Camus hatte der Bundeskanzler in seinem Schreiben untergebracht, auf Müntefering bezogen, weil der Camus schätze: »Ein Mensch ist mehr ein Mensch durch das, was er verschweigt, als durch das, was er sagt.« Müntefering konnte schweigen. Nicht immer hat es ihm geholfen.

Ärgerliche Kleinigkeiten addierten sich für Müntefering und Schröder in den ersten Wochen 2005, als eigentlich die Landtagswahl in Nordrhein-Westfalen im Mittelpunkt hätte stehen sollen. Im Bundestag trat ein »Visa-Untersuchungsausschuss« zusammen, der sich mit Versäumnissen des Auswärtigen Amtes und natürlich auch Joschka Fischers befasste, derentwegen ukrainische Schwarzarbeiter nach Deutschland gelangten. Anfang März stieg die Zahl der Arbeitslosen auf über fünf Millionen an. Das lag zwar weniger an einer veränderten Wirklichkeit als an der Umstellung der Arbeitslosenstatistik, verursachte aber ein größeres Medienecho, das zu beruhigen dem Arbeits- und Wirtschaftsminister Clement nicht gelang. In den Augen des Kanzleramtes hatte Clement versagt, weil der Minister keine hinreichende Öffentlichkeitsarbeit betrieben hatte. Überdies stritten sich Clement und Finanzminister Eichel über die Notwendigkeit einer Unternehmenssteuerreform. Schröder schimpfte im Kabinett und mahnte »Argumentationsdisziplin« an. Andererseits waren auch Schröder und Müntefering uneins, nämlich über ein Antidiskriminierungsgesetz. Schröder: »Das geht zu weit.« Müntefering konterte mit der Aufforderung an den Kanzler, den Text »erst einmal genau zu lesen«. Müntefering patzte in seiner Fraktion bei der Nominierung eines neuen Wehrbeauftragten des Bundestages. Ein »Gesprächsangebot« von Merkel und Stoiber, im Kampf gegen die Arbeitslosigkeit einen »Pakt« zu bilden, nannte Müntefering, der SPD-Vorsitzende, ein »Zeichen der Verlogenheit«, während Schröder, der SPD-Kanzler, zum Gespräch bereit war. Peer Steinbrück, der wahlkämpfende und um seine Mehrheit fürchtende Ministerpräsident in Nordrhein-Westfalen, wurde nervös. Das lag auch am Ausgang der Landtagswahl in Schleswig-Holstein am 20. Februar 2005. Die SPD unter der Ministerpräsidentin Heide Simonis hatte starke Verluste erlitten, die CDU unter dem Kandidaten Peter Harry Carstensen hatte zugelegt. Die Verhältnisse im Landtag waren knapp wie nie: 35 Sitze für das Bündnis von SPD, Grünen und dem Südschleswigschen Wählerverband (SSW); 34 Sitze für die CDU und die FDP. Für gewöhnlich eine klare Sache – knappe Mehrheiten schweißen zusammen.

Der 17. März, ein Donnerstag, sollte anders als erwartet verlaufen. Geplant war: morgens im Bundestag eine Regierungserklärung Schröders unter dem Titel »Aus Verantwortung für unser Land – Deutschlands Kräfte stärken«, später ein parteiübergreifendes Gespräch (»Job-Gipfel«) von Regierenden und Opponierenden zum Abbau der Arbeitslosigkeit, zum Bürokratieabbau und zur Unternehmenssteuer. Doch nachmittags

*Freud und Leid: Die Niederlage von Heide Simonis (SPD) gegen*
*Peter Harry Carstensen (CDU) im Kieler Landtag im März 2005*
*leitete auch Schröders Ende ein. Simonis fehlte eine Stimme.*
*Der »Heide-Mörder« blieb anonym.*

saßen die Beteiligten vorm Fernsehen und schauten, was sich
im Landtag in Kiel tat. Drei Stunden, vier Wahlgänge. Weder
Heide Simonis noch Peter Harry Carstensen erhielten die erforderliche Mehrheit von 35 Stimmen. Drei Mal gab es ein
34:34-Patt. Die Konfusion war komplett. Das Wort vom »Heide-
Mörder« machte die Runde. Denn mindestens ein Abgeordneter des bisherigen Bündnisses aus SPD, Grünen und SSW hatte
der Heide die Stimme verweigert. Entsetzen im Willy-Brandt-
Haus. »Eine Katastrophe für die SPD« war es für Müntefering,
der den Schuldigen in den Reihen der SPD sah. Später schrieb
er in einem Vermerk: »Der Verrat an Heide Simonis saß. Wer
Gefühl hatte für das Wesentliche, merkte: Es wird eng.« Noch
immer ist der Abtrünnige nicht gefunden.

Schröder und Müntefering hatten dieses Gefühl. In diesen
Tagen sprachen sie erstmals über die Möglichkeit, im Falle einer

114

Niederlage der SPD auch in Nordrhein-Westfalen die Legislaturperiode des Bundestages vorzeitig zu beenden. Der vermeintliche Zustand der SPD-Bundestagsfraktion spielte dabei eine Rolle. Zur Verärgerung und Enttäuschung Münteferings hatten zwei Jahre zuvor zwölf Abgeordnete der SPD die Initiative unterstützt, wegen der Agenda-2010-Vorhaben einen SPD-Sonderparteitag zu veranstalten. Bei einer Mehrheit der rotgrünen Koalition von nur vier Mandaten waren das zu viele. Die »eigene Mehrheit« der Koalition war für Müntefering infrage gestellt. In seinen Erinnerungen schrieb Schröder, dies sei der Grund gewesen, weshalb er Müntefering mit der Idee vorgezogener Bundestagswahlen konfrontiert habe. Nach den Ereignissen von Kiel habe er zu Müntefering gesagt: »Wenn du ganz sicher bist, dass du zu jedem Zeitpunkt bis zum Ende der Legislaturperiode 2006 eine Mehrheit für die Agenda-Politik in der eigenen Fraktion hast, dann brauchen wir keine Neuwahlen. Wenn du das aber nicht garantieren kannst, dann müssen wir Neuwahlen anstreben.« Die von Schröder formulierte Fragestellung stimmte zwar mit den Verhältnissen in der SPD-Fraktion nicht überein. Erstens hatte die rot-grüne Koalition keine Abstimmung zur Agenda-Politik verloren, und zweitens hatte es in der SPD-Fraktion stets eine Mehrheit zugunsten der Agenda-Politik gegeben. Gleichwohl teilte Müntefering nach eigener Auskunft dem Bundeskanzler mit: »Ich kann dir die Mehrheit der Fraktion nicht garantieren.« Müntefering hielt – mit Blick auf Kiel – auch fest: »Rot-Grün hatte im eigenen Lager bei knappen Mehrheiten keine Garantie mehr auf Loyalität.« Er äußerte das Gefühl: »Es geht nicht mehr.« Niemals, so sagen es damals Beteiligte, hätte ein Fraktionsvorsitzender wie Peter Struck sich so voller Selbstzweifel geäußert wie Müntefering. Natürlich hätte Struck zu Schröder gesagt, jederzeit die Mehrheit der Fraktion garantieren zu können. Andere im Regierungsapparat der SPD erinnerten sich Jahre später hingegen, Schröder sei erschöpft und ausgebrannt gewesen. Der Kanzler habe sich wundgerieben gefühlt. Der Streit in und mit der SPD habe ihn mürbe gemacht.

Drei Absprachen trafen der Kanzler und der Parteichef. Erstens: Geheimhaltung. Zweitens wollten sie den Wahlausgang in Nordrhein-Westfalen abwarten. Drittens wollten sie in jedem Fall übereinstimmen; wenn einer gegen Neuwahlen sei, würde der andere mitziehen. Gleichwohl: Das Vorhaben nahm seinen Lauf. Drei Gespräche zwischen den beiden hat es laut Müntefering gegeben. Eines in den Tagen des »Heide-Mordes«, eines kurz vor der Wahl in Nordrhein-Westfalen und eines am 22. Mai, dem Wahltag selbst. Müntefering sprach mit niemand anderem darüber. Sein oberstes Gebot habe »Klappe halten« gelautet, hieß es – selbst gegenüber seinen engsten Mitarbeitern. Die hätten oft gerätselt, was der Chef wolle und anstrebe.

Schröder verhielt sich anders. Der Kanzler redete Anfang April mit dem Vizekanzler, als die beiden sich anlässlich der Beisetzungsfeierlichkeiten für Papst Johannes Paul II. in Rom aufhielten. Schröder eröffnete Fischer seine Neuwahlüberlegungen. Dieser hielt ihm vor, in Wahrheit eine große Koalition anzustreben, was Schröder von sich wies. Fischer war jedenfalls dagegen. Er sprach mit Steinmeier, dem Kanzleramtschef. Der war auch dagegen. Auch mit Sigrid Krampitz, der Büroleiterin Schröders, wurde gesprochen. Die Gegner vorgezogener Bundestagswahlen operierten mit zwei Argumenten. Zum einen würden die Agenda-Vorhaben im Jahr der Bundestagswahl 2006 erste Erfolge auf dem Arbeitsmarkt zeitigen, und das sei gut für den Wahlkampf. Zum anderen werde Deutschland 2006 Gastgeberland der Fußballweltmeisterschaft sein, wovon auch der Wahlkampf und der Kanzler profitieren würden. Fischer und Steinmeier waren aus unterschiedlichen Gründen gegen Schröders Absichten: Fischer, weil er um die Zukunft von Rot-Grün fürchtete und außerdem gerne Außenminister war; Steinmeier, weil er überzeugt war, die Reformen der Regierung würden sich auswirken – auf dem Arbeitsmarkt und auch auf Wahlen.

Schröder ließ sich offenkundig nicht beeindrucken, zumal die Umfragen für die SPD in Nordrhein-Westfalen nicht besser wurden, sondern eine Niederlage für Peer Steinbrück prognostizierten. Nach einem gemeinsamen Wahlkampfauftritt am 11. April 2005 in Siegen unterhielten sich die beiden in einem Restaurant in Bergisch Gladbach. Laut der Erinnerung Steinbrücks lässt sich der Gesprächsverlauf so zusammenfassen. Schröder:»Die Wahl in Nordrhein-Westfalen ist nicht mehr zu gewinnen. Die Leute wollen den Wechsel.« Steinbrück stimmte zu:»Rot-Grün in NRW ist am Ende.« Schröder, auf strikte Geheimhaltung Wert legend:»Wie denkst du über das Vorziehen der Bundestagswahl?« Steinbrück:»Ich bin dafür. Der SPD-Parteitag im Herbst wird dich weiter schwächen. Du hast einen Steckschuss im Bein für die Bundestagswahl 2006.« Festlegungen gab es nicht – angeblich. Steinbrück aber hatte auf der Wahlveranstaltung wieder einmal für Unruhe gesorgt.»Die SPD betreibt einen Wahlkampf in eigener Sache.« Abermals wurde in regionalen Medien notiert, der SPD-Ministerpräsident habe eine große Koalition nicht ausgeschlossen. Ein Freund von Rot-Grün war Steinbrück nie gewesen, allein wegen der rot-grünen Koalition in Berlin sah er sich dazu gezwungen. Im Laufe von Schröders rot-grüner Kanzlerschaft aber war die gleichfarbige Koalition in Düsseldorf zu einem Solitär im Bundesrat geworden. Schröder und Steinbrück teilten die Auffassung: Rot-Grün sei am Ende.

Mit Müntefering wurde in jenen Tagen nicht mehr gesprochen, und erst viel später erfuhr der SPD-Vorsitzende, mit wem sich der Bundeskanzler beraten hatte.»Ich war meistens ein Alleiner«, hatte Müntefering einmal gesagt. Erst in der Woche vor der Landtagswahl soll er Kajo Wasserhövel, seinem langjährigen Mitarbeiter, der im Willy-Brandt-Haus als Bundesgeschäftsführer das Sagen hatte, mit der Bemerkung konfrontiert haben, möglicherweise müsse er einen vorzeitigen Bundestagswahlkampf organisieren. Zu den Umständen in der SPD-Parteizentrale gehörte es, dass der Generalsekretär Klaus Uwe Benneter nicht eingeweiht wurde. Erst am Abend der Landtagswahl, als alles entschieden war, setzte ihn Müntefering in Kenntnis – als die beiden im Aufzug unterwegs zum wartenden Parteivolk und den Journalisten waren. Er solle sich nicht wundern, sagte Müntefering, »gleich werde ich Neuwahlen verkünden«. Benneter wunderte sich freilich über nichts mehr. In die Geschäfte des Willy-Brandt-Hauses wurde er, sobald es wichtig wurde, nicht mehr eingebunden. Immerhin war Benneter ein alter Freund Schröders, und der erläuterte ihm später entschuldigend, warum er ihn nicht eingeweiht hatte.

An diesem Wahlsonntag erschien manchen Beteiligten die Entscheidung nur noch kurzzeitig als offen. Frühmorgens besprachen sich Schröder und Steinmeier, woraufhin der Kanzleramtschef den Eindruck gewann, noch sei nichts entschieden. Da allerdings lagen die Exit-Polls, die sich im Laufe von Wahlnachmittagen zu den 18-Uhr-Prognosen verdichten, noch nicht vor. Steinmeier redete mit Fischer. Nichts sei entschieden. Fischer solle noch einmal mit Schröder reden. Schröder hatte derweil mit Müntefering gesprochen. Das Ergebnis: Müntefering unterstützte Schröders Haltung. Die üblichen Telefonkonferenzen, auf denen die Sprachregelungen zur Bewertung von Wahlergebnissen abgesprochen werden, wurden an diesem Tag ausnahmsweise nicht abgehalten. Gegen 16 Uhr, als der Ausgang der Landtagswahl festzustehen schien, meldete sich Schröder bei Fischer. Er solle es vorher wissen: Die Bundestagswahl werde vorgezogen. Wenig später bat Müntefering die Sprecherin der Parteilinken, Andrea Nahles, in sein Büro. Er eröffnete ihr den Sachverhalt. Sie, erinnerte sich Nahles später, habe lautstark widersprochen, im Sinne eines »Das könnt ihr doch nicht machen«. Dieselben Argumente wie Steinmeier gegenüber Schröder hielt sie nun Müntefering vor. Die Wirtschaftsdaten würden sich verbessern und die Fußballweltmeisterschaft 2006 dem Wahlkampf Schröders nutzen. Es war zu spät. Für Müntefering hatte es sich ausgezahlt, dass er Nahles nicht schon früher von den Überlegungen berichtet oder nach ihrer Position gefragt hatte. Gewiss hätte sie sich mit Steinmeier besprochen und Widerstände gegen Schröders und Münteferings Pläne organisiert. Erregt und empört verließ Nahles das Büro des SPD-Vorsitzenden. Die Tür soll gescheppert haben. Ihr erster Krach mit Müntefering sei es gewesen, sagte sie später. Weitere sollten folgen.

Müntefering teilte kurz nach 18 Uhr den Journalisten und dem Parteivolk mit, was mitzuteilen war. Es gehe um das Vertrauen in die Regierung und um die Legitimierung ihrer Politik. Der Wähler müsse das Wort haben. Die Bundestagswahl solle um ein Jahr vorgezogen werden. Sie werde wohl im Herbst stattfinden. Die Leute waren perplex und überrascht. Auch herausragend wichtige Bundesminister – Struck (Verteidigung) im Urlaub, Eichel (Finanzen) daheim in Kassel – erfuhren von der Sache übers Fernsehen. Horst Köhler, dem Bundespräsidenten, erging es ebenso, was aber daran lag, dass Schröder ihn nicht erreicht hatte. Erst kurz vor 20 Uhr, ehe Schröder seinerseits den Neuwahl-Beschluss in einer Erklärung im Kanzleramt offiziell bekannt gab, wurde Köhler telefonisch in Kenntnis gesetzt. Informelle Hinweise des Kanzlers an das Staatsoberhaupt hatte es in den Wochen davor nicht gegeben. Es entsprach Köhlers Amtsverständnis, dass er darüber nicht amüsiert war.

Sonderlich gut standen Kanzler und Präsident ohnehin nicht zueinander. Köhler war nicht Schröders Kandidat für das Präsidentenamt gewesen, noch dazu war der ehemalige FDP-Pressesprecher Martin Kothé zum Sprecher des Bundespräsidialamtes berufen worden. Als Schröder und Müntefering im Herbst 2004 planten, der Tag der Deutschen Einheit solle nicht mehr am 3. Oktober, sondern am vorangehenden Sonntag begangen, als nationaler Feiertag folglich abgeschafft werden, war ihnen Köhler in die Parade gefahren. Er schrieb einen Brief, der auch zur Veröffentlichung und als Stellungnahme in einer heftig geführten öffentlichen Debatte gedacht war. »Es können überzeugendere Wege gefunden werden, um auch durch einen zusätzlichen Arbeitstag zur Konsolidierung der Staatsfinanzen beizutragen«, schrieb Köhler. Schröder pflegte derlei Vorkommnisse nicht zu vergessen. Am Tag nach Bekanntgabe der Neuwahl-Entscheidung waren Schröder und Steinmeier dann bei Köhler im Bundespräsidialamt und unterrichteten den Bundespräsidenten über Gründe und Hintergründe. Dass hernach berichtet wurde, Schröder habe sein Vorgehen Köhler gegenüber mit Erpressungsversuchen der SPD-Linken begründet, führte zu Aufregungen im aufgewühlten Berlin. Manche SPD-Linke waren über die vermeintliche Begründung Schröders empört und wollten sich damit auch gegen die Darstellung wenden, sie hätten Schröder gestürzt. Zwischen Bundespräsidialamt und den Leuten des Kanzleramtes wurde gestritten, wer für die Indiskretion über das vertrauliche Gespräch verantwortlich sei.

Wie zuletzt 1982 Helmut Kohl wollte nun die SPD-Spitze die vorgezogene Bundestagswahl über den Artikel 68 des Grundgesetzes, die sogenannte Vertrauensfrage, herbeiführen. Weil das Grundgesetz ein Selbstauflösungsrecht des Bundestages nicht vorsieht und dem Kanzler auch nicht wie etwa dem britischen Regierungschef das Instrument zur Hand gibt, von sich aus Wahlen anzusetzen, blieb kein anderer Weg. Der Bundespräsident wurde gebraucht. »Findet ein Antrag des Bundeskanzlers, ihm das Vertrauen auszusprechen, nicht die Zustimmung der Mehrheit des Bundestages, so kann der Bundespräsident auf Vorschlag des Bundeskanzlers binnen einundzwanzig Tagen den Bundestag auflösen«, heißt es im Grundgesetz.

Köhler stand vor derselben Frage wie 1982 Bundespräsident Karl Carstens. Wie damit umgehen, wenn die Vertrauensfrage vom Kanzler nur benutzt wird, sodass gerade die Abgeordneten des Bundestages, die ihm vertrauen, das Vertrauen verweigern? Andererseits hatten sämtliche im Bundestag vertretenen Parteien den Wunsch, die Legislaturperiode zu verkürzen. CDU,

CSU und FDP wollten es in der Hoffnung, alsbald selbst eine Koalition bilden zu können und den Kanzler zu stellen. Die Umfragen und die zurückliegenden Erfolge in Landtagswahlen sprachen dafür, dass Angela Merkel und FDP-Chef Guido Westerwelle nach der Wahl eine Mehrheit im Bundestag bilden könnten. Die SPD-Spitze wollte es, um eine neue Legitimation für ihre Politik zu erhalten und auch um den innerparteilichen Widerstand in die Schranken zu weisen.

Freilich hatte Schröders und Münteferings Begründung zum Einleiten der Neuwahl eine erhebliche Schwäche. Die Mehrheit von Union und FDP im Bundesrat, so hatten die beiden Sozialdemokraten angeführt, mache der rot-grünen Koalition das Regieren unmöglich. Gleichwohl gedachten sie einen Wahlkampf mit dem Ziel zu führen, abermals eine rot-grüne Regierung zustande zu bringen. Zwar wurde in Teilen der SPD und bei den Grünen auf diesen Widerspruch hingewiesen, doch ging dies im Getöse des Vorwahlkampfes unter. Schröder und Müntefering auf der einen, Merkel und Stoiber und Westerwelle auf der anderen Seite wollten alle »Neuwahlen«. Widerstand war zwecklos.

Die Bundestagsdebatte über Schröders Vertrauensfrage spiegelte diese Verhältnisse wider. Ohne eine neue Legitimation des Volkes könne er seine Politik nicht erfolgreich fortsetzen, sagte Schröder. Merkel und Westerwelle kritisierten pflichtgemäß die rot-grüne Regierungsarbeit, unterstützten aber den von der SPD-Spitze eingeschlagenen Weg. Natürlich kündigten sie an, Schröder das Vertrauen nicht auszusprechen. Müntefering wiederum verteidigte das Neuwahl-Projekt ebenso wie die Arbeit der rot-grünen Koalition. Er gab bekannt, sich in der Abstimmung der Stimme zu enthalten und auf diese Weise das Vorziehen der Bundestagswahl zu ermöglichen. Außenminister Fischer sagte einerseits, die Grünen hätten gerne die Regierungszusammenarbeit mit der SPD fortgesetzt. Andererseits sei es die Entscheidung Schröders und der SPD, jetzt die Vertrauensfrage zu stellen, wenn sie ihre Mehrheit nicht mehr als »voll belast-bar« empfänden. »Die Deutschen wollen jetzt wählen«, sagte er. Gesine Lötzsch, eine von zwei direkt in den Bundestag gewähl-ten PDS-Abgeordneten, rief: »Wir freuen uns auf Neuwahlen.« Für Aufsehen sorgte Werner Schulz, ein Abgeordneter der Grünen aus Sachsen, der sich 1989 zunächst in der DDR im Neuen Forum engagiert hatte. Seinen oppositionellen Furor hatte er behalten. Er werde sich an der Abstimmung nicht be-teiligen. »Was hier abläuft, ist ein inszeniertes, ein absurdes Geschehen.« Eine »unechte Vertrauensfrage« Schröders sei es. Der Kanzler wolle gar kein Vertrauen, schimpfte er. Von einem »Tiefpunkt der demokratischen Kultur« sprach Schulz. Das An-sehen des Parlaments werde beschädigt. Viel Beifall von den Grünen erhielt Schulz, viel Beifall aber auch von denen, die sich vom Vorgehen Schröders einen Regierungswechsel verspra-chen: aus den Reihen von CDU/CSU und FDP nämlich. Das Er-gebnis war eindeutig. Von den 595 sich an der namentlichen Abstimmung beteiligenden Abgeordneten sprachen 151 Schrö-der das »Vertrauen« aus. Sie stammten vor allem aus dem lin-ken Flügel der SPD-Fraktion; auch der größte Teil der Grünen zählte dazu. 296 Abgeordnete – jene von CDU/CSU, FDP und PDS – stimmten mit Nein. 148 Abgeordnete enthielten sich der Stimme; Schröder, Müntefering und die Bundesminister der SPD waren ebenso darunter wie der große Block ihrer Anhän-ger in der SPD-Fraktion. Auch die Regierungsmitglieder der Grünen – Joseph Fischer, Renate Künast und Jürgen Trittin – enthielten sich der Stimme. Sie wollten sich Schröders Wunsch, kein Vertrauen zu bekommen, nicht widersetzen. Es war ver-quer: Wer »gegen« Schröder war, stimmte »für« ihn. Wer »für« Schröder war, stimmte »gegen« ihn.

Dass sich Horst Köhler – wie einst Karl Carstens – dem Wunsch des Bundeskanzlers und dem Votum des Bundestages beugen würde, wurde allgemein erwartet. Schröder machte dies in der Bundestagsdebatte deutlich. Er sei sicher, dass der Bundespräsident die »richtige Entscheidung« treffen werde, sagte er. Die Verfassungsformel, im Falle des Falles »kann« der Bundespräsident den Bundestag auflösen, er könnte es also auch nicht, erwies sich im Alltag konkreter Politik abermals als Schimäre. Und wie zu Beginn der Kanzlerschaft Kohls wurde auch 2005 die Entscheidung des Bundespräsidenten, den Bundestag aufzulösen, vom Bundesverfassungsgericht gedeckt. Carstens hatte damals verfassungsrechtliche Bedenken gehabt, und nun auch Köhler. Doch blieb ihm nur ein Mittel, seine Zweifel und Bedenken deutlich zu machen: Köhler schöpfte die im Grundgesetz genannte 21-Tage-Frist voll aus. »Doch sehe ich keine andere Lagebeurteilung, die der Einschätzung des Bundeskanzlers eindeutig vorzuziehen ist«, sagte er dann zur Begründung seiner Entscheidung. »In meiner Gesamtabwägung komme ich zu dem Ergebnis, dass dem Wohl unseres Volkes mit einer Neuwahl jetzt am besten gedient ist.«

# Amtswechsel

Der Spruch Franz Münteferings »Jeder Wahlkampf ist ein Unikat« wurde belächelt – als schiere Selbstverständlichkeit. Nie zuvor aber hat sich die Allerweltsweisheit so bewahrheitet wie in jenem Sommer 2005. Abermals schien es zu Beginn des Wahlkampfes, als sei das Ergebnis klar. Die Prognosen sagten voraus, dieses Mal werde es zu einer schwarz-gelben Koalition kommen, zu einem Bündnis zwischen Angela Merkel und Guido Westerwelle. Die zurückhaltend erscheinende, aber, wenn es um die Macht ging, doch zupackende CDU-Vorsitzende und der jugendlich-forsche FDP-Chef galten als Traumpaar. Merkel/Westerwelle war morgen, Schröder/Fischer war gestern. Doch wieder kam es anders, als von den Demoskopen und den Medien erwartet.

Schröder führte einen Kampf gegen den Rest der Welt. Wenn seine Zeit an der Spitze von Partei und Regierung schon zu ihrem Ende kommen sollte, dann wenigstens mit einem Abgang, wie ihn die Bundesrepublik noch nie gesehen hatte. Niemand sollte ihm vorwerfen können, er habe durch das Vorziehen der Bundestagswahl seine Partei im Stich gelassen, sich in die Büsche geschlagen. Schröder kannte solche Mutmaßungen und trat ihnen entgegen. Ziel des Wahlkampfes sei es gewesen, schrieb er später, »die eigene Partei aus der Mutlosigkeit herauszuführen und zugleich umlaufenden Gerüchten entgegenzutreten, wonach ich Neuwahlen in Wirklichkeit vor allem deshalb anstrebte, weil ich einen grandiosen Abgang inszenieren wollte«. Hochmütig trat er gegen Merkel auf, besserwisserisch, wie sich einst auch der ältere Helmut Schmidt gegenüber Helmut Kohl, dem jüngeren Kontrahenten, verhalten hatte. Noch einmal riss Schröder seine Partei mit; selbst jene Genossen, die seine Politik und auch seinen politischen Stil in den Jahren zuvor kritisiert und unter ihm gelitten hatten, waren beeindruckt. Nicht bloß nebenbei war es auch ein Kampf zwischen Schröder und Oskar Lafontaine, seinem vormaligen Mitstreiter. Seit seinem Rücktritt vom SPD-Vorsitz 1999 hatte Lafontaine in Reden und in Zeitungskolumnen Schröder attackiert und der sozialen Kälte geziehen. Für die Sozialdemokraten von rechts bis links hatte er sich zum Outlaw gemacht. Brücken waren niedergerissen worden, direkte Kontakte nicht mehr zustande gekommen.

Nach der Landtagswahl von Nordrhein-Westfalen verließ Lafontaine auch förmlich die SPD. Gegen Schröders Agenda-2010-Vorhaben gab es vor allem in Ostdeutschland, aber auch links der Elbe Proteste und Demonstrationen. Im Osten gewann die PDS an Zustimmung. Im Westen bildete sich eine Gruppierung unter dem Kürzel WASG (Wahlalternative Arbeit und soziale Gerechtigkeit), der versprengte Alt-Linke und auch ehemalige Sozialdemokraten angehörten. Nicht zuletzt im Hinblick auf die vorgezogene Bundestagswahl wurde ein Wahlbündnis gebildet, mit Lafontaine als Zugpferd. Seine Aussichten, noch einmal in den Bundestag gewählt zu werden, waren nicht schlecht. Sie waren sogar gut. Bei der Europa-Wahl 2004 hatte die PDS die Fünf-Prozent-Hürde mit 6,1 Prozent locker überwunden. Noch in der Bundestagswahl zwei Jahre zuvor war sie am erforderlichen Quorum gescheitert und seitdem nur mit zwei direkt gewählten Abgeordneten im Bundestag vertreten. Dass Lafontaine zusätzliche Wähler würde gewinnen können, war zu erwarten. Er war prominent und ein guter Redner. Mit Gregor Gysi bildete er ein erfolgversprechendes Gespann. Die SPD-Strategen wussten, dass der Wahlkampf dadurch nicht leichter würde. Wo immer er konnte, warnte Schröder, so wörtlich, vor den »Populisten« von links. Ein rot-rot-grünes Bündnis nach der Bundestagswahl war für die SPD-Spitze ausgeschlossen, erstens aus Prinzip und zweitens wegen Lafontaine, dem »Verräter«. Ein Vierteljahrhundert nach der Gründung der Grünen, die sich vor allem im Widerspruch zur Regierungspolitik Helmut Schmidts gebildet hatten, war der SPD ein weiterer linker Konkurrent entwachsen.

Schröder, dem seine Kritiker stets vorgeworfen hatten, eine neoliberale Wirtschaftspolitik zu betreiben, führte einen antineoliberalen Wahlkampf. Die Beschlüsse der CDU auf deren Leipziger Parteitag vom Herbst 2003 kamen ihm gerade recht. Der Sozialflügel der CDU war dort gestutzt worden. Horst Seehofer, damals stellvertretender CDU/CSU-Fraktionsvorsitzender und ein Mann der Sozialausschüsse, war von seinem Fraktionsamt zurückgetreten, nachdem er einen Machtkampf mit Merkel in der Gesundheitspolitik verloren hatte. Der Vorwurf, die Union wolle im Bündnis mit der FDP eine Politik zugunsten der Reichen betreiben, bildete den Kern der Schröder'schen Attacken. Finanzpolitische Widersprüche im Wahlkampf der Union griff Schröder gnadenlos auf. Merkel hatte den Verfassungsjuristen Paul Kirchhof, der ein einfaches Steuerkonzept entwickelt hatte, zum Kandidaten für das Amt des Finanzministers erkoren. Doch Kirchhof mangelte es nun einmal an Erfahrungen in den Untiefen der Politik. Unglückliche Interviewäußerungen Kirchhofs ließen Merkel leise aufstöhnen. Schröder wiederum höhnte laut über den »Professor aus Heidelberg«. Eine steuerrechtliche Modellrechnung aus der CDU, wonach eine »Durchschnittssekretärin« 1,3 Kinder habe, machte Schröder zum Brüller seiner Auftritte. »Meine Zuhörer wären enttäuscht gewesen, wenn ich das unterlassen hätte«, hielt er später fest. »In diesen sieben Wochen bis zum Wahltag am 18. September habe ich den außergewöhnlichsten Wahlkampf meines Lebens durchgestanden. Ich bin an die Grenzen des körperlich Möglichen gegangen.« Nicht bloß Beobachter, sondern auch Parteifreunde Schröders glaubten, der Kanzler erliege einer

Autosuggestion, wenn er für sich einen Wahlsieg in Aussicht stellte.

Tatsächlich gab es, als das Wahlvolk aus den Sommerferien zurück war, eine Trendwende in den Umfragen. Die Mehrheit von Union und FDP schmolz dahin. Politiker von CDU und CSU hatten sogar Berichte zu dementieren, Merkel werde auf weitere »Neuwahlen« hinarbeiten, wenn der Wahltag am 18. September unklare Mehrheitsverhältnisse im Bundestag hinterließe. Schröder war begeistert. Nur ein rot-rot-grünes Bündnis schloss er aus, denn das neue Wahlbündnis um Gysi und Lafontaine bekämpfte seine Reformpolitik wie keiner sonst. Welche Koalition er stattdessen bilden wolle, ließ er offen. »Das werden die Wählerinnen und Wähler entscheiden.« Und: »Ich rede nicht über Koalitionen und werde bis zum Ende des Wahlkampfes auch nicht drüber reden.« Andere Sozialdemokraten taten es doch. Steinbrück brachte eine große Koalition mit den Unionsparteien ins Gespräch, Sigmar Gabriel eine rot-gelb-grüne Regierung. Westerwelle wiederum schloss für die FDP ein Bündnis mit SPD und Grünen aus. Fischer versicherte für die Grünen, für Rot-Rot-Grün nicht zur Verfügung zu stehen. Merkel baute schon einmal vor – klugerweise, wie sich erweisen sollte. Falls es nicht für eine Koalition aus Union und FDP reiche, würde das nicht nur an ihr, der Spitzenkandidatin, liegen, sondern an allen Beteiligten.

Der Ausgang der Wahl wurde zum Menetekel für die Bindekraft der beiden Volksparteien. Wie drei Jahre zuvor blieben Union und SPD unter 40 Prozent – dieses Mal aber noch deutlicher als 2002. Erstmals seit 1949 war eine Konstellation entstanden, in der ausschließlich Union und SPD mit einem Zweierbündnis eine Majorität erreichen konnten. 35,2 Prozent der Stimmen waren auf die Unionsparteien entfallen, 34,2 Prozent auf die SPD. Die FDP kam auf 9,8 Prozent, die Linke auf 8,7 Prozent und die Grünen auf 8,1 Prozent. Union und FDP hatten – wegen der Verluste von CDU und CSU – ihr Ziel verfehlt, eine schwarz-gelbe Koalition zu bilden. SPD und Grüne hatten beide Stimmen verloren und mussten zugeben, als Koalition abgewählt worden zu sein. Die Wahrnehmungen in den Parteizentralen konnten unterschiedlicher kaum sein. Das Entsetzen in der CDU wurde durch den Umstand gemildert, erstmals seit 1998 wieder die stärkste Kraft im Bundestag zu stellen. Die Grünen hatten zwar ein wenig verloren und wussten, aus der Bundesregierung ausgeschieden zu sein, hatten aber mit viel größeren Verlusten gerechnet. Die FDP hatte das Ziel verfehlt, mit der Union regieren zu können, war dafür aber stark wie lange nicht mehr im Bundestag vertreten. In der SPD wiederum machte sich eine von Schröder und Müntefering gesteuerte Euphorie breit. Weil zu Beginn des Wahlkampfes Umfragen die SPD bei 24 Prozent gesehen hatten, wurden die erreichten 34 Prozent als Sieg gefeiert.

Wahrscheinlich hätte im Falle eines Ergebnisses unter 30 Prozent Franz Müntefering als SPD-Vorsitzender in die »Berliner Runde« von ARD und ZDF gehen müssen. So war es zwischen ihm und Schröder abgestimmt. Als das Endergebnis erheblich besser geriet und am frühen Abend Hochrechnungen sogar nahelegten, die SPD könnte abermals stärkste Kraft werden, war klar: Schröder, Kanzler und Kanzlerkandidat, würde seine Partei vertreten. Und sich selbst. Ein Auftritt wurde es, der diese 45 Minuten zu einer Kultsendung werden ließ. Schröder stilisierte sich zum Wahlsieger und zum künftigen Bundeskanzler. Was und wer denn sonst? Die beiden Moderatoren, Nikolaus Brender vom ZDF und Hartmann von der Tann von der ARD, bekamen, könnte man sagen, ihr Fett weg. Falsche Fragen, dumme Fragen. Merkel künftige Bundeskanzlerin? Man müsse »die Kirche doch mal im Dorf lassen«. Die SPD habe gewonnen und er werde Kanzler bleiben, rief der kaum zu unterbrechende Kanzler. Er werde ihn nur noch als »Herr Schröder« anreden, sagte Brender. Darauf Schröder: »Sie können auch Otto zu mir sagen.« Merkel schaute ungläubig und indigniert drein. Fischer schüttelte den Kopf. Westerwelle fragte, was Schröder vor der Sendung gemacht habe, und meinte damit, was er getrunken habe. Tee und Wasser, wurde alsbald von der SPD-Spitze treuherzig versichert. Im Willy-Brandt-Haus wurde die Sendung mit leicht gebrochener Begeisterung verfolgt. Einerseits: Merkel sei es einmal ordentlich gezeigt worden. Andererseits: Schröder sei nicht als Staatsmann aufgetreten. »Aber ich wollte nicht«, gab er zum Besten, als er zurück bei den Seinen war. Von einem Wahlkampf sprach er, wie es ihn gegen die »Macht der vermachteten Medien« noch nie gegeben habe. In den rauchgeschwängerten Saal rief er hinein: »Beugt euch nicht dem Machtanspruch der anderen Seite.« Und noch einmal: »Beugt euch nicht.« Jubel.

Frank Schirrmacher, damals Mitherausgeber der *Frankfurter Allgemeinen Zeitung*, setzte sich mit dem Auftritt Schröders auseinander. »Der kalte Grusel, den der Bundeskanzler bei seinem vorgestrigen Fernsehauftritt in der ›Berliner Runde‹ bei uns auslöste, hatte wirklich mit Gespenstern zu tun. Diese Gespenster sahen wir. Angeblich, sagen die, die es wissen müssen, handele es sich nicht um Gespenster, sondern um Endorphine. Mit den Endorphinen nämlich sei es folgendermaßen bestellt: dass sie in ihrer Wirkung dem Opium verwandt seien, man sie auch die Drogen des Körpers nenne, die beispielsweise der Grund dafür seien, warum manche schwerverletzte Menschen zunächst keine Schmerzen verspürten, vielmehr in Euphorie verfielen. Die Endorphinausschüttung bei Schröder müsse bereits bei der Rede im Willy-Brandt-Haus auf Hochtouren gelaufen sein. Der Stress der nachfolgenden Fernsehsendung habe dann die bekannten Verhaltensauffälligkeiten hervorgerufen. Merkwürdig an der Sache ist ja nicht, dass Gerhard Schröder einen Sieg genießt. Merkwürdig ist, dass er ein historisch beispiellos jämmerliches Wahlergebnis in dieser Weise genießt. Die Antwort müsste, zumindest was die Endorphine angeht, lauten: Schröder ist so euphorisch, weil der Schmerz übermäßig ist.«

Immerhin: Schröder las den Artikel Schirrmachers. Am Tag danach sprach ich mit ihm. Merkel könne aus dem Wahlergebnis keinen Machtanspruch ableiten, bemerkte er. »Das musste mal deutlich gesagt werden.« Ob sein Auftritt im Fernsehen der Bildung einer großen Koalition im Wege stehe? »Weiß ich nicht.« Wie es weitergehe? »Weiß ich auch nicht.« Gelassenheit und eine Zigarre. Was eigentlich Endorphine seien, fragte er Béla Anda, seinen Sprecher. Der wusste es auch nicht so recht. Merkel sicherte sich derweil ihre Machtbasis. Sie ließ sich abermals zur Vorsitzenden der CDU/CSU-Fraktion wählen. Vermutungen und Kalkulationen wurden sogar verbreitet, Schröders Auftritt habe ihr das politische Überleben gesichert, letztlich also auch die Möglichkeit, als erste Frau an der Spitze einer Bundesregierung zu stehen. Längere Zeit dauerte es, bis Schröder auch öffentlich eingestand, es werde zu einer großen Koalition unter Führung einer Bundeskanzlerin Angela Merkel kommen, ohne ihn natürlich. Zu Beginn nahm der scheidende Kanzler noch an den Koalitionsverhandlungen teil, die – was ebenfalls ungewöhnlich war – zunächst einmal der Verteilung der Ressorts galten. Über politische Inhalte sollte erst später geredet werden.

Nur kurze Zeit versuchte die SPD, die Rolle als stärkste im Bundestag vertretene Partei zu beanspruchen und damit auch das Amt des Bundeskanzlers sowie, nicht ganz nebenbei, auch das des Bundestagspräsidenten. Als argumentatives Hilfsmittel diente der Hinweis, CDU und CSU seien zwei Parteien. Müntefering schrieb einen entsprechenden Brief an die anderen Parteivorsitzenden. 27,8 Prozent habe die CDU bekommen, 9,8 Prozent die FDP, 8,1 Prozent die Grünen, 7,4 Prozent die CSU – die SPD aber 34,3 Prozent. Schlussfolgerung des SPD-Vorsitzenden: »Wir sind eindeutig stärkste Partei.« Ob es eine Bedingung für die Verhandlungen sei, Schröder müsse Kanzler bleiben, wurde Müntefering gefragt. »Das haben wir ja gestern Abend deutlich gesagt«, lautete die Antwort. Schon häufiger

*Jeder Ex-Kanzler hat das Recht, sich porträtieren und das Bild im Kanzleramt hängen zu lassen. Schröder, hier im Juli 2007 schon fast zwei Jahre nicht mehr im Amt, zu Merkel: Ein Platz zum Hängen ist noch frei.*

hatten sich führende Sozialdemokraten darüber geärgert, dass Vertreter der CSU etwa in den »Elefantenrunden« des Fernsehens auftreten könnten, obwohl sie doch bloß für eine bayerische Regionalpartei sprachen. Die Union aber sei auf diese Weise bei derlei Veranstaltungen gleich mit zwei Politikern vertreten. Doch wurde diese Position auch im Herbst 2005 nicht lange gehalten, und schon bald akzeptierte die SPD-Führung – wie nach allen Wahlen zuvor – die gemeinsame Fraktion von CDU und CSU, in diesem Falle mit der Konsequenz, auf das Kanzleramt verzichten zu müssen.

Ziemlich bald schon wurde versichert, die Parteivorsitzenden Merkel und Müntefering verstünden sich gut und hätten Vertrauen aufgebaut. Das mag auch an den Örtlichkeiten des Jakob-Kaiser-Hauses, einem der Bürogebäude des Bundestages, gelegen haben. Ihre Büros als Fraktionsvorsitzende lagen übereinander, sie konnten sich unbemerkt über ein rückseitig gelegenes Treppenhaus besuchen. Rasch waren die Grundzüge des neuen Bundeskabinetts geklärt. Alle drei Parteivorsitzenden sollten ihm angehören: Merkel als Bundeskanzlerin, Müntefering als ihr Stellvertreter (vulgo: Vizekanzler) und Arbeitsminister, Stoiber, der amtierende bayerische Ministerpräsident, als Wirtschaftsminister, der zudem für Bereiche der Forschungspolitik zuständig sein sollte. Müntefering konnte zufrieden konstatieren, die Interessen der SPD und ihren Anspruch, sich gegenüber den Unionsparteien »auf Augenhöhe« zu befinden, durchgesetzt zu haben. Der Verhandlungskniff des Sozialdemokraten war einfach. Nachdem Merkel als Erste das Amt der Bundeskanzlerin »gezogen« hatte, durfte er anschließend zwei Posten wählen. Er nahm das Auswärtige Amt und das Finanzministerium, wissend, dass die Unionsseite der SPD gleichwohl das geliebte Arbeits- und Sozialministerium nicht wegschnappen, sondern dem SPD-Vorsitzenden überlassen würde.

Fein austariert sollte das Kabinett sein. Politische wie regionale Proporze wurden berücksichtigt. Weil Roland Koch, hessischer Ministerpräsident und Landesvorsitzender, nicht unter Merkel in die Bundesregierung eintreten wollte, was diese mit Erleichterung zur Kenntnis nahm, wurde Franz Josef Jung, Kochs hessischer Weggefährte, Verteidigungsminister. Für den erfahrenen Wolfgang Schäuble erschien angesichts der Umstände das Innenministerium als einzig adäquates Ressort. Thomas de Maizière, den Merkel schon bei den Verhandlungen über die Vereinigung Deutschlands 15 Jahre zuvor kennengelernt hatte und schätzte, wurde Kanzleramtsminister. Die übrigen beiden CDU-Ministerien gingen an zwei Frauen: Ursula von der Leyen amtierte fortan als Ministerin für Jugend, Familie und Frauen, Annette Schavan, auch sie eine Merkel-Vertraute, als Bildungs- und Forschungsministerin. Stoiber setzte durch, dass Horst Seehofer das für die CSU stets wichtige Landwirtschaftsministerium erhielt. Müntefering machte vier Politiker aus dem alten Schröder-Lager zu Bundesministern: Frank-Walter Steinmeier, bislang Schröders Kanzleichef, bekam das Außenministerium. Peer Steinbrück wurde das, was er früher schon einmal in Nordrhein-Westfalen gewesen war: Finanzminister. Brigitte Zypries blieb Justizministerin, Ulla Schmidt Gesundheitsministerin. Sigmar Gabriel, immer noch das Talent aus Niedersachsen, leitete das Umweltressort, und die SPD-Parteilinke Heidemarie Wieczorek-Zeul behielt das Entwicklungshilfeministerium. Alle schienen zufrieden. Bloß Schavan versuchte, Stoibers Forderungen nach Kompetenzen aus ihrem Forschungsministerium Einhalt zu gebieten. Merkel ließ sie nicht hängen.

Alle Personalangelegenheiten waren geklärt, außer einer: der Funktion des SPD-Generalsekretärs. Die im Grunde einfache Sache lag in den Händen Franz Münteferings, des Verhandlungsführers und Vorsitzenden der SPD, der mit seiner Methode »Politik ist Organisation« alles im Griff zu haben schien. Klaus Uwe Benneter, seit Schröders Rückzug aus dem Parteivorsitz Generalsekretär, hatte angekündigt, sich auf dem bevorstehenden Parteitag für das Amt nicht mehr zu bewerben. Das war verständlich. Müntefering selbst und der ihm ergebene Bundesgeschäftsführer Kajo Wasserhövel hatten Benneter nicht viel Handlungsfreiheit gelassen. Benneter spielte, wie er wusste und mit ironischen Bemerkungen versehen auch akzeptierte, keine Rolle. Allenfalls für Pressekonferenzen wurde er gebraucht. Müntefering aber, der nun die Doppelfunktion Vizekanzler/SPD-Vorsitzender auszufüllen hatte, legte Wert auf einen Vertrauten an der Spitze des Willy-Brandt-Hauses. Natürlich dachte er an Wasserhövel, der de facto die Rolle des Generalsekretärs bereits innehatte. Doch Müntefering redete wenig darüber, wie immer, wenn es um Personalien ging.

Nachdem sich im Laufe der vergangenen Monate im Vorstand schon Unmut gegen Müntefering und seine oft einsamen Entscheidungen aufgebaut hatte, meldete sich Andrea Nahles,

133

die Sprecherin der SPD-Linken, zu Wort. Soeben hatte sie ihren Sitz im Bundestag zurückgewonnen. Nahles war mit ihren 35 Jahren noch jung, gehörte aber schon dem SPD-Präsidium an. Ehrgeizig war sie und auch durchsetzungsfähig. In ihrer nun ein paar Jahre zurückliegenden Zeit als Vorsitzende der Jungsozialisten hatte sie vielfältige Verbindungen mit der Parteibasis geknüpft. Nach Schröder war sie 1998 die erste Juso-Vorsitzende gewesen, die es in den Bundestag schaffte. Nahles kündigte an, sich um das Amt des Generalsekretärs bewerben zu wollen. Eine Fülle von Gesprächen wurde geführt, Telefonkonferenzen auch. Die Befürworter einer Verjüngung an der Parteispitze führten ins Feld, dass gerade in Zeiten einer großen Koalition das eigenständige Profil der SPD deutlich gemacht werden müsse. In ihren Augen war Nahles genau die Richtige. Nahles wollte antreten. Müntefering hielt an Wasserhövel fest. Im SPD-Präsidium gab es kein Einvernehmen.

Am 31. Oktober sollte, wie es die Satzung der SPD vorsieht, der Vorstand über eine Wahlempfehlung entscheiden. Das Ergebnis war deutlich und für Müntefering niederschmetternd. In einer geheimen Abstimmung votierten 23 Vorstandsmitglieder für Nahles, nur 14 waren auf Seiten Münteferings und gaben Wasserhövel ihre Stimme. Müntefering trat vom Amt des Parteivorsitzenden zurück und wünschte Nahles »viel Glück«. Die Vorstandsmitglieder waren verblüfft. In den Tagen davor hatten sie den Eindruck gewonnen, Müntefering würde die Nominierung von Nahles akzeptieren. Er hatte, so ihr Eindruck, die Personalie des SPD-Generalsekretärs nicht mit seiner eigenen Person und Zukunft verknüpft. Auch Nahles selbst sah das so. Doch rasch entschied sie sich, unter den obwaltenden Umständen auf das Parteiamt zu verzichten.

Einen Tag später gab Edmund Stoiber bekannt, er werde auf den ihm zugedachten Posten des Bundeswirtschaftsministers verzichten. Stoiber hatte schon seit Tagen hin und her überlegt, welches Amt und welche Aufgabe schöner sei: Kabinettsmitglied unter Angela Merkel in Berlin oder Regierungschef des Freistaats Bayern in München. Der Rücktritt Münteferings vom SPD-Vorsitz kam Stoiber gerade recht. Die »Geschäftsgrundlage« seines Umzuges nach Berlin sei entfallen, wenn nicht die Vorsitzenden aller drei Koalitionsparteien am Kabinettstisch säßen. Der CSU-Vorsitzende entschied sich, auch familiärer Wünsche wegen, für München. Lieber dort der Erste als in Berlin der Dritte.

# Egomanen
# und Unprätentiöse

Die Wende von 2005 an der Spitze der Bundesregierung zog einen Stilwechsel in Rhetorik, öffentlichem Auftreten und Führungsverhalten des politischen Spitzenpersonals nach sich. Merkel, als erste Bundeskanzlerin besonders im Fokus stehend und bald auch stilbildend, war ein gänzlich anderer Typ als Schröder. Schröder war stets laut, Merkel meistens leise. Schröder war mal überbordend nett und zuvorkommend, mal in boshafter Art abweisend. Merkel war zurückhaltend, dabei gleichbleibend höflich und freundlich. Schröders Führungsstil war männlich-dominant, Merkels Führungsverhalten moderierend. Schröder repräsentierte das Amt des Bundeskanzlers. Merkel tat sich, vor allem zu Beginn ihrer Amtsjahre, schwer mit der Repräsentation. In den eigenen Reihen wurde ihr vorgehalten, sie müsse die Bedeutung ihrer Aufgabe auch öffentlich darstellen. Wenn Schröder sagte, eine Angelegenheit sei »alternativlos«, dann hörte sich das nach unbedingtem Machtwillen (»Basta«) an. Wenn Merkel von »Alternativlosigkeit« sprach, klang es nach dem Für-und-Wider-Abwägen einer Naturwissenschaftlerin. Schröder trug die Attitüde des »Hoppla, jetzt komm' ich« vor sich her, Merkel die eines »Ich bin auch da«. Schröder sagte, was er durchsetzen wollte, Merkel verbarg ihre Ziele hinter dem Umschreiben von Möglichkeiten und Machbarem. Schröder polarisierte, Merkel nicht. Schröder trat gerne als politischer Generalist auf, Merkel wollte Spezialistin auf allen Gebieten sein.

Wenn Schröder sich in Hintergrundgesprächen mit Berliner

Journalisten präsentierte – statusgemäß mit den für die »große Politik« zuständigen Büroleitern von Zeitungen, Funk und Fernsehen –, dann ging es immer um das große Ganze und um die Mächtigen der Welt. Merkel führte den gleichen Kreis von Zuhörern auch mal in das Klein-Klein der Gesundheitspolitik ein, selbst wenn das nur mäßig interessant und bedeutsam erschien. Schröder pflegte entweder kumpelhaft oder herrisch aufzutreten – je nach Befindlichkeit und Umständen. Zur Charakterisierung ihrer Umgangsformen wurde Merkel gerne »Mutti« genannt, die sich um alles und alle kümmere. Im Laufe der Jahre ist von »Mutti« im politischen Gewerbe nicht mehr viel übrig geblieben. Merkel ging zum Wegweisen über. Auf Fotos mit in- und ausländischen Gesprächspartnern präsentierte sie die immer gleiche Geste: Ihr Zeigefinger sollte zeigen, wo es langgehe und wer das Sagen habe. Nur auf den sogenannten Bürgerdialogen, wo Merkel sich als Zuhörerin geben und beweisen wollte, war bis zuletzt das »Muttihafte« zu erkennen.

Der Stilwechsel im Kanzleramt wirkte sich nicht nur auf die Bundespolitik aus. Auf den unteren Ebenen war fortan ein neuer Typ von Politiker gefragt: der Verwaltungsfachmann, die Verwaltungsfachfrau. In Köln wurde die parteilose Kommunalbeamtin Henriette Reker zur Oberbürgermeisterin gewählt. Auch die Oberbürgermeister von Frankfurt, Peter Feldmann, und München, Dieter Reiter, beides Sozialdemokraten, haben im Vergleich zu ihren Vorgängern das Image von Behördenleitern. Thomas Geisel (SPD) war vor seiner Wahl zum Düsseldorfer Oberbürgermeister in der Energiewirtschaft tätig. Der Wechsel im Amt des Regierenden Bürgermeisters von Berlin – von Klaus Wowereit zu Michael Müller – ist ebenfalls Ausdruck dieser Entwicklung. Politische Ansprüche, die über den engeren Bereich der Kommunalpolitik hinausgingen, stellten sie in der Regel nicht. In ihren Parteien spielten sie keine größere Rolle, häufig nicht einmal auf Landesebene. Zu verzeichnen ist eine Entpolitisierung, mindestens aber eine Entideologisierung kommunaler Politik. Der Beamte trat an die Stelle des Politikers.

Auch an der Spitze der Landesregierungen vollzog sich diese Entwicklung. In Schleswig-Holstein wurde 2012 Torsten Albig (SPD) Ministerpräsident. Albig war zuvor viele Jahre im Apparat des Bundesfinanzministeriums und später in der Kommunalpolitik der Landeshauptstadt Kiel tätig gewesen. Albig verlor die Landtagswahl 2017 nicht seiner Arbeit als Regierungschef wegen, sondern wegen überheblichen Auftretens gegenüber dem jungen Daniel Günther (CDU). Weniger noch als sein Vorgänger lässt sich Günther auf irgendeine politische Strömung in seiner Partei festlegen; er bildete eine Jamaika-Koalition aus CDU, FDP und Grünen. Den ostdeutschen CDU-Landesverbänden empfahl er sogar, Bündnisse mit der Linkspartei nicht gänzlich auszuschließen. Auch Hannelore Kraft (SPD), 2010 bis 2017 Ministerpräsidentin von Nordrhein-Westfalen, die fast Merkel-gleich als Kümmerin in Erscheinung trat, verlor ihr Amt vor allem aufgrund handwerklicher Fehler. Der Pragmatiker Stephan Weil (SPD) war vor seiner Wahl zum niedersächsischen Ministerpräsidenten Oberbürgermeister von Hannover gewesen. Roland Koch (CDU), hessischer Ministerpräsident, der gerne als konservativer Haudegen – fast als Letzter seiner Art – auftrat, schied aus der Politik aus. Sein Nachfolger Volker Bouffier, dem zunächst ein ähnlicher Ruf anhing, legte das alte Image umgehend ab und bildete alsbald eine schwarz-grüne Koalition, ein Vorgang, der zu Kochs Zeiten als völlig undenkbar erschienen war. Bouffier wandelte sich zum Landesvater. In Baden-Württemberg verlor der jugendlich-robuste Ministerpräsident Stefan Mappus (CDU), eine jüngere Ausgabe von Roland Koch, die Landtagswahl und das Ministerpräsidentenamt ausgerechnet an Winfried Kretschmann von den Grünen. Kretschmann selbst entsprach der neuen Entwicklung: eher unideologisch, Mitglied im Zentralkomitee der deutschen Katholiken. Nach einer grün-roten Regierung bildete er eine grün-schwarze Koalition im strukturell konservativen Baden-Württemberg. Merkels Adepten?

Bisweilen schimpften die Landesherren, etwa weil Ministerpräsidenten-Konferenzen bei der Kanzlerin zu diesem oder jenem Thema schlecht vorbereitet gewesen seien. Die Schuld dafür aber gaben sie lieber dem Chef des Bundeskanzleramtes als der Bundeskanzlerin persönlich. Sie schätzten Merkels unprätentiösen und sachbezogenen Stil. Jede Generation habe »ihren« Bundeskanzler, hat Ursula von der Leyen einmal geäußert – vielleicht auch nur, um ihren eigenen Ehrgeiz auf das Kanzleramt zu kaschieren. Doch von der Leyens Anmerkung machte das Ansehen Merkels deutlich. Ihr Arbeitsstil war sogar unter Spitzenpolitikern anderer Parteien akzeptiert. Merkel sei verlässlich, fanden sie.

Mit Kollegen dieser neuen Art arbeitete Merkel gern zusammen. Natürlich achtete sie auf ihre Interessen – in Verhandlungen, Wahlkämpfen und auch innerparteilichen Auseinandersetzungen. Doch bei Merkel sah es nur selten nach persönlichem Streit aus. Nie würde sie in Wahlkämpfen behaupten, ihr Gegenkandidat »kann es nicht« oder sei charakterlich völlig ungeeignet. »Ich unterschätze meine Mitbewerber nie«, versicherte sie vor der Bundestagswahl 2017 im Deutschlandfunk. »Ich schätze meine Mitbewerber.« Das mochte Masche sein und einstudiertes Verhalten. Es wirkte aber authentisch – und war, wie sich zeigte, erfolgreich. Es wird sogar erzählt, Merkel habe in einer internen CDU-Runde einmal gebremst, als man sich über ihren Vorgänger Schröder lustig machte. Sieben Jahre Bundeskanzler zu sein sei eine große Leistung, mahnte sie. Anders als Kohl und Schröder bewertete Merkel die Qualität anderer Spitzenpolitiker nicht in erster Linie nach Parteizugehörigkeiten. Das kam auch in der Beweglichkeit ihrer Vorstellungen von Politik im Allgemeinen und von Regierungsbildungen im Besonderen zum Ausdruck. Kein Bundeskanzler vor ihr hatte Koalitionen mit unterschiedlicher parteipolitischer Zusammensetzung ange-

*Schröder und Fischer prägten eine neue Generation in der Politik:*
*Im Kampf gegen das Establishment, gegen Schmidt und gegen Kohl*
*hatten sie sich durchgesetzt – und genossen 1998 den Erfolg.*

führt: große Koalition, Schwarz-Gelb, große Koalition. Auch mit
den Grünen hatte sie eine Koalition bilden wollen, freundlich
und pragmatisch.

Die Vor-Merkel-Generation war anders. »Ich war einer der
letzten Live-Rock'n'Roller der deutschen Politik. Jetzt kommt
in allen Parteien die Playback-Generation«, hatte Joseph Fischer, von Anfang an die rhetorische Speerspitze der Grünen,
seinen Ausstieg aus der Politik eingeleitet – bald nach dem Ende
der rot-grünen Koalition im Herbst 2005, als klar war, dass von
nun an Angela Merkel Bundeskanzlerin sein würde. In seinen
parlamentarischen Frühzeiten in Bonn hatte Fischer dem dienst-
habenden Sitzungsleiter des Bundestages, Richard Stücklen
(CSU), ein »mit Verlaub, Herr Präsident, Sie sind ein Arschloch«
zugerufen, was sich bloß deshalb nicht in den Protokollen des
Parlaments findet, weil Stücklen wegen eines von den Grünen

angerichteten Tohuwabohus die Sitzung unterbrochen hatte. So war Fischer eben, und so wollte er sich sehen: Nicht nur als Außenminister, sondern auch als »Straßenkämpfer« aus vorparlamentarischen Frankfurter Zeiten. Er und seine Freunde in der Grünen-Fraktion waren von Antje Vollmer, der späteren Bundestagsvizepräsidentin, als »Fischer-Gang« bezeichnet worden, sozusagen als sanftere Nachfolgerin der Frankfurter »Putztruppe«. Auf eine Stufe mit den ganz Großen der politisch-parlamentarischen Auseinandersetzungen wurde er gestellt: mit Herbert Wehner, der seine Gegner verbal massakrierte, oder Franz Josef Strauß, dessen Stimme sich überschlug, wenn er über den Sozialismus sprach, oder mit Helmut Schmidt, der vor seinem Einzug in die Weltpolitik »Schmidt-Schnauze« hieß. Und nun Angela Merkel mit ihrer Bemerkung: »Ich will dienen, ich will Deutschland dienen.« Damit er nicht in Vergessenheit geriete, schuf sich Fischer im Gespräch mit der *tageszeitung* ein Denkmal seiner selbst: als die personifizierte Verschmelzung von Rock'n'Roll und Politik. Als Merkel aber ankündigte, den CDU-Vorsitz niederzulegen, machte die Zeitung eine Verbeugung: »Wir werden uns noch nach ihr sehnen.«

Die »Generation Kohl«, also die meisten der um 1930 geborenen CDU-Politiker, hatten ebenfalls mit harten Bandagen gekämpft. Mit Wahlkampfslogans wie »Freiheit statt Sozialismus« oder auch »Freiheit oder Sozialismus« hatten CDU und CSU in den Siebzigerjahren die SPD attackiert. »Lagerwahlkampf« hieß das noch bis in die Neunzigerjahre: bürgerliche Vernunft gegen rot-grünes Chaos. Kohl führte keine Interviews mit *Spiegel* und *Stern*, die er »Linkspresse« nannte. In Hessen wurde ein schulpolitischer Kulturkampf um die »Rahmenrichtlinien« geführt. Der CDU-Politiker Alfred Dregger schmiedete aus dem verschlafenen hessischen CDU-Landesverband eine konservative Kampf- und Machtmaschine. Auf der anderen Seite des politischen Spektrums stieg die »Generation Schröder« auf. Mehr als zehn Jahre jünger als Kohls Generation war sie. Die nötige Härte hatte sie sich in internen Auseinandersetzungen angewöhnt, die Schröders und Lafontaines in der SPD gegen Helmut Schmidt, bei den Grünen die »Fundis« und »Realos« in ihren Flügelkämpfen. Immer ging es um das Große und Grundsätzliche. Politische Polarisierung war gewünscht, sie diente der Abgrenzung und dem Werben für die eigene Sache. Die Wähler wussten Bescheid: Was ist links und was rechts, was gut und was böse.

Die rot-grüne Koalition und ihre Akteure waren die für lange Zeit letzte Ausprägung dieser Verhältnisse. Autoritäres Auftreten und Führungsverhalten waren eine Selbstverständlichkeit. Nur die Sensiblen hatten zu leiden, galten noch dazu als schwach. Es stand außer Frage, wer die Richtlinien der Politik bestimmte – nicht nur laut der Verfassung, sondern auch in den Medien und erst recht in der Wirklichkeit. Schröder und Fischer bestimmten den Kurs der Koalition. Otto Schily, der frühere Grünen-Abgeordnete, deckte als Innenminister für die SPD die »rechte Flanke« ab, wie Schröder das nannte. Wolfgang Clement, »Superminister« für Wirtschaft und Arbeit, durfte agieren, wie er wollte. Jürgen Trittin tat das als Umweltminister ebenso. Mit Brachialgewalt wurden die Agenda-2010-Vorhaben einschließlich der »Hartz-Gesetze« durchgedrückt. Es galt das Prinzip »Mehrheit ist Mehrheit«.

Doch die Mehrheit rutschte weg. Er brauche zum Regieren »Bild, BamS und Glotze«, hatte Schröder zu Beginn seiner Kanzlerschaft gesagt, als der einstweilige »Medienkanzler« noch interessanter und moderner als der gealterte Kohl erschien. Doch auch die Bild-Zeitung, die vordem hin und wieder mit exklusiven Informationen versorgt worden war, wandte sich ab. Selbst Der Spiegel zog nicht mehr mit, was Schröder besonders empörte, weil er das Nachrichtenmagazin zu seiner Hilfstruppe gezählt hatte. Auch Fischer, dem Joschka, haftete plötzlich der Ruf der Arroganz an. Die internen Auseinandersetzungen in der Koalition wurden nicht mehr als Debatten über den Erneuerungsbedarf der Bundesrepublik wahrgenommen, sondern als persönlicher Streit zwischen Parteigranden. Rabaukenhaftes Reden, zuvor als politische Unterhaltung genossen, war nicht mehr gefragt. Peer Steinbrück, gebürtiger Hamburger und in Nordrhein-Westfalen Ministerpräsident, war der Letzte dieser Generation, die ihr Selbstbewusstsein und ihren Willen zur Macht sicht- und hörbar vor sich hertrug. 2005 verlor er die Landtagswahl, 2013 dann als Kanzlerkandidat – wie ein Überbleibsel vergangener Zeiten – auch die Bundestagswahl. Mit einem Stinkefinger hatte er sich abbilden lassen. Niemals hätte die »Generation Merkel« sich dazu hinreißen lassen.

Fischer aber blieb immer noch gut für scharfe Sprüche. In den Wochen der Regierungsbildung nach der Bundestagswahl 2017 führte der Journalist Dieter Wonka ein Gespräch mit dem früheren Außenminister. Ob Fischers Spruch von 2005, mit ihm verlasse der letzte Rock 'n' Roller die Politik, »kokett« gemeint gewesen sei? Natürlich nicht. Zu allen Zeiten gebe es »gute junge Leute«, die nachkämen. »Aber die Zeiten ändern sich, so auch die Wahlkämpfe, den Rock 'n' Roll von früher gibt es nicht mehr. Der ist von gestern.« Seine alten Feindbilder hatte sich der vormalige Grünen-Boss erhalten. Über die CDU-Jugend merkte er an: »Wer von den Jungen in der Union meint, man müsste einen Wechsel herbeiführen, der soll das mit demokratischen Mitteln und offenem Visier versuchen. Aber das wird nichts, wenn man immer nur mit Gummimessern hin und her wackelt.«

Zurückzublicken ist auch auf Zeiten, als Ministerpräsidenten in aller Regel Ambitionen hatten, Bundeskanzler zu werden. In den Bonner Jahren war dies ein nahezu ehernes Gesetz. Der verbreitete Ehrgeiz trug erheblich zu einem stetigen Durchlüften der politischen Verhältnisse bei. Um Einfluss ging es und um Gestaltung. Den Umgang mit der Macht und die Fähigkeiten, Kabinette zu führen und Verwaltungsapparate zu organisieren, hatten die Landesfürsten gelernt. Aus Erfolgen bei Landtagswahlen leiteten sie Machtansprüche ab, erst recht dann, wenn sich ihre Bundespartei am Regierungssitz in der Opposition befand. In der CDU waren es neben Helmut Kohl, der Regierungschef in Rheinland-Pfalz gewesen war, Gerhard Stoltenberg (Schleswig-Holstein) und Ernst Albrecht (Niedersachsen), später dann Roland Koch (Hessen) und Christian Wulff (Niedersachsen). Dass sich die Ministerpräsidenten von Bayern für kanzlertauglich hielten, war für Franz Josef Strauß und seinen Schüler Edmund Stoiber eine Selbstverständlichkeit. Lang ist auch die Liste der Sozialdemokraten: Neben Gerhard Schröder bewarben sich die Ministerpräsidenten Johannes Rau (Nordrhein-Westfalen), Oskar Lafontaine (Saarland) und Rudolf Scharping (Rheinland-Pfalz) um das Kanzleramt. Björn Engholm aus Schleswig-Holstein wäre beinahe auch SPD-Kandidat geworden, verkörperte aber mit seiner grüblerischen Art nicht den im Kampf gegen Kohl gefragten unbedingten Willen zur Macht. Engholm sagte nicht »Ich will Kanzler werden«, sondern »Wat mutt, dat mutt«. Für die Nachfolge Merkels als CDU-Vorsitzender bewarb sich kein amtierender CDU-Ministerpräsident. Weder Volker Bouffier aus Hessen noch Armin Laschet aus Nordrhein-Westfalen wollte Parteichef in Berlin werden.

Die bundespolitischen Ansprüche der Ministerpräsidenten alter Prägung hatten Folgen. Den Bundesvorsitzenden ihrer Parteien unterwarfen sie sich nicht. Ihre Landtagswahlkämpfe führten sie nicht nach Maßgabe der Bundesparteien. Auch ihre Landespolitik oder gar ihr Verhalten bei Entscheidungen im Bundesrat richteten sie nicht nach den Wünschen der Parteizentralen in Bonn und Berlin aus. Es galt das Motto Gerhard Schröders, mit dem er seine von der Bundes-SPD abweichenden Vorstellungen zu begründen pflegte: »Erst das Land, dann die Partei.« Das ergänzende »dann die Person« musste er gar nicht erst anfügen. Das Publikum und erst recht die Eingeweihten im politischen Milieu wussten es auch so.

Die Kanzlertauglichkeit durften die führenden Landespolitiker denn auch unangefochten für sich beanspruchen. Es gehörte zum Erfahrungsschatz der Bundespolitik seit 1949, dass Regierungschefs sich zuvor in der Landespolitik bewährt hatten. Mit Ausnahme von Ludwig Erhard hatten sie sich Erfahrungen und Verdienste in regionaler Politik erworben. Konrad Adenauer hatte in der Weimarer Zeit als Oberbürgermeister von Köln die Stadt mehr als alle Nachfolger seither durch Ansiedlung von Industrien, den Bau der Messe und der Universität geprägt. Kurt Georg Kiesinger hatte sich in Baden-Württemberg bewährt und eine landesväterliche Attitüde entwickelt. Willy Brandt gewann als Regierender Bürgermeister von Berlin internationales Ansehen. Helmut Schmidt bewältigte als Innensenator von Hamburg die Flutkatastrophe von 1962. Helmut Kohl modernisierte als Regierungschef in Mainz die Verwaltung des Landes. Gerhard Schröder legte in Hannover mit der Bildung einer rot-grünen Koalition den Grundstein seines weiteren Aufstiegs. Mit Angela Merkel wurde erstmals seit Ludwig Erhard ein Politiker Bundeskanzler, der sich in seinen politischen Frühzeiten keinerlei Sporen in der Landespolitik erworben hatte.

Bei der rhetorischen Entpolarisierung in der Bundespolitik aber blieb es. Markus Söder ist zwar von anderer Art, erzielte aber als CSU-Spitzenkandidat bei der Landtagswahl 2018 nicht gerade ein Ergebnis, das einen neuerlichen Epochenwechsel signalisierte. Christian Lindner (FDP) ist ein ähnlicher Typ. Seit seiner Entscheidung, eine Koalition mit Union und Grünen scheitern zu lassen, gelingt es ihm jedoch immer weniger, die politischen Debatten stilistisch zu prägen. In der SPD aber wurde, als es um künftige Führungspersonen ging, auf Leute wie den niedersächsischen Ministerpräsidenten Stephan Weil geschaut, der nicht zu den Zuspitzern und Polarisierern gehört. Angela Merkel förderte bis zuletzt Politiker, die ihrem Stil entsprachen. Nicht Jens Spahn, der einen Machtwillen traditioneller Art verkörpert, machte sie zum CDU-Generalsekretär, sondern Annegret Kramp-Karrenbauer, die eine zurückhaltende Natur an den Tag gelegt und damit bei Wahlen im Saarland Erfolg gehabt hatte. Auch bei den Grünen war die Zeit der Fischers und Trittins vorüber. Robert Habeck und Annalena Baerbock, die Parteivorsitzenden im Bund, und auch die Grünen-Landespolitiker in Bayern und Hessen hievten mit ihrem konsensualen Politikstil die Grünen in Bereiche, von denen ihre Vorgänger nicht einmal zu träumen gewagt hatten. Sie lagen damit ganz auf der Linie ihres älteren Parteifreundes Winfried Kretschmann aus Baden-Württemberg. Fischer hatte es vorausgeahnt. Live-Rock 'n' Roller waren sie alle nicht, aber bei den Wählern gerade deshalb erfolgreich.

Die komplizierter werdenden Mehrheitskonstellationen in Bund und Ländern ließen sich nicht durch autoritäres Gehabe und auch nicht durch ein kompromissloses Auftreten des Führungspersonals auflösen. Es blieb beim »weichen Stil«. Im Wettstreit um den CDU-Vorsitz attackierte – in einem Gespräch mit der *Frankfurter Allgemeinen Sonntagszeitung* – Annegret Kramp-Karrenbauer das »schneidige« Auftreten ihres Konkurrenten Friedrich Merz. »Menschen haben ein feines Gefühl dafür, ob das, was man als Stärke präsentiert, nur ein Habitus ist oder einen Kern in der Sache hat«, sagte sie. Merz stand für den politischen Gestus, der um das Jahr 2000 noch vorgeherrscht hatte, als er CDU/CSU-Fraktionschef gewesen war. Kramp-Karrenbauer aber erhielt für ihre Bewerbungsrede auf dem CDU-Parteitag den mit Abstand größten Beifall, als sie ihr Verständnis von Führung erläuterte: »Dass es bei Führung mehr auf die innere Stärke als auf die äußere Lautstärke ankommt.« Es passte ins Bild, dass Gerhard Schröder wissen ließ, Friedrich Merz wäre die bessere Wahl gewesen.

# Frauenpower in Berlin

Mitte Februar 2017 hielt Angela Merkel eine Rede in einem kleinen Kreis von Parteifreundinnen. »Rede von Bundeskanzlerin Angela Merkel anlässlich des Netzwerkerinnen-Treffens der Gruppe der Frauen der CDU/CSU-Bundestagsfraktion«, hatte das Bundespresseamt den Text überschrieben und ins Netz gestellt. An und für sich war das eine ungewöhnliche, auch ungehörige Sache. Denn eigentlich war es eine Parteiveranstaltung, und eigentlich sprach nicht die Bundeskanzlerin, sondern die CDU-Parteivorsitzende, für welche – nach der reinen Lehre der Trennung von Staats- und Parteiämtern – die Pressestelle des Konrad-Adenauer-Hauses hätte zuständig sein sollen. Aber es war Vorwahlkampf, und weder die Rede noch die Umstände sorgten für größere Aufregungen. Kurz zuvor war wieder einmal ein Streit mit Horst Seehofer beigelegt worden. Es gab gewichtigere Anlässe, sich zu erregen, als das Frauentreffen der CDU.

Interessant war Merkels Auftritt trotzdem. »Ich freue mich, heute dabei zu sein«, eröffnete sie die Rede. Als ob die Freude nicht eher aufseiten der Zuhörerinnen hätte sein müssen, dass Merkel, immerhin die seit mehr als elf Jahren amtierende Bundeskanzlerin, erschienen war. Doch da wehte kein Hauch von Süffisanz, Ironie oder plattem Machtgehabe. Merkel redete vor Netzwerkerinnen über das Netzwerken – über einen Begriff, der, als sie unter Helmut Kohl als Bundesministerin für Frauen und Jugend begann, noch nicht zum Sprachgebrauch der Politik gehört hatte. »Wir wissen, dass Netzwerke unbedingt erforderlich sind, nicht nur für den Austausch, sondern im Falle von Entscheidungen auch oft für die gegenseitige Unterstützung und Beratung.« Noch etwas? »Sie verleihen gemeinsamen Anliegen ein anderes Gewicht, als wenn jeder und jede für sich allein kämpft.« Sodann brachte sie gleich zwei Mal einen Begriff unter, der ihrem Arbeitsmotto »Ich will Deutschland dienen« zu widersprechen schien. »Das heißt nichts anderes, als dass Netzwerke Erfolgen dienen, und zwar gemeinsamen wie – das darf man sagen – persönlichen.« Darf »man« sagen, sagte sie. Und noch einmal, damit es niemand überhörte: »Wir kennen es aus der männlichen Welt, dass es nicht nur um Gemeinsamkeit geht, sondern manchmal auch um den persönlichen Erfolg.« Manchmal bloß? Bei ihrer ersten Wahl zur Bundeskanzlerin im Bundestag saßen prominente und erfolgreiche Frauen der Berliner Gesellschaft auf der Gästetribüne, mit denen Merkel in Gesprächskontakten stand. Regelmäßig traf sie im Kanzleramt mit beruflich erfolgreichen Frauen zusammen. Mit Alice Schwarzer hielt sie Kontakt. Wenn sie während langer Debatten im Bundestag durch die Reihen der Abgeordneten geht, plaudert sie gerne und lang mit Frauen der Grünen-Fraktion. Auch auf der Regierungsbank im Bundestag führt sie ein – parteiübergreifendes – »Wir Frauen müssen zusammenhalten« vor. So will sie politische Signale senden. Die CDU und mehr noch die CSU galten schon in Bonn und später auch in Berlin als reine »Männerparteien«. Frauen an der Spitze wurden als Aushängeschilder angesehen.

Zum Ausgleich konnten da Gesten und Reden Merkels nützlich sein. Wie es um das weibliche Image der CDU immer noch bestellt ist, zeigte sich, unbeabsichtigt, im Frühjahr 2018 bei der Vorstellung von Annegret Kramp-Karrenbauer als künftige CDU-Generalsekretärin. Die vormalige saarländische Ministerpräsidentin sei die erste Frau an der Spitze des CDU-Apparates, wurde als vermeintliches Lob vorgebracht. Merkel sah Anlass zur Korrektur. Sie sei schließlich auch einmal CDU-Generalsekretärin gewesen. Nach Kohls Wahlniederlage 1998 kam Merkel in Bonn in dieses Amt. Eineinhalb Jahre später in Berlin war sie dann schon CDU-Bundesvorsitzende. Männliche Verhaltensrituale ihrer Konkurrenz in Sitzungen der Parteigremien konnte Merkel zu jener Zeit auf unterhaltsame Weise karikieren. Dahinter stand freilich stets auch die Fähigkeit zu einer – ganz und gar ernsthaften und für die männlichen Wettbewerber folgenreichen – Beobachtung politischer Prozesse.

Bei entsprechenden Angelegenheiten und Missgriffen ließ Merkel auch engsten Vertrauten nichts durchgehen. Sogar Volker Kauder, dem damaligen CDU/CSU-Fraktionsvorsitzenden, las sie dann die Leviten – wie damals im November 2014. »Die Frau Familienministerin soll nicht so weinerlich sein, sondern sie soll den Koalitionsvertrag umsetzen, dann ist alles in Ordnung«, hatte Kauder, der da noch mächtige und einflussreiche Vorsitzende der CDU/CSU-Bundestagsfraktion, zu früher Morgenstunde im Frühstücksfernsehen über Manuela Schwesig lamentiert. Die Sozialdemokratin hatte sich beklagt, bei den Beratungen der großen Koalition über die Einführung einer Frauenquote in Großunternehmen gehe es wegen der Bedenken der Unionsfraktion nicht zügig voran. Aufregung und Empörung über Kauders Wortwahl waren groß. Er geriet in die Rolle des Buhmanns. Merkel entschuldigte sich bei der Ministerin. »Das geht so nicht.« Schwesig nahm es dankend an. Philipp Röslers Auftritt beim Gillamoos-Volksfest im niederbayerischen Abensberg war auch so ein Fall. Der Gesundheitsminister von der FDP versuchte sich an der Kanzlerin und ihrer Kleidung. Angela Merkel gebe es nun als »Barbiepuppe« zu kaufen, trug er im September 2010 vor. Die Puppe sei, an und für sich, billig – 20 Euro. Wirklich teuer seien aber die vierzig Hosenanzüge. Merkel wurde später mit der Anmerkung vernommen, sie frage und wundere sich, was in manchen Männerköpfen so vor sich gehe.

Dass Frauen in der Wirtschaft – sei es als Chefinnen, sei es als

Untergebene – besser arbeiten, wiesen während Merkels Amtszeit mehrere Studien nach, genauer: bessere Kosten-Nutzen-Ergebnisse im Finanzwesen, geringeren Materialeinsatz in der Produktion, bessere Kalkulationen von Risiken. Männerwitze kamen in der Politik und anderswo in Verruf. Was früher im »braven« Bonn gern erzählt wurde, war später im »hippen« Berlin verpönt. »Die Quote ist hart, die Folge ist Herta«, wurde in sozialdemokratischen Kreisen über Herta Däubler-Gmelin, eine ehrgeizige, fachlich qualifizierte und durchsetzungsfähige SPD-Politikerin, in Bonn gelästert. Es wurde kräftig gelacht und weitererzählt. In Berlin klangen derlei Sprüche wie aus der Zeit gefallen. Doch Jahre später noch hatte Andrea Nahles keine Chance bei den alten Männern in der SPD, die sie nicht nur bekämpften, weil sie linke Positionen zu vertreten schien, sondern auch, weil sie eine Frau war. Erst mithilfe ihres Netzwerkes weitgehend männlicher Altersgenossen setzte sie sich durch. Ressentiments aber blieben, vielleicht auch, weil sich Nahles nach oben durchgeboxt hatte und im Frühjahr 2018 als erste Frau an die Spitze der SPD gelangt war. Beide Volksparteien wurden von nun an von Frauen geführt – ein Novum der Geschichte der Bundesrepublik.

Merkel war trotz der Erfahrungen ihrer Bonner Frühzeit nicht zur Suffragette geworden. Sie wollte sich nicht auf Frauenpolitik reduzieren lassen. »Ich muss sagen, dass ich gegenüber der Quote immer sehr zurückhaltend war«, erzählte sie auf dem Treffen der CDU/CSU-Netzwerkerinnen. »Vor vielen Jahren, als die CDU das Quorum einführte und ich Frauenministerin war, sagte ich zu Bundeskanzler Kohl, dass ich eigentlich nicht dafür stimmen könne, worauf er sagte, das sollte ich aber besser tun. Um der Sache noch Nachdruck zu verleihen, musste ich zu dem Thema auch gleich noch reden.« Das war zu den Zeiten, als Politik männlich war und als Frauen, die es zu etwas gebracht hatten, mit der Leitung von Ministerien betraut wurden, deren Aufgabenbereich Gerhard Schröder »Gedöns« nannte. Kohl hatte ähnlich gehandelt. Seinem letzten Bundeskabinett gehörten zunächst drei Frauen an: für die FDP die Justizministerin Sabine Leutheusser-Schnarrenberger, die im Streit über den »großen Lauschangriff« zurücktrat und durch Edzard Schmidt-Jortzig ersetzt wurde, sowie für die CDU Claudia Nolte, Ministerin für Familie, Senioren, Frauen und Jugend, und Angela Merkel als Umweltministerin. Kaum im neuen Amt angelangt, hatte Merkel für Furore gesorgt, als sie Clemens Stroetmann, den mächtigen Staatssekretär ihres Vorgängers Klaus Töpfer (CDU), in den einstweiligen Ruhestand versetzte. Es war der erste Machtkampf, den Merkel in der Bonner Männerwelt erfolgreich bestand.

Mit der Quote freundete sich Merkel schließlich doch noch an, wie sie auf dem Frauentreffen zugab. »Glücklicherweise haben wir das Quorum«, äußerte sie mit Blick auf die eigene Partei. In der Unionsfraktion waren Frauen stets unterrepräsentiert, erst recht im Vergleich mit SPD, Grünen und Linkspartei. An besonderen Umständen der Bundestagswahlen lag das freilich auch: Von den 2017 in den Bundestag gewählten 246 CDU/CSU-Abgeordneten wurden 231 direkt in den Wahlkreisen gewählt. Eine Quotierung der Direktkandidaten aber ist ausgeschlossen.

Im Frühjahr 2013, ein halbes Jahr vor der Bundestagswahl, diskutierte die Berliner Politik die Einführung einer Frauenquote an der Spitze von börsennotierten Großunternehmen, wie es Richtlinien der Europäischen Union vorsahen. Merkels CDU-Parteifreundin, die damalige Arbeitsministerin Ursula von der Leyen, versuchte, eine gesetzliche Regelung im Bündnis mit den Oppositionsfraktionen von SPD und Grünen durchzusetzen. Sie tat es vorbei an der eigenen Fraktionsführung und auch vorbei am Koalitionspartner FDP. Das Vorgehen von der Leyens verstieß damit gegen die Regeln der Zusammenarbeit in einer Koalition, nach denen nicht mit wechselnden Mehrheiten operiert werden darf. In den zuständigen Ausschüssen des Bundestages war das Vorhaben schon weit gediehen. Eigentlich hätte Merkel die Ministerin entlassen müssen, zumal, wie die Kanzlerin später berichtete, die Koalition daran zu zerbrechen drohte. In Wahrheit aber war Merkel eingeweiht. Sie billigte das Vorgehen ihrer Arbeitsministerin, was diese natürlich wusste. Um kurz vor der Bundestagswahl eine größere Koalitionskrise zu vermeiden, fand Merkel einen Ausweg, der die sperrige CDU/CSU-Fraktionsführung und auch die Spitze der CSU auf ihre Linie zwang. Das Ziel »Frauenquote in Großunternehmen« wurde in das Wahlprogramm der Unionsparteien aufgenommen. Nach der Bundestagswahl setzte die große Koalition es durch. Merkel belohnte von der Leyen anlässlich der neuerlichen Regierungsbildung. Die Arbeitsministerin wollte eine neue Aufgabe – eine mit Bezügen zur internationalen Politik. Sie bekam ihren Wunsch erfüllt. Ende 2013 wurde Ursula von der Leyen die erste Frau an der Spitze des Verteidigungsministeriums. Sogleich machten Spekulationen die Runde, Merkel wolle von der Leyen zur Nachfolgerin im Kanzleramt aufbauen. Diese verflüchtigten sich rasch.

»Lassen Sie uns weitermachen«, rief Merkel den CDU/CSU-Frauen im Februar 2017 zu. »Es gibt noch viel zu tun.« Noch ein Vorhaben nannte sie, das den konservativ-wirtschaftsnahen Flügel ihrer Fraktion ärgerte. »Wir werden noch eine kleine Schlacht um das Entgeltsgleichheitsgesetz schlagen müssen«, rief Merkel. Die »kleine Schlacht« wurde gewonnen: gleicher Lohn für gleiche Arbeit. Die Kanzlerin machte kein größeres Aufheben darüber, wollte auch dieses Mal keine schlafenden Hunde wecken. Zum Ende ihrer Amtszeit als CDU-Vorsitzende konnte Merkel womöglich noch freier sprechen, beispielsweise in einer Rede, die sie zum hundertsten Jubiläum des Frauenwahlrechts hielt: »Die Quoten waren wichtig, aber das Ziel muss Parität sein.« Beifall. Fast ausschließlich Frauen nahmen an der Veranstaltung im Deutschen Historischen Museum teil. In ihrem letzten Bundeskabinett aber hatte Merkel ein halbes Jahr

*Annegret Kramp-Karrenbauer, Angela Merkel, Ursula von der Leyen und Julia Klöckner (von links) im Frühjahr 2018. Ein Vierteljahrhundert zuvor wären es alles Herren gewesen: Der CDU-Generalsekretär, der Bundeskanzler, der Verteidigungsminister und der Bundeslandwirtschaftsminister.*

davor den Plan »Parität« erfüllt – was ihre Partei betraf. Je drei weibliche und männliche CDU-Politiker wurden zu Bundesministern ernannt.

Viel früher, als Merkel noch um die Macht in der CDU zu kämpfen hatte, wurde sie von missgünstigen Parteifreunden »Zonenwachtel« genannt. Weil in Merkels engerem Stab vor allem Frauen arbeiteten, sprachen männliche Neider von einem »Girls Camp«. Merkel vergaß das nicht. Erst im Laufe der Zeiten und nach bestandenen innerparteilichen Auseinandersetzungen – nicht zuletzt gegen die Männer in ihrer Partei – hatte sich Merkel einen Panzer aus Selbstgewissheit zugelegt. »Kohls Mädchen«, das wegen eines bloß sachlichen Konfliktes im Bundeskabinett in Tränen ausbrach, war zur »Chefin« geworden. Dabei hing Merkel nie dem Gedanken an, dass Frauen per se einen anderen Stil in der Politik pflegen. Gerade zu Beginn ihrer

Amtszeit war sie oft danach gefragt worden. Wie es so sei, wenn sie als einzige Frau auf internationalem Parkett auftrete. Die Illustrierte *Bunte* wollte einmal von ihr wissen, ob Frauen einen Vorteil gegenüber Männern hätten, weil sie leicht nachgeben könnten, ohne als Verlierer zu erscheinen. »Das sehe ich nicht so«, lautete die Antwort. »Jeder von uns vertritt sein Land. Und wenn etwas nicht mehr verhandelbar ist, dann hilft auch die beste Freundschaft, der netteste Ansatz nicht weiter.« Anfang 2019 schilderte sie in der Wochenzeitung *Die Zeit* ihre Erfahrungen mit Verweis auf die Flüchtlingspolitik: »Auch unter Frauen gibt es mitunter harte Emotionen.«

Annegret Kramp-Karrenbauer drückte sich, als sie sich aufmachte, Merkels Nachfolgerin an der CDU-Spitze zu werden, noch deutlicher aus. »Eine Politik der eisernen Faust im Samthandschuh«, kündigte sie an. Vieles spricht dafür, dass ein Netzwerk von Frauen ihr half, den Kampf um den CDU-Vorsitz zu gewinnen. Merkel wirkte zufrieden.

# Es lebe der Sport

Zur Volksnähe gehört es, dass sich Politiker für den ersten Volkssport im Lande interessieren, für Fußball also, oder, genauer gesagt, für Bundesliga und Nationalmannschaft. Früher war das nicht so. Vom Kölner Konrad Adenauer etwa ist nicht überliefert, dass ihm das Schicksal des 1. FC Köln besonders am Herzen gelegen hätte, obwohl er 1962 dessen deutsche Meisterschaft, zu seiner Kanzlerzeit also noch, ordentlich hätte mitfeiern können. Vom ersten Bundespräsidenten Theodor Heuss sind, was die Fußballweltmeisterschaft 1954 angeht, bloß sein an die Kicker gerichtetes Wort »Nun spielt mal schön« sowie später deren Auszeichnung mit dem Silbernen Lorbeerblatt bekannt, das für verdiente Leistungssportler erfunden worden war. Dass Ludwig Erhard, der zweite Bundeskanzler, ein Anhänger der Spielvereinigung Fürth war, galt als skurrile heimatliche Verbundenheit, die aus den Zwanzigerjahren des 20. Jahrhunderts herrührte, als Fürth die deutsche Fußballmeisterschaft und sogar gegen Real Madrid und den FC Barcelona gewann. Willy Brandt ließ sich lieber mit Günter Grass als mit Günter Netzer blicken. Helmut Schmidt hatte ein überaus distanziertes Verhältnis zum Fußball. Ein »ganz weit entfernter Anhänger des HSV« sei er, sagte Schmidt einmal dem Fragesteller des *Zeit-Magazins*. Dass sein Hamburger Parteifreund Hans Apel, in Schmidts Kabinetten Finanz- und Verteidigungsminister, Anhänger des FC St. Pauli war, erschien ebenfalls als regionale Absonderlichkeit, die immerhin eine kleine politische Symbolik in sich trug: Die SPD als Partei der Arbeiterklasse ist in Hamburg mit dem FC St. Pauli verbunden, dem Arbeiterverein der Hansestadt. Doch das war etwas für »politische Feinschmecker« unter den Beobachtern.

Die Wende kam mit Helmut Kohl und der Fußballweltmeisterschaft in Mexiko 1986. Unmittelbar nach dem 2:0-Sieg der deutschen Mannschaft im Halbfinale gegen das französische Team ließ das Bundeskanzleramt die Botschaft in Mexiko wissen, der Kanzler werde zum Endspiel erscheinen. Lediglich 15 Minuten nach Spielende soll das gewesen sein, damit Bundespräsident Richard von Weizsäcker dem Kanzler nicht mit seinem Reisewunsch zuvorkäme. Kohl reiste also mit einer überparteilich zusammengesetzten Gruppe nach Mexiko – nur Vertreter der damals neuen Grünen waren nicht dabei. Weltmeister von 1974 – Wolfgang Overath (1. FC Köln) und Sepp Maier (Bayern München) – sowie eine größere Anzahl von Journalisten flogen mit. Das Spiel ging verloren, Argentinien wurde mit drei zu zwei Toren Weltmeister. Eine Premiere fand gleichwohl statt. Erstmals rückte ein Kanzler in die Umkleidekabine deutscher Fußballspieler ein, die Entourage im Schlepptau. Sekt und tröstende Worte brachte er mit.

Schröders sieben Kanzlerjahre waren mit dem »Makel« behaftet, dass in dieser Zeit nur eine Fußballweltmeisterschaft stattfand. Schröder sah 2002 in Yokohama dem Endspiel zu, von einem internationalen Gipfeltreffen in Kanada war er angereist. Sein Besuch hatte keine größere Außenwirkung, was daran lag, dass keine Journalisten in seinem Tross mitreisten, Deutschland gegen Brasilien 2:0 verlor, die rot-grüne Regierung in der Krise war und eine Bundestagswahl bevorstand. Immerhin war von Schröder bekannt, dass er einst selbst Fußball gespielt und – als Stürmer – den Kampfnamen »Acker« getragen hatte, was sich nach harter Schlammschlacht von Jungs aus kleinen Verhältnissen anhörte und zu Schröders Selbstbildnis passte. Wo immer bei seinen Besuchen im Lande ein Fußballplatz zu finden war: Jacke aus, Elfmeterschießen, Fotos gratis. Seine Mannschaftskollegen von TUS Halle erzählten später, Schröder sei begabt gewesen, habe Tore geschossen und das Talent gehabt, auch auf anderem Gebiet als der Politik ein Großer zu werden. Geschichten wurden aufgewärmt, auch Helmut Kohl hätte ein Großer im Ballsport werden können. Der sei Mittelläufer bei Phönix Ludwigshafen und ein Bollwerk gewesen.»Helle« hätten sie ihn genannt. Zuletzt hat Martin Schulz, als er SPD-Kanzlerkandidat war, erzählt, beinahe das Zeug zum Fußballprofi gehabt zu haben. Für den Verein Rhenania Würselen hatte der vielversprechende Verteidiger gespielt. Sein Lieblingsverein aber ist der 1. FC Köln, dem er sogar beim Transfer des Torjägers Anthony Modeste aus China zurück nach Köln half.

Aber auch Angela Merkel pflegte ihr Interesse und ihre Leidenschaft für den Ballsport mit Akribie. Kohl-gleich suchte sie Spieler der deutschen Nationalmannschaft in den Umkleidekabinen heim, Fotos davon wurden verbreitet. Schweinsteiger, Hummels und Podolski versicherten, sie würden sich gerne mit der Kanzlerin unterhalten. Der Trainer Jogi Löw sagte das auch. Wenn die deutschen Spieler ein Tor schossen, sprang sie auf und riss die Arme hoch. Von niemandem auf der Ehrentribüne wollte sie sich dabei übertreffen lassen. Es schien, als wollte Merkel hämischen Kommentaren entgegentreten, eigentlich interessiere sie sich für den Sport gar nicht, wie das hochrangige Leute ihrer Partei und auch des internationalen Sports erzählten. Sie tue nur so – der schönen Fernsehbilder wegen. Vor der Weltmeisterschaft 2018 in Russland schilderte Merkel der Mannschaft und dem Trainer ihre Sicht der internationalen Lage und des Vorgehens Russlands auf der Krim und in der Ukraine. Unter dem Niedergang der deutschen Nationalmannschaft nach der Weltmeisterschaft litt Merkel nicht sonderlich. Die Spiele in Russland hatte sie aus politischen Gründen nicht besucht – wegen Wladimir Putins Annexion der Krim und auch wegen der Krise der Koalition in Berlin. Auch die fotografisch festgehaltene Begegnung des türkischen Staatspräsidenten Erdoğan mit

*Nicht nur nach dem Gewinn der Fußball-WM 2014 gegen Argentinien galt das Motto: Dabeisein ist alles. Für Joachim Gauck, Angela Merkel und die Nationalmannschaft eine Win-win-Situation.*

den deutschen Spielern Mesut Özil und Ilkay Gündogan und die nachfolgende Debatte über Rassismus im Fußball ließen es der Bundeskanzlerin geraten erscheinen, auf Distanz zu gehen.

Doch auch auf andere Weise drängen Politiker in die Nähe des Fußballs und seiner Popularität. Sie wollen in neuem Licht erscheinen – und Einfluss nehmen. Sie werden auch vom Sport benutzt, dessen Interessen durchzusetzen. Reinhard Grindel, bis April 2019 Präsident des Deutschen Fußballbunds (DFB), war lange Jahre CDU-Bundestagsabgeordneter. Seine Stellvertreter gehörten der SPD an. Einige seiner Vorgänger waren CDU-Mitglieder, Theo Zwanziger etwa und Gerhard Mayer-Vorfelder, der das Finanzministerium in Baden-Württemberg geleitet hatte. Edmund Stoiber gehört dem Aufsichtsrat von Bayern München an. Auch andere Vereine achten darauf, dass Vertreter der Politik in Berlin oder der höheren Beamtenschaft in ihren Gremien sitzen – Peer Steinbrück bei Borussia Dortmund oder Martin Schulz und Werner Gatzer, beamteter Staatssekretär des Bundesfinanzministeriums, beim 1. FC Köln. Auf der anderen Seite suchen Fußball-Manager nach Kontakten in die Politik. Christian Seifert, der Geschäftsführer der Deutschen Fußball Liga, des Zusammenschlusses der Vereine in den Profiligen, nahm öfters an Auslandsreisen Merkels teil. Als Mitglied ihrer Wirtschaftsdelegation wollte er die geschäftlichen Interessen seiner Mitglieder im Ausland, in China zumal, vertreten. Der Geschäftsführer von Borussia Dortmund, Hans-Joachim Watzke, veranstaltet in regelmäßigen Abständen in Berlin Abendessen und Hintergrundgespräche, und zwar nicht so sehr für die Sportjournalisten, sondern vielmehr für politische Korrespondenten. Auch der Präsident des 1. FC Köln, Werner Spinner, ein ehemaliges Vorstandsmitglied des Chemie-Konzerns Bayer, ließ sich gern in Berlin blicken. Die beiden Fußballfunktionäre sind politische Köpfe mit ziemlich volksnahen und auch regierungskritischen Vorstellungen. Gespräche mit Bundestagsabgeordneten gehören bei ihren Besuchen in der Hauptstadt dazu. Über Steuerfragen und über Angelegenheiten der inneren Sicherheit wird dann geredet.

Fangemeinschaften gibt es am Regierungssitz auch, und wie es so ist, kommt mit dem Erfolg auch der Anhang. Bayern München ist das Maß aller Dinge. Hier sind CDU und CSU vorne mit dabei. Angela Merkel, Wolfgang Schäuble und Volker Kauder gelten als Anhänger des Münchner Vereins. Die im Bundeskanzleramt als Staatsministerin für Digitale Angelegenheiten amtierende CSU-Politikerin Dorothee Bär gründete im Bundestag sogar einen Bayern-Fanclub, den ersten seiner Art. Auch andere Vereine verfügen über einen »parlamentarischen Arm«, Eintracht Frankfurt, Schalke 04 und Borussia Mönchengladbach zum Beispiel. Die Kölner Gruppe nennt sich »Koalition Rut Wiess«. Vom für Menschenrechtsfragen zuständigen – im hessischen Fulda beheimateten – CDU-Abgeordneten Michael Brand wird sie organisiert. Trotz des sportlichen Aufundabs des Vereins ist dessen Anhängerschaft nicht zu verachten, unter anderem gehören ihr Katarina Barley und Ralph Brinkhaus an. Auch die Spitzenbeamten deutscher Geheimdienste sind Freunde des Kölner Clubs: Bruno Kahl, der Präsident des Bundesnachrichtendienstes, und Johannes Geismann, im Bundeskanzleramt der Beauftragte für die Nachrichtendienste.

Natürlich wollen Bundestagsabgeordnete auch sportlich aktiv sein. Bewegung ist gesund, eine Ablenkung von Gremiensitzungen noch dazu. Morgendliches Joggen im Berliner Tiergarten ist bei vielen Parlamentariern eine Regel. Schon zu Bonner Zeiten gab es eine Fußballmannschaft, die sich FC Bundestag nannte. Spiele auch im Ausland trägt sie aus. Regelmäßiges Training und gemeinsames Duschen hernach tragen zu überparteilichen Bekanntschaften bei, vornehmlich unter jüngeren Abgeordneten. Einst galt Joschka Fischer als harter Spieler, genauso Norbert Lammert. Thomas Oppermann war als laufstark bekannt. Außerhalb des Volkssports Fußball gibt es wenig Vergleichbares, eine Bundestags-Eishockey-Mannschaft zum Beispiel existiert nicht. Immerhin: Andrea Nahles, die SPD-Vorsitzende, initiierte einen fraktionsübergreifenden »Parlamentskreis Pferd«. Auch Ursula von der Leyen machte mit.

Andere maßgebliche Bundespolitiker waren in jüngeren Jahren dem Radsport verfallen. Franz Josef Strauß fuhr in Bayern aktiv und erfolgreich Rad, Joschka Fischer in Baden-Württemberg. Rudolf Scharping, ein wirklicher Experte, betrieb den Sport noch in seiner Zeit als Ministerpräsident in Rheinland-Pfalz und als Vorsitzender seiner Partei. Den Pyrenäen-Pass Col du Tourmalet, eine der großen Herausforderungen bei der Tour de France, fuhr er auch hinauf. Zeitweise begleitete er das Team Telekom auf der Frankreich-Rundfahrt. Von vielen am Regierungssitz aber wurde Scharping seines Hobbys wegen belächelt, erst recht von seinen SPD-Altersgenossen, wenn sie ihn im Radrennfahrer-Outfit sahen. Hätte aber Oskar Lafontaine 1993 so viel vom Radsport verstanden wie Rudolf Scharping, wäre die Geschichte der SPD womöglich anders verlaufen. Beim Mitgliedervotum um den Parteivorsitz verzichtete Lafontaine auf eine Bewerbung; er setzte darauf, Scharping wolle nur Parteichef werden und ihm, Lafontaine, die Kanzlerkandidatur 1994 überlassen. Lafontaine drückte die Erwartung auch öffentlich aus und sprach von einem »Tandem«, das er mit Scharping bilden könne. Scharping aber sagte: »Ich fahre nicht Tandem, ich fahre in der Mannschaft.« In der Mannschaft? Bei großen Rundfahrten, der Tour de France etwa, werden die Mannschaften von einem Kapitän angeführt, der den Gesamtsieg holen soll und für den die anderen Mitglieder als »Wasserträger« arbeiten, sich notfalls aufopfern müssen. Scharpings »Ich fahre nicht Tandem« bedeutete nichts anderes, als dass er nicht nur den Parteivorsitz erringen, sondern dann auch Kanzlerkandidat werden wollte. *Tempi passati.* Als der Profi-Radsport in Deutschland des Dopings wegen in die Krise geriet, war es mit dem Zuspruch aus der Politik für diese Sportart endgültig vorbei. Nur Scharping blieb ihr treu und wurde Präsident des Bundes Deutscher Radfahrer. Doch Kenntnisse auf diesem Gebiet spielen in Berliner Partygesprächen keine Rolle. Die Sieger der Tour de France seit 1903 aufzusagen – gut und schön. Doch die »Helden von Bern« von Turek bis Schäfer zu kennen, das zählt.

Auf einem anderen Blatt steht, ob Sportler, Spitzensportler gar, von Politikern umgarnt werden wollen, auf gemeinsamen Fototerminen etwa. Oder ob sie dann lieber unter sich wären, sich von den Anstrengungen des Wettkampfes erholen, feiern oder schimpfen würden. Sie wissen, dass es in Wirklichkeit nicht um sie und um ihre Leistungen geht, sondern dass ihre Prominenz die Beliebtheit derer steigern soll, die schöne Worte an sie richten. Sie werden benutzt. Sie können sich nicht dagegen wehren. Das ist im Kleinen so, wenn der Ortsbürgermeister kommt und dann gerne noch von früheren eigenen Erfolgen erzählt. Das ist auch im Großen so. Welcher Sportler verweigert schon einer Kanzlerin, ihm zu Leistungen und Siegen zu gratulieren?

# Den Marschallstab im Tornister

Wer Kanzler werden will, muss es mit Haut und Haaren wollen. Sie oder er darf nicht nur so tun, als wolle er in das wichtigste politische Amt aufsteigen, das in der Bundesrepublik Deutschland zu vergeben ist. Irgendwann würde er entlarvt. Er hat zu gewärtigen, dass Freunde zu Feinden werden. Üble Nachreden darf er nicht fürchten. Persönliche Einschränkungen hat er zu ertragen und auch die permanente Beobachtung durch die Medien. Diese sind mal wohlwollend, mal ehrfürchtig, mal aber auch distanzlos, übergriffig, ins Persönliche gehend. Die Launen der Medien sind, wie die Stimmungen im Volk, nicht zu kalkulieren. Was gestern noch gut und richtig war, kann morgen schlecht und falsch sein. Was heute modern wirkt, erscheint morgen vielleicht gestrig. Fotos, die einst schön und sympathisch wirkten, können alsbald als arrogant aufgenommen werden.

Wer Kanzler werden will, muss das alles ertragen. Er darf sich nicht einmal beschweren. Wer sich beschwert, gilt als Jammerlappen. Im Allgemeinen heißt es die sogenannte Öffentlichkeit gut, wenn jemand aus der Politik sensibel daherkommt. Im konkreten Fall aber wird der Sensible als überfordert eingestuft und mithin als ungeeignet für das Amt des Bundeskanzlers. Die Beschwernisse dieses Aufstiegs darf der Ehrgeizige nicht als Belastung empfinden. Er muss sie als Aufgaben verstehen, die nun einmal zu erfüllen sind. Persönliche Anfeindungen muss der Kandidat als berufliche Herausforderung begreifen, er darf sie nicht persönlich nehmen. Und falls doch, muss er sich in den Kampf stürzen. Ganz und gar muss er sich mit dieser Rolle identifizieren. Theatralisches Können ist hilfreich, genügt aber nicht. Physische und psychische Robustheit ist Voraussetzung. Wer Kanzler werden und bleiben will, muss nächtelang wach bleiben können. Er muss länger ausharren als die anderen. Er muss wachsam sein, wenn die anderen gehen wollen. Er muss locker sein, wenn die anderen wegdämmern.

Über einen Frank-Walter Steinmeier und Peer Steinbrück, früher auch über einen Hans-Jochen Vogel und Johannes Rau wurde geschrieben, er gäbe gewiss einen guten Kanzler ab. Im heutigen Politdeutsch sagt man: Er kann Kanzler. Das greift freilich zu kurz. Ein Kandidat muss auch Kanzler werden wollen. Und das heißt kämpfen, niemals zaudern, niemals aufgeben. Franz Josef Strauß, der frühere CSU-Chef, galt als der intelligenteste Politiker seiner Zeit, wegen seiner Sachkompetenz und seines rhetorischen Vermögens. Doch Strauß hatte sich nicht im Griff, und er neigte zum Zaudern. Ebenso begabt und rhetorisch geschliffen war Oskar Lafontaine. Doch als es 1987 galt, die Nachfolge Willy Brandts als SPD-Vorsitzender anzutreten, zögerte er. Von da an zweifelte sein bisheriger Bewunderer Gerhard Schröder an seiner Durchsetzungsfähigkeit.

Lafontaine wollte zunächst eine andere Politik, an zweiter Stelle die Kanzlerschaft. Schröder drehte die Reihenfolge um: zuerst Kanzler werden und dann schauen, wie viel andere Politik möglich wäre. Dass er Kanzler werden wolle, hatte Schröder schon in jungen Jahren wissen lassen. Auch Helmut Kohl hatte als jugendlicher Strahlemann aus Rheinland-Pfalz frühzeitig verbreitet, wohin er wolle. Die beiden schafften es. Doch der Weg war lang und beschwerlich. Vor allem die eigenen Parteifreunde legten ihnen Steine in den Weg. Erst nach parteiinternen Machtkämpfen fiel ihnen das Amt wie ein reifer Apfel in den Korb.

Angela Merkel war, als sie nach der Wende in Deutschland nach Bonn kam und von Helmut Kohl in das Amt der Frauen- und Jugendministerin gehievt wurde, 36 Jahre alt. In diesem

Alter hatten Kohl und Schröder längst ihre Ambitionen verkündet. Doch Merkel konnte keine Ansprüche stellen, ohne großmäulig zu wirken. Sie musste nehmen, was kam. Sie hatte Glück, aber eben auch das Glück der Tüchtigen. In Hamburg geboren, in der DDR aber groß geworden, fehlte ihr das, was ihre Altersgenossen in der CDU mitbrachten: das politische Netzwerk, die Verbindungen und die Erfahrungen, die junge ehrgeizige Leute in der Jungen Union machen. Merkel hatte nicht im politischen Sandkasten der Nachwuchsorganisation ihrer Partei gespielt, so wie es Kohl und Schröder getan hatten. Dort hatten sie das Handwerk der Politik gelernt.

Außer auf Kohl – und sich selbst – konnte sich Merkel auf niemanden verlassen. Sie gehörte keiner Seilschaft an, schon gar nicht jener, die sich »Andenpakt« nannte. In diesem hatten sich junge CDU-Mitglieder zusammengetan, die später wichtig wurden: Roland Koch, Christian Wulff, Günther Oettinger, Hans-Gert Pöttering, Matthias Wissmann, Volker Bouffier, Wulf Schönbohm und noch einige weniger bekannte. Auf einer Südamerika-Reise hatten die Nachwuchskräfte sich gegenseitig versprochen, sich innerparteilich nicht im Wege zu stehen. Sie wollten nicht gegeneinander kandidieren. Die Freunde trafen sich auch noch, als Merkel schon Bundeskanzlerin war. Später wurde Friedrich Merz in den Freundeskreis aufgenommen, nachdem er den Kampf gegen Merkel verloren hatte. Undenkbar blieb hingegen, dass Merkel, die Ostdeutsche, jemals dazugehören würde.

Das war einerseits nicht schön, weil es selten schön ist, ausgeschlossen zu sein. Andererseits war es gut, musste sich doch Merkel an keinerlei Absprachen halten oder gegenüber »Freunden« im Kampf um Ämter zurückstecken. Währenddessen blockierten sich die anderen mit ihrem Versprechen gegenseitig und machten für Merkel den Weg nach oben frei. Und noch ein Vorzug für Merkel sollte sich dann während ihrer Kanzlerschaft erweisen: Sie brauchte wegen vergangener Angelegenheiten keine Rücksichten zu nehmen. Sie musste niemandem Dankbarkeit erweisen. Sie war frei von Belastungen der Vergangenheit.

Anfangs wusste Merkel nicht einmal, welchem CDU-Landesverband sie sich anschließen sollte. Ihren Wahlkreis hatte sie in Mecklenburg-Vorpommern gewonnen. Doch bewarb sie sich auch einmal um den Vorsitz des CDU-Landesverbandes Brandenburg. Sie verlor. Ihren Aufstieg hatte sie zunächst der Förderung anderer zu verdanken: ihren Wahlkreis im ostdeutschen Norden einem Parteifreund aus der Region, das Ministeramt und den stellvertretenden Parteivorsitz Helmut Kohl. Merkel nahm es auf souveräne Weise hin. Wie sollte sie auch anders? Die zeitgeschichtlichen Umstände hatten es ihr unmöglich gemacht, einen gewöhnlichen Weg nach oben zu nehmen. Dass es Neider gab, war selbstverständlich. Merkel ertrug es. Sie wirkte auf gut gelaunte Weise selbstsicher. Sie hatte eben andere Erfahrungen gemacht. Den Herren der alten Bundesrepublik konnte sie die Verhältnisse in der verflossenen DDR schildern, sie wies ihnen Vorurteile nach. Wo sie hingestellt wurde, bewährte sich Merkel. Sie ließ sich auch nur wenig vorschreiben, nicht einmal in der Personalpolitik ihrer Ministerien, zunächst in jenem für Frauen und Jugend, danach in dem für Umwelt, Naturschutz und Reaktorsicherheit. Dessen Beamtenschaft litt unter Merkels Amtsführung, weil sie nicht ohne Anlass glaubte, Merkel stehe der wirtschaftlich-zivilen Nutzung der Kernenergie freundlicher gegenüber als ihr Vorgänger Klaus Töpfer (CDU).

Nach der Niederlage Kohls gegen Schröder fand Angela Merkel einen neuen Förderer: Wolfgang Schäuble. Schäuble, der scheinbar ewige Kronprinz Helmut Kohls, wurde CDU-Vorsitzender. Schäuble machte Merkel, die zwölf Jahre jüngere Frau, die in Bonn immer noch den Ruf des Neulings hatte, zur CDU-Generalsekretärin, der ersten Frau in diesem angesehenen Amt. Von hier aus hatten Kurt Biedenkopf und Heiner Geißler die politische Modernisierung der CDU vorangetrieben und die

Grundlagen für Kohls Kanzlerschaft gelegt. Merkel machte sich ans Werk. Sie wusste, was sie wollte. Von einem Hintergrundgespräch der neuen Generalsekretärin ist zu berichten. Natürlich ließ sie kein Wort darüber fallen, sie wolle einmal Bundeskanzlerin werden. Doch hinter gewissen Stichworten schimmerten Ansprüche und Ziele durch. Die CDU müsse eine »neue Rolle« erlernen. Sie habe die Kontakte »in die Gesellschaft« verloren. Sie müsse »das Zuhören wieder lernen«. Von »verstaubten Köpfen« war die Rede und davon, dass es »keine Denkverbote« geben dürfe.

Merkel sprach über den Umgang mit Drogenabhängigen, über die Energiepolitik und über das Staatsbürgerschaftsrecht. Es fiel schwer, zwischen einer Zustandsbeschreibung und ihren politischen Zielen zu unterscheiden. Sie sagte, dass die Kernenergie in Deutschland umstritten sei. Wollte sie den Ausstieg? Sie beschrieb Ursachen der Rauschgiftkriminalität. Wollte sie die Freigabe »weicher« Drogen? Ähnlich war es beim Ausländerrecht. Auf diesem Gebiet galt in der Führung der CDU noch das Diktum »Deutschland ist kein Einwanderungsland« in seiner schlichtesten Form. Wollte Merkel einen neuen Kurs? Immerhin hatte sich in der Unionsfraktion eine Gruppe jüngerer CDU-Abgeordneter aufgemacht, eine Modernisierung des Staatsbürgerschaftsrechts voranzutreiben. Peter Altmaier, Armin Laschet, Ronald Pofalla und Norbert Röttgen gehörten zu den »jungen Wilden«, die gehörigen Wirbel in der Unionsfraktion verursacht hatten – unter konservativen CDU-Abgeordneten und unter denen der CSU-Landesgruppe erst recht. Merkel stellte sich, als es um ihre weitere politische Zukunft ging, auf die Seite dieser Gruppe, die ihr wiederum dauerhafte Unterstützung zusagte, wenn sie in Sachen Staatsbürgerschaftsrecht die Position von Altmaier und Co. übernehmen würde. Merkel willigte ein. Die erste Seilschaft hatte sie für sich gewonnen. Bis weit in ihre Kanzlerschaft hinein konnte sich Merkel auf diesen Unterstützerkreis verlassen. Zum gegenseitigen Nutzen verhalf sie ihren neuen Vertrauten zu wichtigen Aufgaben in Partei, Fraktion und Regierung.

Nach dem Umzug des politischen Betriebs von Bonn nach Berlin löste sich Merkel von den alten Förderern. Zu Weihnachten 1999 erschien ein Artikel für die *Frankfurter Allgemeine Zeitung*, Anlass war die CDU-Spendenaffäre, Kohls Spendenaffäre. Merkel schrieb: »Die von Kohl eingeräumten Vorgänge haben der Partei Schaden zugefügt.« Analyse und Urteil zugleich war das. Kohl legte wenig später den CDU-Ehrenvorsitz nieder. Die CDU müsse wieder »laufen lernen«, schrieb Merkel auch. »Sie muss sich wie jemand in der Pubertät von zu Hause lösen.« Und: »Ein solcher Prozess geht nicht ohne Wunden, nicht ohne Verletzungen.« Ansprüche sondergleichen waren es, Ankündigungen inklusive. Schäuble, als CDU-Vorsitzender der »Chef« Merkels, wusste von dem Artikel vorab nichts. Wegen seiner eigenen Spendenaffäre trat er wenig später zurück. Auf Regionalkonferenzen über die Zukunft der CDU, die Merkel als Generalsekretärin schon vorbereitet hatte, wurden Rufe laut, sie müsse neue CDU-Vorsitzende werden. Merkel hörte es gerne. Die Herren vom Andenpakt verzichteten. Sie dachten auch, eine Frau an der Spitze der Partei würde nicht lange durchhalten. Dass der wortgewaltige Friedrich Merz, ein Altersgenosse Merkels, als Nachfolger Schäubles Vorsitzender der CDU/CSU-Fraktion und damit auch Antipode Gerhard Schröders im Bundestag geworden war, mag die Eidgenossen – und Merz – in diesem Urteil bestärkt haben. Es war ein Vorurteil. Allesamt sollten sie sich täuschen.

Merkel hatte nun zwei Ziele. Zunächst ging es ihr darum, das neu gewonnene Amt der Parteivorsitzenden in den alltäglichen Machtkämpfen zu behaupten – keine leichte Sache. Sie war eine Königin ohne Land, ihre Konkurrenten hingegen waren Ministerpräsidenten. Sie nahmen sie nicht für voll und ließen die Vorsitzende das auch spüren. Bis an die Grenzen der Belastbarkeit zerrte es an ihren Nerven. Merz, der Oppositionsführer im Bundestag, trat mit ihr in offene Konkurrenz. Mit Basta-Entscheidungen konnte Merkel nicht agieren. Schritt für Schritt hatte sie sich vorzutasten und auf das zweite Ziel hinzuarbeiten: die Kanzlerkandidatur, die Kanzlerschaft. Gerne wäre sie schon bei der Bundestagswahl 2002 angetreten. Sie wollte es. Sie musste es auch wollen, weil der/die Vorsitzende der CDU stets für das mächtigste Amt im Staate bereit sein muss. Sonst geht die innerparteiliche Autorität verloren. Doch Merkel drang nicht durch. Die Ministerpräsidenten der CDU und der konservative Teil der Partei verweigerten ihr die Unterstützung. Merkel hatte zu leiden. Volker Kauder, damals CDU-Generalsekretär in Baden-Württemberg, brachte ihr bei, dass sie zurückstehen durfte. Die CDU setzte auf Edmund Stoiber, den bayerischen Ministerpräsidenten und CSU-Vorsitzenden. Merkel verzichtete. Das sei ein Ausdruck politischer Klugheit gewesen, wie Merkel-Versteher später mit Hinweisen auf Helmut Kohl insinuierten, der auch so klug gewesen sei, 1980 zugunsten von Franz Josef Strauß auf die Kanzlerkandidatur zu verzichten, um dann doch noch Kanzler zu werden.

Merkels »Verzicht« von 2002 brachte reale Kräfteverhältnisse zum Ausdruck, und er war vernünftig und machtorientiert. Mit ihrer auf tönerne Füße gegründeten Behauptung, wegen der Einheit der Unionsparteien verzichte sie von sich aus auf die Kandidatur, rang sie Stoiber die Zusage ab, sie nach der Bundestagswahl bei der Bewerbung um den Fraktionsvorsitz zu unterstützen, und zwar unabhängig davon, ob die Unionsparteien die Wahl gewännen oder verlören. Merkel wäre entweder Chefin der großen »Regierungsfraktion« geworden, deren Wort kein Kanzler ignorieren darf, schon gar nicht ein Kanzler der »kleineren« Unionsschwester. Oder sie wäre Oppositionsführerin geworden. Merkel wollte Fraktions- und Parteivorsitz in einer Hand – ihrer Hand. Stoiber sagte es ihr zu.

Für Merkel war Stoibers Versprechen wichtig, weil der Vorsitzende der gemeinsamen Fraktion dem Brauch nach auf Vorschlag der beiden Parteivorsitzenden gewählt wurde – auch wenn dies nirgendwo schriftlich geregelt war. Dabei war es ein Geschäft zu Lasten eines Dritten, das Stoiber und Merkel abgeschlossen hatten. Der Dritte war Friedrich Merz als der amtierende Fraktionsvorsitzende. Natürlich hatten ihn die Vorsitzenden nicht eingeweiht. Stoiber verlor die Wahl, ging zurück in die Münchner Staatskanzlei – und hielt sich an seine Zusicherung. Als Merz von dem Merkel-Stoiber-Pakt erfuhr, war er empört. Er erregte sich in Sitzungen, musste sich aber fügen. Ein paar Jahre später verließ Merz die Politik. Ewige Quertreibereien von Verlierern erträgt keine Partei.

Merkel aber ging ein Bündnis mit dem sogenannten konservativen Teil der CDU ein. Sie machte Volker Kauder zum Ersten Parlamentarischen Geschäftsführer der Unionsfraktion – ausgerechnet Kauder, der ihr wenige Monate vorher noch die Unterstützung verweigert hatte. Der »1. PGF« der Unionsfraktion war damals nach dem Vorsitzenden das einflussreichste Amt, das die CDU/CSU-Fraktion zu vergeben hatte. Seither waren Merkel und Kauder 16 Jahre lang untrennbar. Kauder wurde auch noch CDU-Generalsekretär und organisierte Merkels Wahlkampf 2005. Nach Merkels Umzug ins Bundeskanzleramt rückte er in das Amt des Fraktionsvorsitzenden auf. Hier und da schimmerten zwar politische Gegensätze durch, doch aus ihren internen Gesprächen drang nichts nach außen. Selbst nach seiner Abwahl vom Fraktionsvorsitz in der Spätphase von Merkels Kanzlerschaft hielten sich die beiden daran. Nur Kauders Prognose, gemeinsam seien sie in ihre Ämter gekommen, gemeinsam würden sie auch aufhören, bewahrheitete sich nicht.

In den Berliner Politparty-Gesprächen, in der CDU, auch in den Medien und sogar auf den Motivwagen der Karnevalsumzüge am Rhein entstand bald ein neues Bild von Merkel. Aus der Kümmerin und aus »Mutti« wurde eine Schwarze Witwe. Kohl und Schröder galten als heroische Kämpfer auf dem Schlachtfeld der Politik. Merkel aber erschien als giftige Spinne, die sich hinterrücks ihrer Konkurrenten – den tatsächlichen oder auch nur den vermeintlichen – entledigte. »Leichen pflastern ihren Weg«, hieß es, und die Liste wurde länger. Auf ihr erschienen Frank-Walter Steinmeier, Peer Steinbrück, Philipp Rösler, die einstigen Koalitionspartner Merkels. In der CDU waren es Merz, Koch, Wulff, Oettinger, Rüttgers und Röttgen. Doch das Bild war falsch und ungerecht. Beinahe alle wurden von Merkel gefördert und schieden freiwillig oder aufgrund eigener Fehler und Wahlniederlagen aus der Politik aus. Nur Friedrich Merz hatte Merkel 2002 resolut beiseite gedrückt.

Die anderen Parteifreunde aber konnten Merkel keine Vorwürfe machen, auch wenn sie zu Beginn von Merkels Kanzlerschaft so getan hatten, als seien sie die wahren Herrscher in der CDU. Roland Koch, der Ministerpräsident von Hessen, wechselte im Sommer 2010 in die Wirtschaft, und zwar nicht spontan, sondern geplant – manche seiner Anden-Freunde hatten schon ein Jahr zuvor davon gewusst. Günther Oettinger, der baden-württembergische Ministerpräsident, hatte daheim Schwierigkeiten; Merkel verschaffte ihm das einflussreiche Amt eines EU-Kommissars. Christian Wulff, Ministerpräsident von Niedersachsen, wurde von Merkel in das Amt des Bundespräsidenten gebracht und nicht etwa weggemobbt. Dass er scheiterte, lag nicht an Merkel. Jürgen Rüttgers, Ministerpräsident in Nordrhein-Westfalen, verlor 2010 nach innerparteilichen Querelen die Landtagswahl.

Norbert Röttgen war ein besonderer, für die CDU sogar ein einmaliger Fall. Lange funktionierte er als ein wesentlicher Pfeiler des Unterstützungssystems um Merkel. Er war einer ihrer Vertrauten, ein unabhängiger Kopf zudem, gute zehn Jahre jünger, mit Ambitionen ausgestattet, die in hohe und höchste Ämter reichten. Dermaßen überzeugt war er von sich, dass ihn innerparteiliche Konkurrenten boshaft als »Muttis Klügsten« einstuften. Doch Röttgen überwarf sich mit Kauder, Merkels rechter Hand. Röttgen war Kauders Erster Parlamentarischer

*Rosenmontag, Düsseldorf, 2018. Zitat des Wagenbauers Jacques Tilly: »Bei uns bleibt nichts ungesagt und keiner wird verschont.«*

Geschäftsführer, wollte Kauder aus dem Amt des Fraktionsvorsitzenden drängen – und scheiterte. Gleichwohl machte ihn Merkel zum Umweltminister. Eigenwillig blieb er dennoch. Merkel trat – vor der Katastrophe von Fukushima – für eine Verlängerung der Laufzeiten der Kernkraftwerke ein, Röttgen dagegen. Von CDU-Ministerpräsidenten wurde sogar seine Entlassung verlangt. Merkel hielt an ihm fest. 2012 wollte Röttgen Ministerpräsident in Nordrhein-Westfalen werden. Doch er schlug Ratschläge – auch Merkels – in den Wind, er müsse sich festlegen, im Falle einer Niederlage als Oppositionsführer nach Düsseldorf zu gehen. Röttgen tat es nicht. Er verlor die Wahl. Merkel forderte ihn auf, freiwillig vom Amt des Umweltministers zurückzutreten und seine Demission einzureichen. Gewiss hätte sie zum Abschied schöne Worte der Dankbarkeit gefunden. Doch Röttgen blieb hart, wie vordem nur Scharping gegenüber Schröder. Er wollte nicht freiwillig gehen. Wenn schon, dann müsse Merkel ihn entlassen, schleuderte er ihr entgegen. Merkel warf den Widerspenstigen aus dem Kabinett. Einer Verstoßung aus der Familie kam das gleich. In der CDU wurde Merkel respektvoll »Chefin« genannt. Später sollte es ironisch, erst am Ende wieder liebevoll gemeint sein. »Danke Chefin«, stand auf Plakaten, die nach Merkels letzter Rede als Vorsitzende auf einem CDU-Parteitag hochgehalten wurden.

# Die Zeiten ändern sich

Der Zusammenbruch der DDR prägte Angela Merkels politisches Denken mehr als alles andere. Die Naturwissenschaftlerin hatte es nicht kommen sehen, sie hatte auch nicht dafür gearbeitet. Merkel hätte sich ebenso mit dem Bestehenden arrangieren können, weil arrangieren müssen. Dass stattdessen ein politisch-ökonomisches System, dass ein ganzer Staat binnen weniger Monate kollabierte, wurde für sie zu einer – auch existenziellen – Erfahrung, aus der sie unumgängliche Lehren zog. Nichts ist von Dauer, alles hat seine Zeit. Die Gegenwart ist vergänglich, die Zukunft muss stets neu gewonnen werden. Die Wirklichkeit ist vorübergehend. Ideologien halten den Lauf der Dinge bloß auf. Tagespolitik besteht für Merkel aus einem Kasten voller Instrumente, die mal wirken, mal eben auch nicht. Was gestern geeignet war, ist es heute nicht mehr, sei es auf der Ebene politischer Grundsätze, auf der Sach- und Fachebene oder auf der Ebene der Durchsetzbarkeit hinsichtlich Wahlentscheidungen und innerparteilicher Willensbildung.

Kein Bundeskanzler vor ihr hat während seiner Amtszeit solche Kursänderungen vorgenommen wie Merkel. Kein Parteivorsitzender vor ihr hat seiner Partei so viele Positionswechsel in so kurzer Zeit zugemutet wie Merkel: die Einführung von Mindestlöhnen, die »Aussetzung« – in Wahrheit Abschaffung – der Wehrpflicht, vor allem aber der Ausstieg aus der wirtschaftlichen Nutzung der Kernenergie. Die CDU-Mitglieder und auch die der CSU trugen zwar nicht alles klaglos, letztlich aber widerstandslos mit. Frühere Anhänger Helmut Kohls moserten,

173

schimpften und sagten auch schon einmal, Merkel müsse »weg«. Doch zum einen waren sie alt und ehemalig. Zum anderen mussten sie eingestehen, dass Merkel, jedenfalls in Bundestagswahlen, eine Erfolgsgarantie darstellte. Die internen Merkel-Kritiker standen vor Alternativen, die für eine macht- und kanzlerorientierte Partei wie die CDU keine echten Alternativen waren: Lieber mit einem CDU-Kanzler aus der Atomkraft aussteigen als unter einem SPD-Kanzler. Lieber mit Ministern von CDU und CSU die Wehrpflicht abräumen als mit solchen von der SPD. Lieber die Einführung eines Mindestlohns oder einer Frauenquote in Großunternehmen ein wenig mitgestalten, als es aus der Opposition heraus kritisieren. Auf Parteitagen konnten sich die Kritiker freuen, wenn sie einen Antrag gegen das Votum der Merkel-treuen Führung durchsetzten. Dampf ablassen kann eine schöne Sache sein und erleichternd wirken. Mehr als ein Denkzettel war das aber nicht, eher schon ein Ausrutscher für Merkel und ihre Freunde, die dann auch noch großzügig-herablassend sagen konnten, die CDU sei nun einmal eine Volkspartei und eine diskussionsfreudige überdies.

Vor allem hatte Merkel gelernt, dass ein lupenreines Unionsprogramm in Bundestagswahlen nicht mehrheitsfähig war. 2005 hatte sie es als Kanzlerkandidatin versucht, mit klarer Kante gegen Schröders Politik. Beinahe hätte sie Schiffbruch erlitten. Statt der gewünschten schwarz-gelben Koalition war sie auf ein Bündnis mit der fast genauso starken SPD angewiesen. Merkels Konsequenz: Eine Koalition mit der FDP mag zwar wünschenswert sein, ist aber bei dieser Taktik nicht mehrheitsfähig. Ronald Pofalla organisierte als CDU-Generalsekretär für das Jahr 2009 einen Wahlkampf, der die Konsequenzen zog. Oberstes Gebot: keine Polarisierung. Gegen Frank-Walter Steinmeier, der als Außenminister im Kabinett Merkel über hohe Beliebtheitswerte verfügte und den bürgerlich-pragmatischen Teil der SPD verkörperte, sei kein Wahlkampf mit politischen Zuspitzungen zu führen. Außerdem dürfe die Arbeit der zusammen mit der SPD

*Früh übt sich: Den Fingerzeig hat Merkel in späteren Jahren zur Perfektion entwickelt: wo es langgeht und was zu tun ist. Schon auf einem CDU-Parteitag 1991 war das so – im Beisein des mächtigen Kohl und der Fotografen auch.*

gebildeten Bundesregierung nicht schlechtgemacht werden. Es helfe deshalb auch wenig, vermeintliche Defizite der Regierungsarbeit der SPD anzulasten. Und schließlich sollte es die Kampagne der CDU vermeiden, durch Attacken gegen die SPD deren Wählerschaft zu mobilisieren. »Asymmetrische Demobilisierung« wurde das genannt. Auf eine verquere Weise hatte Merkels und Pofallas Konzept Erfolg. Die SPD verlor im Vergleich zu 2005 mehr als elf Prozentpunkte und sackte auf 23 Prozent ab. Auch die Unionsparteien wurden mit ihrem schlechtesten Wahlergebnis seit 1949 bestraft und kamen auf 33,8 Prozent. Doch weil sich ihre Verluste (minus 1,4 Prozentpunkte) in Grenzen hielten und weil die FDP unter ihrem Vorsitzenden Westerwelle so gut wie noch nie bei Bundestagswahlen abschnitt (14,6 Prozent), bekamen Union und FDP im Bundestag die Mehrheit der Mandate und konnten eine schwarz-gelbe Bundesregierung bilden. Das Ziel war erreicht, wenn auch nur irgendwie.

175

Die Skeptiker in der CDU wurden an den Rand und in die Rolle der Mäkler gedrängt. Christean Wagner, der Vorsitzende der hessischen Landtagsfraktion, und Mike Mohring, Wagners Pendant in Thüringen, meldeten sich mit einer warnenden Erklärung zu Wort. Es solle keine Häme über die SPD gegossen werden, weil nun angeblich die CDU die letzte wirkliche Volkspartei sei, schrieben sie. »Die Probleme der SPD von heute können die der Union von morgen sein.« Die Unionsparteien hätten bei der Bundestagswahl bloß Glück gehabt. Von den Verlusten der SPD hätten sie nicht profitieren, in ihren Hochburgen die bisherigen Wähler nicht an sich binden können. Doch Wagner und Mohring gehörten nicht zu Merkels politischen Freunden. Wagner hatte seine Fraktion in Hessen auf den Erfolg Roland Kochs zugeschnitten. Mohring führte einen Stellungskrieg gegen die thüringische CDU-Ministerpräsidentin Christine Lieberknecht, die wiederum bei Merkel gut gelitten war. Überdies: Kassandra ist in der Politik nicht gern gesehen. Pofalla aber war stolz auf »seinen« Erfolg. Merkel sah das auch so und machte ihn zum Chef des Bundeskanzleramtes.

Seit Beginn der Kanzlerschaft Merkels verschoben sich die Koordinaten der CDU. Was als ideologischer Ballast galt, wurde abgeworfen. Der SPD und auch den Grünen die »Themen« zu nehmen und damit auch die Wähler, entwickelte sich zur Strategie. Auf Widerständler in der Union musste niemand mehr Rücksicht nehmen. Die CDU blieb stärkste Partei, Merkel im Kanzleramt – mit stets guten Umfragewerten. Die 2007 ausgebrochene weltweite Finanzkrise schien sie gut zu managen. Die SPD lag ab 2009 am Boden. Eine ernst zu nehmende Konkurrenz von rechts gab es nicht. Wen also sollten konservative CDU-Anhänger und Skeptiker dieses Kurses wählen, die eine Stimme für die neonazistische NPD ausschlossen? Am Ende doch die CDU, und sei es nur als »kleineres Übel«. Der Begriff der »Sozialdemokratisierung« der CDU kam auf. Dabei war nicht alles, was an Kursänderungen Merkel zugeschrieben oder auch angelastet wurde, tatsächlich von ihr angestoßen worden. Andere waren mindestens ebenso, wenn nicht noch mehr beteiligt. Doch die Gesetze der Mediendemokratie sind unergründlich, und am Ende trägt der Chef die Verantwortung – und den Erfolg mit nach Hause. Den Misserfolg natürlich auch. Die Aussetzung beziehungsweise Abschaffung der Wehrpflicht war ein solcher Fall. Ins zeithistorische Gedächtnis, in die politischen Debatten auch, hat sich eingegraben, Angela Merkel habe das vollbracht. Richtig daran ist, dass die Bundeskanzlerin und CDU-Vorsitzende es geschehen ließ. Sie hätte es verhindern können – vielleicht. Im Sommer 2010, als das Anliegen hochkochte, hätte es allerdings einen Kraftakt sondergleichen zur Voraussetzung gehabt. Merkel hatte vielfach öffentlich bekundet, sie sei eine Anhängerin der Wehrpflicht. Doch äußerte sie sich intern auch anders, zurückhaltender, zwiegespalten. Die Einsätze deutscher Soldaten im Ausland und auch die militärische Technologie führten zu Überlegungen, die Bundeswehr in eine Berufsarmee umzubauen. Die mangelnde Wehrgerechtigkeit hatte die Wehrpflicht argumentativ untergraben. Faktisch war die Wehrpflicht zu einem Freiwilligendienst geworden. Junge Männer, die das wollten, wurden eingezogen. Diejenigen, die nicht wollten, brauchten nicht anzutreten und mussten nicht einmal den sogenannten Zivildienst ableisten. In den Bundestagsparteien war die Unterstützung für die Wehrpflicht gesunken. Linkspartei, Grüne und FDP lehnten sie ab. In der SPD war sie umstritten. Die letzte Bastion waren CDU und CSU. Doch die Bastion bröckelte. Merkel sagte zwar, die Wehrpflicht habe der Bundeswehr und dem ganzen Land gutgetan. Doch sagte sie auch, die im Grundgesetz niedergelegte Wehrpflicht gehöre nicht zum programmatischen »Markenkern« der CDU. Wehrpflicht und Bundeswehr seien Mittel zum Zweck. Und der Zweck sei die Sicherheit des Landes. Diese sei der Markenkern.

Der Hauptakteur aber war Karl-Theodor zu Guttenberg. Einen Sommer lang, einen Herbst und einen Winter loderte das

Feuer der Begeisterung im Berliner Regierungsviertel. Guttenberg war noch keine vierzig Jahre alt. Er sah gut aus, und er hatte eine schöne Frau. Sein Großvater gleichen Namens war Ende der Sechzigerjahre Parlamentarischer Staatssekretär bei Bundeskanzler Kiesinger gewesen. Der Enkel hatte einen großen und langen Namen: Karl-Theodor Maria Nikolaus Johann Jacob Philipp Franz Joseph Sylvester Buhl-Freiherr von und zu Guttenberg. 2002 wurde er für die CSU in den Bundestag gewählt. 2008 machte Horst Seehofer ihn zum Generalsekretär. Anfang 2009 wurde er Bundeswirtschaftsminister, nach der Bundestagswahl 2009 dann Verteidigungsminister. Mit der Reform der Bundeswehr war er befasst, mit neuer Organisation und Sparmaßnahmen. Die Aussetzung der Wehrpflicht gelangte auf die Agenda der Berliner Republik. Manche behaupteten, Guttenberg habe mit dem Rücktritt gedroht, um das Vorhaben durchzusetzen. Andere meinten, er habe das nicht getan. Politiker seiner Klasse können die Leute beides glauben machen.

Guttenberg konnte die Leute betören, durch Rhetorik und Gestik. Dass ihm das Amt des CSU-Vorsitzenden später einmal wie eine reife Frucht in den Schoß fallen würde, gehörte auch im Bundeskanzleramt zum Allgemeingut, ebenso, dass er Bundeskanzler werden wolle. Dass er schon jetzt bei Bundestagswahlen besser abschneiden würde als Merkel, war die sichere Einschätzung seiner CDU-Altersgenossen. Volker Kauder, der CDU/CSU-Fraktionsvorsitzende, erzählte einen deftigen Witz über den Verteidigungsminister und über sich. Die Geschichte geht so: Guttenberg will wissen, wie populär er ist. Vor einer Haustüre verrichtet er seine Notdurft und geht um den Block. Die Leute stehen vor der Scheiße und ärgern sich. Guttenberg sagt: Das war ich. Die Leute sagen: Sie werden sich was dabei gedacht haben. Kauder will es nun auch wissen, tut es Guttenberg gleich und geht um den Block. Er sagt: Das war ich. Die Leute sagen: Räumen Sie Ihren Scheiß weg.

Auf Merkels Wunsch und mit ihrer Billigung redete Guttenberg nicht nur vor CSU-Gremien, sondern auch auf Veranstaltungen der CDU über das Vorhaben, die Wehrpflicht auszusetzen. Überall war die Begeisterung groß. Die Delegierten eines CDU-Parteitages stimmten der Aussetzung der Wehrpflicht mit großer Mehrheit zu, was diejenigen gerne vergessen machen wollen, die Merkel vorwerfen, die Aussetzung quasi im Alleingang vollführt zu haben. Ein knappes Jahr später stand die Sache im Bundesgesetzblatt. Da aber war Guttenberg schon nicht mehr Verteidigungsminister. Binnen zweier Wochen verlor er Amt und Würde – seiner Doktorarbeit wegen, die in großen Teilen Plagiate enthielt. Am 16. Februar 2011 wurden die ersten Vorwürfe bekannt. Tägliche Schlagzeilen, eher laue Unterstützung aus dem eigenen Lager setzten ihm zu. Merkel sagte, sie habe Guttenberg als Minister, nicht als »wissenschaftlichen Assistenten« ins Kabinett geholt. Kaum war das gedruckt, folgte ein Achselzucken der Kanzlerin. Am 23. Februar wurde ihm der Doktortitel aberkannt. Aus dem politischen Strahlemann, der am Times Square in New York für die Fotografen ausladend posiert hatte, war ein Plagiator ersten Ranges geworden. Am 1. März trat er von seinen politischen Ämtern zurück. Merkel und Seehofer verständigten sich auf einen Tausch wichtiger Ressorts. Am 3. März wurde Innenminister Thomas de Maizière (CDU) Guttenbergs Nachfolger im Verteidigungsministerium. Das Innenministerium ging an die CSU; Seehofer überredete Hans-Peter Friedrich, den CSU-Landesgruppenvorsitzenden, in die Rolle des Innenministers hineinwachsen zu wollen. Als de Maizière im Sommer bei der Wehrpflichtaussetzung Vollzug melden konnte, war die Sache schon »kein Thema« mehr, wie das im politisch-medialen Komplex am Regierungssitz gern ausgedrückt wird. Die Wehrpflicht war Vergangenheit.

Bald darauf stand der nächste Markenkern der Unionsparteien, der keiner mehr sein durfte, zum Abräumen bereit: die friedliche Nutzung der Kernenergie in Deutschland. Am 11. März 2011 brannte das Kernkraftwerk in Fukushima in Japan. Der Streit über die Kernenergie war ein letztes Überbleibsel der »alten« Bundesrepublik. Anfangs noch als Möglichkeit gefeiert, ein für alle Mal die Energieversorgung zu sichern, wurde die Nutzung der Atomenergie bei Links und Rechts zum ideologischen Fixpunkt, zum Maßstab für Gut und Böse sogar. Anhänger der Kernkraft gerieten in den Verdacht, die Zukunft der Menschheit aufs Spiel zu setzen. Wo immer Kraftwerke geplant und gebaut wurden, fanden sich Demonstranten in großer Zahl ein. Brokdorf, Wackersdorf, Mülheim-Kärlich und Lüchow-Dannenberg wurden zu Synonymen des Widerstands. Die Anti-AKW-Bewegung bildete eine der Wurzeln einer neuen, kleinen, linken und später erfolgreichen Partei. 1980 gründeten sich die Grünen, als Fleisch vom Fleische der SPD, wie das Sozialdemokraten – fälschlicherweise – empfanden. Auch die SPD wandte sich von der Kernenergie ab. Nachdem es die rot-grüne Bundesregierung in Berlin geschafft hatte, im Rahmen eines mit der Energiewirtschaft ausgehandelten »Atomkonsenses« den mittelfristigen Ausstieg aus der Kernenergie zu organisieren, schien der Streit beendet.

Doch es schien bloß so. Denn drei Parteien im Bundestag blieben Anhänger der Kernkraft: CDU, CSU und FDP. Die »bürgerlichen« Parteien hatten ein Unterscheidungsmerkmal gegen Rot-Grün gefunden. Mit Merkel war 2005 zwar eine Anhängerin der Kernkraft ins Bundeskanzleramt eingezogen, doch weil die Unionsparteien auf die SPD als Koalitionspartner angewiesen waren, änderte sich an den Ausstiegsbeschlüssen der rotgrünen Vorgängerregierung nichts. Im Bundestagswahlkampf 2009 aber warben Union und FDP für verlängerte Laufzeiten der Kernkraftwerke in Deutschland, mit Merkels Zustimmung natürlich. Schon als Umweltministerin war sie Anhängerin der Kernenergie gewesen. Die Physikerin hielt die Risiken der Technologie für vertretbar. Nirgendwo auf der Welt seien die Atomkraftwerke so sicher wie in Deutschland, lautete ihr Argument. Weitere Begründungen: Die Kernenergie verursache keine

Treibhausgase und sei deshalb hilfreich bei der Klimapolitik; wenn die deutsche Wirtschaft auf dem Gebiet der Kernenergie international konkurrenzfähig sein wolle, dürfe sie von der eigenen Bundesregierung nicht desavouiert werden. Die schwarz-gelbe Koalition machte sich ans Werk. Vom Kanzleramt aus organisierte Ronald Pofalla die Laufzeitverlängerung. Skeptiker in der CDU, zu denen auch Umweltminister Norbert Röttgen gehörte, sollten mit der Versicherung Merkels besänftigt werden, natürlich handele es sich bei der Kernenergie um eine »Brückentechnologie«. Das sollte heißen, irgendwann später könne sie abgeschafft und durch neue Energieformen abgelöst werden. Merkel konzedierte Röttgen auch, er dürfe sich als Umweltminister natürlich über die »Länge der Brücke« Gedanken machen. Auch Röttgens Hinweis, die Kernkraft dürfe nicht Alleinstellungsmerkmal für die Unionsparteien sein, gehe in Ordnung, äußerte sie. Das entsprach Merkels Verständnis von der Rolle der Ressortchefs. Der Umweltminister sei Anwalt der Natur, die Frauenministerin Anwältin der Frauen, der Wirtschaftsminister Vertreter der Industrie und des Mittelstands, der Arbeitsminister der Fürsprecher der Gewerkschaften.

In Fragen der Laufzeitverlängerung der Kernkraftwerke schien alles geklärt – bis zur Nuklearkatastrophe in Fukushima, die durch ein Erdbeben verursacht worden war: Tote, Verletzte, verseuchte Gebiete, Sondersendungen im Fernsehen. Binnen Stunden änderte Angela Merkel ihren Pro-Kernenergie-Kurs. Deutschland könne angesichts der Katastrophe nicht zur Tagesordnung übergehen. »Ich habe eine neue Bewertung vorgenommen.« Die Ereignisse in Japan seien ein »Einschnitt für die Welt«, sagte sie in einer Regierungserklärung. »Sie waren ein Einschnitt auch für mich ganz persönlich.« Und: »In Fukushima haben wir zur Kenntnis nehmen müssen, dass selbst in einem Hochtechnologieland wie Japan die Risiken der Kernenergie nicht sicher beherrscht werden können.« Zwar gab es zwischen den Parteien im Detail noch unterschiedliche Vorstellungen über den Ausstieg. Doch im Kern bestand ein Konsens, der den Kritikern recht gab. Wenige Wochen nach »Fukushima« wurde in Baden-Württemberg erstmals ein Mitglied der Grünen zum Ministerpräsidenten gewählt: Winfried Kretschmann stand von nun an einer grün-roten Landesregierung vor. Erstmals seit Menschengedenken befand sich die CDU im Ländle in der Opposition. Stefan Mappus, kein CDU-interner Anhänger Merkels, hatte die Wahl und das Regierungsamt verloren. Gemeinhin hätte die Niederlage in einer solchen Landtagswahl zu inneren Verwerfungen in der Union geführt und womöglich auch Merkels Autorität untergraben. Doch nun war alles anders. Nicht Merkel, sondern die Landes-CDU und »Fukushima« hätten den Amtswechsel in Stuttgart zu verantworten.

Gegen den Kurswechsel in der Atompolitik gab es in der Partei kaum Widerspruch. Die Niederlage in Baden-Württemberg trug dazu bei. Die verbliebenen CDU-Ministerpräsidenten wollten nicht das Schicksal ihres Kollegen Mappus erleiden. Zwar kam Merkel zu der Einschätzung, die CDU sei in Fragen der Kernenergie gespalten. Von einem Sechzig zu Vierzig pro Ausstieg sprach sie und verglich ihre Entscheidung vom politischen Gewicht her mit Schröders Agenda-Politik. Doch habe Schröder seine Politik zu wenig »erklärt«. Sie hingegen wolle die Partei »mitnehmen«. Die CDU sei »ausstiegsfreundlicher«, als es deren Wirtschaftsflügel denke, beschied sie die Kritiker, die ohnehin nur in Fachkreisen der Energiewirtschaft noch über Ansehen verfügten. Der Ausstieg aber sei nicht eine »technische«, sondern eine »politische« Entscheidung, wurde ihnen bedeutet. Widerstand war zwecklos. Ein »Sonderparteitag« der CDU über die neue Linie fand zwar nicht statt, doch ebenso wenig ein innerparteilicher Aufstand. Politischen Zuspruch konnte Merkel auch aus der Kommentierung ableiten, ein weiteres Mal sei es ihr gelungen, die Programmatik einer anderen Partei zu übernehmen. Die Wählerschaft der Grünen könne sich nun auch auf die CDU verlassen. Damit sei auch ein Hindernis für eine schwarz-grüne Koalition aus dem Weg geräumt worden. Fünf Jahre später sollte sich das nach der Wahl in Baden-Württemberg bewahrheiten – nur unter umgekehrten Vorzeichen. Kretschmann wurde bestätigt, seine Grünen wurden stärkste Partei und die CDU ihr Juniorpartner. Der konservative Flügel der Unionsparteien hatte eine weitere Schlappe erlitten, dieses Mal nicht bloß durch Merkel und ihre Anhänger an der Parteispitze, sondern auch seitens der Wähler. Die verbliebenen Kernenergie-Anhänger in der Bevölkerung aber hatten von nun an keine relevante Partei mehr, die ihre Position vertrat. So gesehen brauchte die CDU-Spitze auch keine Rücksicht mehr auf dieses Wählerspektrum zu nehmen – und nicht nur auf dieses.

Immer mehr Milieus und Wählergruppen verloren ihren Einfluss auf die Parteispitze. Der katholisch geprägte Teil der CDU wurde im Konrad-Adenauer-Haus und im Kanzleramt nicht ernst genommen. In gesellschaftspolitischen Fragen – Rechte der Frauen, Einführung eines Elterngeldes, die Ehe für homosexuelle Paare – vollzog die CDU in Merkels Kanzlerjahren vielfältige Kurskorrekturen. Zum Leidwesen ihrer konservativen Anhängerschaft wurde die CDU zu einer Partei, die auf der Höhe gesellschaftlicher Diskurse blieb.

Parteiintern aber wuchs die Arroganz der Macht. Das »System Merkel« funktionierte. Die wesentlichen Positionen waren mit Getreuen besetzt: Pofalla als Chef des Kanzleramtes, Hermann Gröhe als Generalsekretär und später als Gesundheitsminister, Volker Kauder an der Spitze der Bundestagsfraktion, der als Verbindungsmann zur CSU und ein wenig auch zum konservativen Flügel der CDU wirkte. Peter Altmaier diente als Vielzweckwaffe in der Fraktion, im Kabinett und im Kanzleramt. Der 2016 verstorbene CDU-Abgeordnete Peter Hintze, der 1991 als Parlamentarischer Staatssekretär im Frauen- und Jugendministerium die junge ostdeutsche Ministerin Merkel in Tiefen und Untiefen der Bonner Republik eingeführt hatte, sorgte dafür, dass die größte Landesgruppe der CDU/CSU-Fraktion, die aus Nordrhein-Westfalen, auf Merkel-Kurs blieb. In der engeren Parteiführung, dem CDU-Präsidium, waren die Verhältnisse ebenso klar. Die stellvertretenden CDU-Vorsitzenden Armin Laschet (Nordrhein-Westfalen) und Ursula von der Leyen (Niedersachsen) standen fest an Merkels Seite. Aber das Präsidium diskutierte, wie regelmäßig kolportiert wurde, ohnehin nicht oder stimmte gar ab. Das war zwar schon zu Helmut Kohls Zeiten so gewesen. Doch diejenigen, die nicht zum inneren Zirkel gehörten, klagten über Merkels Führungsstil: Wer immer eine politisch-inhaltliche Diskussion eröffne, gerate in den Verdacht, in Wirklichkeit eine Personaldebatte vom Zaun brechen zu wollen – gegen Merkel. »Reden ist Silber, Schweigen ist Gold«, lautete die Konsequenz.

Nur hin und wieder kamen die Spannungen zum Ausbruch. Mitglieder des sogenannten Berliner Kreises, in dem sich konservative CDU-Politiker zu versammeln pflegten, fühlten sich auf einem Empfang in der CDU-Zentrale von Generalsekretär Hermann Gröhe herablassend behandelt; selbst das Abendessen sei schlecht gewesen. Kanzleramtschef Ronald Pofalla sagte zum Widerständler gegen Euro- und Flüchtlingspolitik Wolfgang Bosbach: »Ich kann deine Fresse nicht mehr sehen.« Einmal bekundete Merkel sogar selbst, einen Parteitagsbeschluss nicht ernst nehmen zu wollen. Der Parteitag in Essen trat im Dezember 2016 zusammen, als sie sich gerade entschieden hatte, die CDU noch einmal als Kanzlerkandidatin in den Bundestagswahlkampf zu führen. Gegen das Votum der Parteiführung um Merkel stimmten die Delegierten für einen Antrag, der ein Gesetz der großen Koalition zur Zulassung der doppelten Staatsbürgerschaft infrage stellte und strengere Kriterien für Doppelstaatler verlangte. Sogar Innenminister Thomas de Maizière und Volker Kauder hatten in ihren Reden gegen den Antrag gesprochen, den die Junge Union unter ihrem damaligen Vorsitzenden Paul Ziemiak eingebracht hatte. Jens Spahn, der bei

Merkels Leuten nicht zu Unrecht als einer ihrer Gegner galt, zumal er zwei Jahre zuvor den Merkel-Vertrauten Gröhe aus dem Parteipräsidium verdrängt hatte, hielt eine flammende Rede für den Antrag. Merkels Anhänger verloren, ihre Kritiker siegten. Die Parteivorsitzende reagierte barsch. »Es wird in dieser Legislaturperiode keine Änderung geben«, sagte sie gleich nach Ende des Kongresses. Und auch für spätere Zeiten schloss sie es aus: »Ich glaube auch nicht, dass wir einen Wahlkampf über den Doppelpass machen, wie wir das früher mal gemacht haben.« Wahlkampf gegen den »Doppelpass« – das hatte Roland Koch 1999 in Hessen unternommen, zwar erfolgreich, aber auch gegen den Widerspruch der damaligen CDU-Generalsekretärin Angela Merkel. Doch siebzehn Jahre später war Koch weg und Merkel seit elf Jahren Bundeskanzlerin. Sie konnte sich die Rüge leisten.

Der Unmut in der CDU über Merkels gesellschaftspolitischen Kurs aber war gewachsen. Zwar blieb der Antrag der Sache nach folgenlos. Doch sah sich Annegret Kramp-Karrenbauer, Merkels Nachfolgerin an der Parteispitze, veranlasst, Ziemiak zum neuen Generalsekretär zu berufen. Zuvor schon war Jens Spahn als Gesundheitsminister ins Bundeskabinett geholt worden. Dieser war einerseits ein Merkel-Kritiker, andererseits aber auch ein »Profiteur« von Merkels Gesellschaftspolitik. Spahn ist ein bekennender Schwuler, der Ende 2017 mit seinem Partner Daniel Funke Hochzeit feiern konnte. Merkel hatte sich kurz vor der Bundestagswahl der Verabschiedung des Gesetzes »Ehe für alle« nicht mehr in den Weg gestellt – zur Verärgerung des konservativ-christlichen Parteiflügels, der sich abermals beugen musste. Merkel aber war stolz auf ihren Kurs. Auf dem Parteitag im Dezember 2018, auf dem sie aus dem Amt der Vorsitzenden schied, sagte sie, die CDU des Jahres 2018 sei nicht mehr die CDU des Jahres 2000. Sie fügte an: »Und das ist auch gut so.« Ein Zitat aus dem Jahr 2001 war das, abgeluchst von Klaus Wowereit (SPD), als der sich damals um die Kandidatur für den

Regierenden Bürgermeister von Berlin bewarb. Wowereit war der erste prominente Politiker, der sich – übrigens gegen den Willen seiner Berater – outete. »Ich bin schwul, und das ist auch gut so.« Eine Sensation war das – zu jener Zeit. Wowereit ist mittlerweile nicht mehr »Regierender«. Sein »Und das ist auch gut so« blieb. Eine Verschiebung sondergleichen war es, mit Wirkungen, die weit in den Bereich der Politik hineinreichen: ohne Wowereit kein Spahn.

# In der Blase

Nahe bei den Menschen zu sein, sich um das Gemeinwohl zu kümmern, ist das Ziel der Politik und der Menschen, die sie als Beruf betreiben. Politiker sind gerne unter Leuten. Sie reden gerne mit ihnen, sie wollen überzeugen, streiten und auch plaudern. Menschen, die sich lieber in Büchern verkriechen oder im Büro ihren Dienst tun oder in einer Großküche neue Rezepturen einführen, gehören nicht in die Politik. Sie denken auch gar nicht daran, das zu wollen. Der wahre Politiker aber liebt das Bad in der Menge, mit allen Vor- und seinen Nachteilen einer öffentlichen Rolle wie der ständigen Beobachtung oder der permanenten Verfügbarkeit. Oder der Pflicht, bei öffentlichen Auftritten nicht nur Präsenz zu zeigen, sondern auch noch nett zu sein. Dem wahren, erfolgreichen Politiker macht Wahlkampf Spaß, so wie einem Sportler der Wettlauf, einem Wissenschaftler das Forschen und einem Autor das Schreiben. Im Wahlkampf kommt alles zusammen, was Politik für die Berliner Profis ausmacht. Reden, reisen, Leute treffen, mit Parteifreunden in der Provinz sprechen. Sie mögen bei ihren Auftritten schwitzen. Ihre Stimme mag heiser sein. Manchmal mögen sie am Ende des Tages klagen, warum sie sich das alles antäten. Doch das ist das Klagen eines Marathonläufers nach dem Training. Spaß macht es trotzdem – oder die Laufbahn ist beendet.

Politik ist ein Beruf, der erlernt sein will wie andere Berufe auch. Politiker müssen sich kümmern – oder wenigstens so tun als ob, was schwierig genug sein kann. Sie dürfen nicht arrogant sein, eigentlich. Der Vorwurf, sie seien »abgehoben«, wiegt schwer bei ihnen. Abgehoben sein heißt: sich nicht mehr für die Belange der (kleinen) Leute zu interessieren; ihre Fragen nicht zu verstehen; ihre Anliegen nicht zu teilen; ihren Alltag nicht zu kennen. Politiker tun sehr viel, damit es nicht so kommt. Der erfolgreiche Politiker, also auch ein Kanzler, prahlt nicht damit, sich in den Gourmet-Tempeln der Sterneköche auszukennen. Helmut Kohl liebte pfälzischen Saumagen, Gerhard Schröder gesamtdeutsche Currywurst, Angela Merkel heimische Kartoffelsuppe. Der erfolgreiche, also volksnahe Politiker lässt sich lieber nachsagen, immer denselben grauen Anzug zu tragen, als mit modischem Schnickschnack aufzuwarten. Als zu Beginn seiner Kanzlerschaft Schröder mit Anzügen des Herrenausstatters Brioni in Verbindung gebracht wurde, war das nur für kurze Zeit eine willkommene Abwechslung von Kohls ewiger Strickweste. Rasch änderte sich das Blatt. Strickjacke, das ist vielleicht bodenständig, gar kleinbürgerlich. Brioni aber, das ist neureich. In der Regel jedenfalls sollten Politiker und Politikerinnen, die den ganzen Tag über im Rampenlicht stehen, teure, knitterfreie Anzüge beziehungsweise Kostüme tragen. Und Schweißflecken sollten auch nicht zu sehen sein, wenn Kameras dabei sind. Denn wie im Leben hat auch in der Politik alles mindestens zwei Seiten. Der schwitzende Politiker mag einer sein, der sich für das Gemeinwohl, das Land, die Partei aufreibt. Unversehens aber können dieselben Bilder als Symbol dafür ausgenutzt werden, die abgebildete Person sei nervös und intellektuell überfordert.

Um nahe bei den Menschen zu sein, wurden die sogenannten Sommerreisen erfunden, zu Bonner Zeiten noch, für Bonner Journalisten und hoch im Norden. Sie hießen »Nordlichtreisen« und hatten Niedersachsen zum Ziel, organisiert von der Landesregierung unter CDU-Ministerpräsident Ernst Albrecht, der damals bundespolitische Ambitionen hatte. Solche Sommerreisen sind eine schöne Sache. Die Politiker aus Berlin – Parteivorsitzende, Fraktionsvorsitzende, Landesgruppenvorsitzende, Bundesminister, Bundesministerinnen – kommen im Land herum. Sie kommen auch noch ins Fernsehen und in die Zeitung, meistens jedenfalls. Deswegen sind Sommerreisen ohne Journalisten keine Sommerreisen, sondern, kommunikativ gesehen, gar nichts. In der Provinz mögen sich Parteifreunde des Sommerreisenden freuen, weil sich Berliner Prominenz blicken lässt. Doch wenn davon niemand sonst erfährt, hat der politische Sommerfrischler wenig davon. Nun will natürlich auch die sogenannte Begleitpresse ihren Nutzen aus der Mitreise ziehen. Berichte über nette Begegnungen von sich nett gebenden Parteifreunden sind nicht (mehr) so gefragt, selbst in der früher so genannten Saure-Gurken-Zeit während der parlamentarischen Sommerpause. Dem Wunsch will die fahrende Prominenz nachkommen, weshalb auch politische Bemerkungen fallen, die das Zeug haben, ins Fernsehen oder in die Zeitung zu kommen. Sommerreisen und ihre Stationen sind deswegen gut geplant. Eine Frauenministerin etwa wird eher Frauenhäuser oder Kindertagesstätten besuchen, es sei denn, sie will hoch hinaus und besucht eine Bundeswehrkaserne oder einen industriellen Großkonzern unter dem Vorwand, sich mit der Lage der weiblichen Mitarbeiter zu befassen. Parteivorsitzende auf Sommerreisen achten bei der Auswahl der Ziele darauf, ob ein regionaler Wahlkampf bevorsteht. Sie reden dann gerne mit der Redaktion einer örtlichen Zeitung. Lieber treffen sie Parteimitglieder, die es zu etwas gebracht haben, als solche, deren Organisation darniederliegt. Nur hin und wieder laufen Sommerreisen aus dem Ruder. Beim abendlichen Hintergrundgespräch mit den begleitenden Journalisten ließ Kurt Beck, damals SPD-Vorsitzender, seinem Zorn über innerparteiliche Intrigen gegen ihn im Speziellen und gegen die Berliner Verhältnisse insgesamt freien Lauf. Es war ein Wutausbruch sondergleichen, aber auch echte Politik? Ein paar Monate später verzichtete er auf sein Amt.

Kurt Beck gehörte zu jenem Typus Politiker, dem »Berlin« fremd blieb. Nicht die Stadt Berlin mit ihrer Bedeutung für die deutsche Geschichte, mit den Museen und Theatern ist ihm und

*Nah bei de Leut oder lieber doch da, wo die Musik spielt? Kurt Beck (links), Ministerpräsident von Rheinland-Pfalz und im September 2006 auch SPD-Chef bei und mit Sabine Christiansen, die den Takt vorgab.*

seinesgleichen fern, sondern das, was sich im Quadratkilometer von Präsidialamt, Kanzleramt, Bundestag und Bundesrat, den Parteizentralen und den Büros der Medien abspielt. Die Häme, mit der in Berlin Leute aus der Provinz von Parteifreunden und anderen bedacht werden, gab es in Bonn nicht. Bonn war selbst Provinz. Sehen und Gesehenwerden standen, natürlich, auch im kleinen Bonn am großen Rhein auf der Tagesordnung. Im großen Berlin an der kleinen Spree aber wurde vieles anders. Im Bonner Regierungsviertel gab es – mit Ausnahme eines Italieners, eines Lokals im Presseclub und des Bundestagsrestaurants – keine Lokalität, wohin »man« ging. In Berlin geht »man« zum Borchardt, ins Einstein, gar in den China Club und in Dutzende weiterer Lokalitäten. Die Sommerfeste der Vertretungen der Bundesländer in Bonn waren gediegen, auch mal feuchtfröhlich. In Berlin wurden sie zu Inszenierungen der wirtschaftlichen Bedeutung der Länder. Jahresempfänge von Fernsehanstalten und Zeitungen in Bonn fanden in engen Büros oder auch auf leergeräumten Parkplätzen statt. In Berlin werden Museumsmeilen zum Schauplatz, Großunternehmen lassen sich nicht lumpen.

Die Bonner Gesellschaft bestand aus fleißigen Beamten, braven Abgeordneten und etwas zu neugierigen Journalisten. In Berlin kam ein neuer Schick dazu. Udo Waltz, ein erfolgreicher Friseur, wurde in den Jahren nach dem Umzug zu einer der Ikonen des neuen Regierungssitzes. Den Friseur im Bundestagsgebäude am Rhein kannten nicht einmal alle Abgeordneten. Udo Waltz in Berlin kennt die ganze Stadt. Der Bonner Oberbürgermeister war ein Bürgermeister wie in allen Städten Deutschlands, heimatverbunden, am besten ein treuer Familienvater. In Berlin war Klaus Wowereit Regierender Bürgermeister, ein bekennender Homosexueller, der zum Aushängeschild der Stadt und des um sich greifenden Lebensgefühls avancierte. Wowereit war weltweit bekannt. Er zeigte sich den schönen Seiten des Lebens zugewandt. Wer dem Sozialdemokraten übel wollte, nannte ihn deshalb »Partymeister«, was den Unterton hatte, es gehe ihm ums Champagnertrinken statt ums Regieren. Das war ungerecht, weil Wowereit in Wahrheit ein fleißiger Politiker mit einem enormen Gedächtnis auch für die kleinen Leute war. An sich stand er »nah bei den Menschen«.

Sabine Christiansen wurde zur dritten Galionsfigur der neuen Republik. Die Fernsehjournalistin war mehr als nur ein Aushängeschild der neuen Zeit. Wen immer Christiansen aus der politischen Klasse in ihre Sendung gleichen Namens einlud, er oder sie kam, garantiert. Christiansen ließ die Gäste ausreden, sodass ihr angelastet wurde, ihnen unkritisch eine Bühne zur Selbstdarstellung zu geben – was dazu führte, dass ihre Nachfolger kaum noch jemanden ausreden lassen. Daraufhin begannen manche Spitzenpolitiker Einladungen zu deren Talkshows kategorisch abzulehnen.

Zu Christiansen aber kamen sie gerne. Doch führten die wöchentlichen Sendungen und die wachsende Zahl von Formaten ähnlicher Art unter altgedienten Parlamentariern und auch im Präsidium des Bundestages zu – auch selbstkritischen – Vorhaltungen. Die zwischen den Parteien ausgetragenen politischen Auseinandersetzungen gehörten, hieß es, in den Bundestag. Statt in den Talkshows müsse der Streit im Parlament ausgefochten werden. Moniert wurde auch, dass die parlamentarischen Debatten allenfalls noch in Spartenkanälen zu sehen seien. Früher sei das anders gewesen, was ja auch zutraf. Ehedem wurden die »großen« Debatten in ARD oder im ZDF ausgestrahlt. Nun aber machten die Talkshows Quote. Mindestens ein Teil des öffentlichen Diskurses verlagerte sich aus dem parlamentarischen Raum in die Zuständigkeit von TV-Planern. Das Gesetz des Geschäfts, dass die Gäste prominent sein sollten, hatte eine unschöne Nebenwirkung. Es traten immer dieselben Politiker und zusätzlich fernsehtaugliche Journalisten auf. Der politisch-mediale Komplex blieb unter sich.

Gespräch mit einem hohen Beamten. Was sich im Verhältnis zwischen Politik und Journalismus seit dem Umzug aus Bonn verändert habe? »Eigentlich alles.« Politiker und Journalisten säßen auf zwei Seiten eines Tisches, wird oft gesagt, um die unterschiedlichen Interessen und Aufgaben der beiden Berufe zu kennzeichnen. Im Grunde handelt es sich um getrennte Arbeitsfelder. Politiker und die Beamtenschaft gehen ihrer Aufgabe nach, das Land zu regieren, die Verwaltung zu organisieren, Gesetze vorzubereiten und zu verabschieden. Journalisten berichten darüber, analysieren und kommentieren. Doch der Hinweis, man sitze am selben Tisch, beschreibt das Zusammenwirken der beiden Seiten und die gegenseitige Einflussnahme. Die schnellere Schlagzahl des Journalismus, die seit dem ersten Jahrzehnt des neuen Jahrtausends durch die wachsende Zahl und Qualität der Online-Dienste hervorgerufen wurde, beeinflusste die Politik und auch die Arbeit in den Ministerien. Eigentlich müsste das nicht sein. Minister und ihre Fachbeamten könnten sich die Zeit nehmen, die sie für ihre Vorhaben eben benötigen. Doch Berichte, ein Gesetzesentwurf sei immer noch nicht fertig oder ein Minister habe noch immer keine Stellungnahme zu einem Ereignis abgegeben, führen in der Opposition, häufig aber auch im eigenen Lager, zu einem fatalen Vorwurf: Der betreffende Politiker habe »seinen Laden nicht im Griff«, er sei zögerlich und entscheidungsschwach. Das mag niemand auf Dauer ertragen, dessen Image die Grundlage seiner Arbeit und seiner Position ist. Der Druck wächst. Und mit ihm die Notwendigkeit einer Reaktion.

Auch ist die Geschwindigkeit eine andere geworden. Früher wurde der Takt der Politik durch den Redaktionsschluss der Zeitungen – bei den überregionalen also gegen 19 Uhr, bei den lokalen gegen 23 Uhr – und durch die Nachrichtensendungen des Fernsehens bestimmt. Am späteren Abend war Schluss. Durch die Online-Angebote läuft das Geschäft nun rund um die Uhr. Auch vor deren Aufkommen konnte es einmal passieren, dass noch während einer vertraulichen Sitzung eines Parteigremiums Indiskretionen an eine Nachrichtenagentur gelangten und deren Meldung dann wieder in der Sitzung landete, auf Papier, was bedeutete: in die Hände ganz weniger. Heute hat sie jeder der Beteiligten auf dem Smartphone. Die Folgen: neue Debatte, neuer Schwung, oft wegen der Indiskretion auch neuer Streit. Es entsteht die zusätzliche Herausforderung, darauf öffentlich zu reagieren, und zwar möglichst schnell. Mehr denn je ist es von (vermeintlicher) Bedeutung, der Erste zu sein. Zwar gibt es den Konsens, die Qualität der Arbeit habe darunter gelitten, sie sei jedenfalls nicht besser geworden. »Die Gefahr ist zumindest sehr groß, dass sich Politiker um sich selbst drehen«, sagte Annegret Kramp-Karrenbauer dazu, als sie neu nach Berlin gekommen war. Die Leute auf der anderen Seite des Tisches sehen das ähnlich. Hauptstadtjournalisten drehen den Kreisel mit, gewollt und auch ungewollt. Der entstehenden Hektik ver-

193

mag sich kaum jemand zu entziehen: Aktion verlangt Reaktion, eine Reaktion verlangt wiederum eine Reaktion und so weiter. Doch es ist ein Wirbeln im eigenen Saft, ein Teufelskreis unter der Käseglocke. Mit den beiden Städten, dem kleinen Bonn und dem großen Berlin, haben die Veränderungen wenig zu tun. Die Zeiten haben sich geändert, mit ihnen die Umstände der politischen Kommunikation.

Es ist ein kompliziertes Verhältnis, in dem die beiden Berufsgruppen am Regierungssitz leben. Einerseits verkehren sie im gleichen Milieu, und sie kümmern sich auch um das Gleiche – um das, was sie Politik nennen, um Abläufe, Entscheidungen, Hintergründe, Intrigen. Sie kennen einander oft seit Jahren, in manchen Fällen gar seit Jugendzeiten. Sie begegnen sich häufig: auf Parteitagen, Pressekonferenzen, Empfängen und Festen, bei Reisen im Inland und ins Ausland. In gewisser Weise sind sie aufeinander angewiesen. Journalisten leben davon, Neues aus der Politik zu erfahren, Politiker davon, in den Medien erwähnt zu werden, am liebsten in schönen Berichten über Erfolge und Leistungen. Andererseits haben beide Gruppen unterschiedliche Interessen. Journalisten wollen mehr wissen, als ihre Gesprächspartner preisgeben wollen. Sie sind neugieriger, als es den anderen lieb ist, und in der Regel strukturell illoyal. Ihr Lob und ihre Unterstützung für die Arbeit eines Politikers müssen nicht von Dauer sein, die Wende kann unversehens kommen. Politiker, Spitzenpolitiker vor allem, erwarten von ihrem Umfeld, manchmal sogar von Journalisten, bedingungslose Loyalität. Sie sind strukturell misstrauisch, weil sie wissen, dass Loyalitäten endlich sind. Zugleich gehört es zu ihrem Beruf, den Medienleuten gegenüber nett und freundlich zu sein, meistens jedenfalls. Alles preiszugeben wäre freilich höchst unprofessionell.

Gegen diese eherne Gesetzmäßigkeit verstieß Martin Schulz, der SPD-Kanzlerkandidat des Jahres 2017, als er dem *Spiegel*-Reporter Markus Feldenkirchen die Möglichkeit gewährte, während der Wahlkampfkampagne bei internen Sitzungen dabei zu sein. Feldenkirchen schrieb (wahrscheinlich fast) alles auf, was Schulz im Laufe jener Monate dachte, fühlte und schimpfte, wie er sich enttäuscht zeigte von seinen Parteifreunden, wie er versuchte, sich auf das Fernsehduell mit Angela Merkel vorzubereiten. Seine Artikel und sein Buch hatten großen Erfolg. Für Schulz wurde das Unternehmen zum Desaster, er hatte auch noch den Spott zu ertragen. So ein Fehler unterlaufe einem Spitzenpolitiker nicht, lauteten die Vorwürfe auch aus der SPD. Nicht einmal dem auf Medienberichterstattung fixierten Gerhard Schröder wäre ein solcher Patzer unterlaufen und schon gar nicht Angela Merkel, der Verschwiegenheit das oberste Gebot ist.

Merkel gab einmal ironisch zum Besten, was sie, als sie noch stellvertretende Regierungssprecherin der letzten, frei gewählten DDR-Regierung war, auf einer Reise nach Moskau von Hans-Dietrich Genscher, dem damaligen Außenminister der Bundesrepublik, gelernt habe: mit wie wenigen nichtssagenden Informationen Journalisten zufriedenzustellen seien. Freilich mögen die Journalisten Genscher gegenüber nur so getan haben, als seien sie zufrieden und als fühlten sie sich gut informiert. So wie Politiker den Journalisten gegenüber meistens nett sind, sind es auch die Medienleute den Politikern gegenüber. Das »So tun als ob« gehört zu den Umgangsformen. Auch trifft der Satz eines Altvorderen des Bonner Journalismus zu, dem, wie man heute sagt, bestens vernetzten Walter Henkels: »Wir sind meistens dabei, gehören aber nicht dazu.«

Manche Regularien im Umgang zwischen den beiden Seiten des Tisches sind über die Jahrzehnte gleich geblieben. Sie bestimmen das Zitieren und heißen »unter eins«, »unter zwei« und »unter drei«. Wie es so ist mit Regeln und mit der alltäglichen Praxis, haben sie ihr Für und ihr Wider. »Unter eins« scheint Klarheit zu schaffen, weil dabei ein Zitat einer bestimmten Person namentlich zugeordnet wird. Mit einem »Angela Merkel sagte« etwa werden entsprechende Nachrichtentexte

195

eingeleitet, wenn sie beispielsweise eine Rede im Bundestag hielt oder auf einer Pressekonferenz auftrat. Für Zeitungsinterviews hat es sich seit Langem eingebürgert, dass entsprechende Zitate abgestimmt werden. »Autorisiert werden«, lautet der Fachausdruck. Das Gespräch wird vom interviewführenden Journalisten textlich verdichtet und dann dem Gesprächspartner vorgelegt. Dieser hat das Recht und die Möglichkeit, Änderungen vorzunehmen. Der Vorteil: Er kann hernach nicht behaupten, eine bestimmte Sentenz nie gesagt zu haben. Der Nachteil: Er kann den Text umschreiben, Kritisches streichen oder entschärfen. Die Folge: Der Journalist steht dann vor der Entscheidung, das Interview zu drucken oder wegzuwerfen. Doch wer löscht schon gerne ein aufwendig geführtes Interview mit der Bundeskanzlerin?

Nach der Formel »unter zwei« werden Meldungen den sogenannten informierten Kreisen zugeschrieben und mit »in der SPD-Spitze heißt es« oder »nach Hinweisen aus diplomatischen Kreisen« eingeleitet. Der Vorteil: Es lassen sich so Informationen von Quellen verbreiten, die aus mancherlei Gründen nicht genannt werden wollen, einmal solche, die Indiskretionen verbreiten, aber auch Pressesprecher, die Offiziöses mitteilen, sich aber – wiederum aus guten Gründen – nicht wichtigmachen wollen. In einem Medium namentlich genannt zu werden kann den Neid anderer erwecken. Der Nachteil: Wer sind schon »diplomatische Kreise«? Pensionierte Mitarbeiter des Auswärtigen Amtes? Und wer versteckt sich hinter der »SPD-Spitze«? Der Pressereferent? Die Parteivorsitzende? Jemand, der sich im Nachteil sieht und deswegen plaudert?

Noch komplizierter ist es mit dem »unter drei«. Nach der klassischen Auslegung ist das Gesagte so vertraulich, dass es nicht veröffentlicht werden darf und als Hintergrundinformation nur der Einordnung von Ereignissen dient. Doch werden »unter drei« gerne auch Informationen aus dem Binnenbetrieb der Macht lanciert, deren Quellen nicht genannt sein wollen. Sie fordern Vertraulichkeit und Verschwiegenheit im Umgang. Schon in Bonn, noch mehr zu Beginn der Arbeit in Berlin schimpften Politiker gerne über Journalisten, weil diese die Regeln des vertraulichen Umgangs nicht einhielten und aus »unter drei« geführten Gesprächen namentlich zugeordnete Zitate verbreiteten. Das lag auch daran, dass in Berlin eine neue, mittlerweile auch nicht mehr ganz junge Generation von Journalisten die Hauptstadtberichterstattung übernahm. Nach den langen Bonner Jahren mit ihren eingeschliffenen Umgangsformen waren neue Bräuche zu entwickeln. Die Konkurrenzsituation der Medien am neuen Regierungssitz war schärfer. Doch vieles hat sich im Lauf der Jahre gegeben. Auf beiden Seiten des Tisches ist es ruhiger geworden. Und: Politiker reden mit Journalisten – offen oder auch »im Hintergrund« – schließlich nicht deswegen, damit diese alles verschweigen oder allenfalls dunkle Andeutungen machen. Politiker wollen ihnen nützliche Informationen oder wenigstens ihre Sicht der Dinge verbreiten, respektive veröffentlicht sehen.

Auch die Kanäle, über welche Politiker und Journalisten in Kontakt kommen, lassen sich den drei Regeln des Umgangs zuordnen. In der Bundespressekonferenz, einem eingetragenen Verein, dem mit den Hauptstadtdingen befasste Journalisten angehören, wird »unter eins« getagt. Die Politiker kommen ins Pressehaus im Regierungsviertel und einmal im Jahr zum Bundespresseball. Dass immer weniger Journalisten zu den Pressekonferenzen erscheinen, hat mit örtlichen Gegebenheiten und technischen Entwicklungen zu tun. In Berlin sind die Büros der Medien räumlich weiter voneinander entfernt als im kleineren Bonn. Zudem werden die Pressekonferenzen in Berlin längst mittels eines internen Fernsehkanals in die Büros der Medienleute übertragen. Anzufügen ist, dass viele Pressestellen der Ministerien mittlerweile eigenständige Formen entwickelt haben, ihre Anliegen den für ihren Fachbereich zuständigen Journalisten zukommen zu lassen. Die mit einem »unter zwei« gekennzeichneten Informationen werden zumeist am Telefon übermittelt, und erst recht die vertraulichen »Unter drei«-Hinweise. Die werden freilich, auch das gehört zur Wahrheit, oft sogar bei zufälligen Begegnungen im Regierungsviertel weitergegeben. Gern tun sich für vertrauliche Hintergrundgespräche Journalisten zusammen. Sie laden Politiker und andere Personen des öffentlichen Lebens ein. Schon in den Bonner Frühzeiten gab es das. Journalisten mit ähnlichen Interessen oder auch ähnlichen Alters bilden eine kleine Gruppe, sie gründen einen »Kreis«. Hochmögende und erfahrene mögen es sein oder junge Leute, die am Anfang ihrer Berufslaufbahn stehen, oder weibliche Journalisten, oder solche, die sich für ein bestimmtes Fachgebiet interessieren und nur dafür zuständige Politiker einladen. Die Kreise tragen große Namen. In Bonn gab es einen »Adlerkreis«, der sich auf intellektuelle Weise mit dem politischen Alltag befasste. Im »Ruderclub« trafen Büroleiter meist konservativer Provenienz zusammen. In der »Gelben Karte« hatten sich in den Siebzigerjahren jüngere Journalisten mit sozialliberalem Lebensgefühl zusammengeschlossen. Dieser Kreis gehört zu den wenigen, die auch nach dem Umzug nach Berlin fortbestanden, freilich nicht mehr mit einer parteipolitischen Präferenz. Auch der jüngere »Wohnzimmerkreis«, den der Autor dieses Buches mitbegründete, »überlebte« den Umzug. Er tagt seinem Namen entsprechend nicht in öffentlichen Berliner Lokalitäten, sondern abwechselnd bei seinen Mitgliedern zu Hause. Auch den »Provinzkreis« gab es schon in Bonn. Ihm gehören Mitarbeiter großer und kleinerer Regionalzeitungen an. Weitere Zirkel sind ebenfalls von Bedeutung. Die Gruppe »Fact Finder« etwa befasst sich vor allem mit Angelegenheiten der Unionsparteien. In der »Lila Karte« sind es Frauen, die Politiker und Politikerinnen einladen. Über allem aber steht die Urmutter aller Kreise: der Deutsche Presseclub, ein eingetragener Verein, der schon seit den Fünfzigerjahren existiert.

Die Kreise legen von sich aus Wert darauf, dass die Gesprächsinhalte vertraulich behandelt werden. Doch machen die Presseleute auch häufig die Erfahrung, dass die Gäste die im Zirkel gemachten Äußerungen wenig später öffentlich wiederholen. Horst Seehofer ging einmal noch weiter. Einst redete er sich in einem – nicht zur Ausstrahlung bestimmten – Gespräch mit dem Moderator Claus Kleber über Norbert Röttgen (CDU) und dessen Landtagswahlkampf 2012 in Nordrhein-Westfalen in Rage. Heftiger als in dem Interview selbst drückte er sich aus. Vertraulich? »Unter drei«? Als ihm klar wurde, dass seine Äußerungen aufgezeichnet worden waren, fügte Seehofer sein zur Legende gewordenes »Sie können das alles senden« an.

»Wir müssen sehr aufpassen, dass Berlin nicht zu einer Art deutschem Washington wird, wo Lobbyisten, Journalisten und Politiker ein Bermudadreieck der Alltagssorgen bilden, wo sich die Bürgerinnen und Bürger eben nicht wiederfinden«, warnte Michael Groschek. Er gehörte einige Zeit als SPD-Abgeordneter dem Bundestag an, ehe er sich wieder der nordrhein-westfälischen Landespolitik zuwandte. Die der Warnung zugrunde liegende Beobachtung gibt einen Teil der Berliner Wirklichkeit wieder. Auch das Wort vom »deutschen Washington« gewinnt dort an Boden, denn es bildete sich ein Phänomen heraus, das es in Bonn nicht gegeben hatte. Medien, Berater und Lobbyisten machten sich selbst zum Gegenstand. »Selbstreferenziell« wurde das mit einem Hauch von Selbstkritik genannt. Hochglanzmagazine wurden entwickelt, in denen über Personalveränderungen in den längst zahlreichen Berlin-Vertretungen von Verbänden, Unternehmen und Beratungsfirmen berichtet wird. Preise werden ausgelobt – für Aufsteiger des Jahres, Politiker des Jahres, Werbefachleute des Jahres, Journalisten des Jahres, Preise fürs Lebenswerk, Preise für Werbekampagnen und so weiter. Auch der Autor dieses Buches war hin und wieder auf solch illustren Veranstaltungen in illustren Örtlichkeiten (»Locations«).

Mit »nahe bei den Menschen« hat das naturgemäß wenig zu tun. Zwar laden Bundestagsabgeordnete gerne Freunde, Bekannte und auch Vereine aus ihrem Wahlkreis nach Berlin ein. Diese erhalten auch die Möglichkeit, als Zuschauer bei Bundestagsdebatten anwesend zu sein. Sie besuchen das Bundespresseamt und führen allerlei Gespräche mit Vertretern des politischen Berlin. Auch bei den Festen der Landesvertretungen der Bundesländer sind regelmäßig Gäste aus der Heimat dabei. Die können dann – aus gebotener Ferne – die anwesende Prominenz bis hin zur Bundeskanzlerin bestaunen. Doch trennt eine unsichtbare Mauer die Akteure des Berliner Politikmilieus von den Fremden, jene »da oben« von den »einfachen Bürgern«. Und wenn die Prominenten vor dem Bundestag aus ihren Dienstwagen steigen, um ins Parlamentsgebäude zu gehen, können die Menschen das nur aus weiter Ferne sehen. Der Platz vor dem östlichen Eingang des Reichstagsgebäudes ist ihnen aus Gründen der Sicherheit versperrt. Das ist verständlich – schön und volksnah ist es nicht. In Bonn war das anders. Damals.

# Die Schimäre vom politikfreien Sonntag

Peter Ramsauer ist gerne Politiker. Der Müllermeister und Betriebswirt gehört der CSU an, zog 1990 in den Bundestag ein und stieg bald auf. Er wurde Vorsitzender der CSU-Landesgruppe im Bundestag und als solcher zu einem der wichtigsten Politiker in Berlin. Unter anderem nahm er ab 2005 an den regelmäßigen Gesprächen der Koalitionsführung von Union und SPD teil. Der Termin lag stets an einem Sonntag. Irgendwann hatte Ramsauer genug davon. Aufgrund der sonntäglichen Sitzungen endete das sogenannte freie Wochenende am Samstagnachmittag mit vorbereitenden Gesprächen, Telefonaten mit Parteifreunden, Aktenstudium und dergleichen. Die Familie gehe vor, befand er. Eine Zeitlang konnte er das durchsetzen. Die Koalitionsgespräche fanden nicht mehr an Sonntagen statt. Sonderlich lange aber galt das nicht. Vielleicht erinnerte Ramsauers Wunsch zu sehr an ganz frühe Zeiten der Republik. Den Erzählungen nach ist Konrad Adenauer an Abenden von Bundestagswahlen zu Bett gegangen, ohne den Ausgang der Wahl zu kennen. Seiner Ehrenrettung halber muss freilich angefügt werden, dass in seinen Zeiten das Ergebnis auch erst weit nach Mitternacht feststand. 18-Uhr-Prognosen und Hochrechnungen wie heute gab es noch nicht.

Immer wieder wurden Forderungen nach einem »politikfreien Sonntag« erhoben. Doch mehr und mehr werden sie als lebensfremd wahrgenommen. Politik und das, was Politiker und Medien darunter verstehen, passiert an sieben Tagen in der Woche, oft auch rund um die Uhr. Verfassung und Verfassungswirklichkeit klaffen auch hier auseinander. In Artikel 139 der Weimarer Reichsverfassung, laut Artikel 140 des Grundgesetzes dessen Bestandteil, heißt es:»Der Sonntag und die staatlich anerkannten Feiertage bleiben als Tage der Arbeitsruhe und der seelischen Erhebung gesetzlich geschützt.« Nicht nur stilistisch klingt diese Formulierung antiquiert. Erst recht gilt das für den sich gegenseitig anfeuernden Politik- und Medienbetrieb. Der Terminus von den sogenannten»Sonntagsreden« gerät deshalb mehr und mehr auf die Liste gefährdeter, gar vergessener Wörter. Sonntagsreden? Reden mit hehren Wünschen und tiefen Wahrheiten sind gemeint, die – leider, leider – der rauen Wirklichkeit nicht standhalten. Plädoyers für politikfreie Sonntage könnten mithin feste Bestandteile sogenannter Sonntagsreden sein, auf Kirchentagen etwa.

Besonders kurios wird es, wenn ehrgeizige Jungpolitiker sich mit Bemerkungen in Szene setzen, es solle politikfreie Sonntage geben. Nette Schlagzeilen sind dann garantiert.»Jeden Tag wird eine neue Sau durchs Dorf getrieben«, meinte Paul Ziemiak, CDU-Abgeordneter, als er noch»nur« Bundesvorsitzender der Jungen Union war.»Dabei fände ich es gut, wenn wir den Sonntag wieder zu einem wirklich freien Tag erklären könnten, ohne Parteiveranstaltungen, Medienanfragen oder offene Einkaufsläden.« Versuche, Politikern mehr Zeit zum»Nachdenken und Zuhören« zu verschaffen, seien ins Leere gelaufen. Ziemiak hatte Erfolg. Seine Äußerungen erschienen in der Zeitung *Rheinische Post* – an einem Mittwoch, was immerhin dafür spricht, dass er sie nicht sonntags formuliert hatte. Anzufügen ist freilich, dass die»Deutschlandtage«, die Jahreskongresse der Jungen Union, regelmäßig einen Sonntag in Beschlag nehmen.

Sogar auf Parteitagen kann der Sonntag ein Thema sein, zum Beispiel auf jenem der CDU 2015. Ein Antrag zum politikfreien Sonntag, eingebracht von der späteren Bundestagsabgeordneten Bettina Wiesmann, lag vor. Peter Tauber aber, damals CDU-Generalsekretär, brachte Wunsch und Wirklichkeit in Übereinstimmung. »Bei der Terminplanung ist besonders Rücksicht auf familien- und arbeitsfreundliche Sitzungszeiten sowie auf die Sonn- und Feiertagsruhe zu nehmen«, wurde dann beschlossen. »Das heißt, es ist ein Appell«, sagte Tauber noch zur Klarstellung. »Ich glaube, wir versuchen das sowieso.« Das war es dann auch. Ziemiak wurde Nachfolger Taubers in der CDU-Zentrale.

Politische Sonntagsruhe war vor nicht wirklich langer Zeit »kein Thema«, höchstens zu Hause hatten die gewählten Vertreter oftmals Termine. Abgeordnete und erst recht solche, die es werden wollten, kamen (und kommen immer noch) sonntäglichen Verpflichtungen im Wahlkreis nach, wenn etwa die Freiwillige Feuerwehr ihr Jahresfest abhielt und ein Festredner gebraucht wurde, wenn es um den Schützenverein oder auch um eine Umweltinitiative ging. Inzwischen findet aber längst »große Politik« am »Ruhetag« statt. Diese Veränderungen haben freilich nichts damit zu tun, dass der frühere Regierungssitz, das rheinische Bonn, katholisch geprägt und dass das laizistische Berlin von christlichen Bräuchen wenig berührt ist. Zuvorderst gehen sie auf Entwicklungen in den Medien zurück, die über das Wochenende hinweg den Politikbetrieb am Laufen halten. Eine Erzählung von Altvorderen beschreibt das: Der sonntägliche Bereitschaftsdienst des Pressesprechers einer Bundespartei begann um 14 Uhr, zwei Stunden später konnte er sich in aller Regel wieder an die heimische Kaffeetafel begeben. Zu jener Zeit war der SMS-Verkehr noch nicht verbreitet, geschweige denn die nachfolgenden technischen Mittel. Im Normalfall begann am Freitagnachmittag, nach dem Ende etwa der Sitzungen des Bundestages, am Regierungssitz ein politikfreies Wochenende. Erst Montagmorgen ging es wieder los mit dem Entscheiden, den Sitzungen und den öffentlichen Erklärungen. Diese Wochenenden waren selbst für die Spitzenpolitiker halbwegs familienfreundlich. Nur Parteikongresse fanden am Wochenende statt. Ansonsten wurde die Sonntagsruhe eingehalten und damit auch die Ruhezeiten am Samstag – zur Erholung, zur Beruhigung der Gemüter und manchmal auch zum Nachdenken. »Denkpause« wurde das genannt, und nur die Semantiker bemängelten die Wortwahl, weil sie eine »Pause vom Denken« insinuiere. Diese Zeiten sind vorbei. Der Prozess der Beschleunigung hat sie alle ergriffen.

Der »Bericht aus Bonn« des ARD-Fernsehens wurde am Freitagabend ausgestrahlt. Er konzentrierte sich auf einen analytischen Wochenrückblick. Interviews, um Politikern Gelegenheit zu geben, sich mit der Wiederholung von Altbekanntem schlagzeilenträchtig zu profilieren, waren nicht gefragt. Die Nachfolgesendung »Bericht aus Berlin« wurde auf den frühen Sonntagabend verlegt. Sie hat auch ein anderes Konzept. Nicht so sehr die rückblickende Analyse gehört zu ihren Schwerpunkten, sondern die Vorschau auf die kommende Woche. In jeder Sendung gibt es Interviews mit Spitzenpolitikern, wozu diese gerne bereit sind. Die frühere ZDF-Sendung »Bonn direkt« wurde zwar schon damals Sonntagabends ausgestrahlt, doch war sie von einer eher betulichen Art und gleichfalls ohne Live-Gespräche. Das hat sich geändert. Die ARD-Talkshows »Sabine Christiansen« und danach »Anne Will« werden ebenfalls sonntagabends gesendet. Auch ihnen steht die politische Prominenz zur Verfügung.

Die Zahl der Sonntagszeitungen ist gewachsen. Ehedem gab es nur die Zeitungen *Welt am Sonntag* und *Bild am Sonntag*. Hinzu kamen dann überregionale Sonntagszeitungen wie die *Frankfurter Allgemeine Sonntagszeitung* sowie regional ausgerichtete Blätter. Die Zeitschrift *Der Spiegel* stellte den Tag ihres Erscheinens um. Einst erschien sie am Montag, und nur eine kleine Gruppe von Abonnenten, zum Beispiel Büros von Politikern und Hauptstadtjournalisten, erhielt schon am Sonntag die aktuelle Ausgabe. Nun erscheint *Der Spiegel* am Samstag; die ersten Vorabmeldungen werden sogar schon am Freitagabend veröffentlicht. Dieser Schritt verschärfte die Konkurrenz auf dem Markt der Medien. Immer mehr Interviews mussten her. Um die politische Debatte anzuheizen, werden sie – versehen mit zugespitzten Schlagzeilen –»vorab« präsentiert. Das gelingt. Die originale Langfassung liegt noch nicht vor, da ertönen schon Reaktionen anderer Pressestellen und Politiker. Die Online-Berichterstattung beschleunigt das noch. Von einer Politikpause am Wochenende kann nicht mehr die Rede sein.

Eine andere Ursache kommt hinzu, warum die Idee von einem politikfreien Wochenende wirklichkeitsfern geworden ist. Die Globalisierung nicht nur der Wirtschaft, sondern auch der Politik verlangt ihren Preis. Sie verändert die Terminlage der Spitzenpolitiker. Die Zahl der Auslandstreffen der Bundeskanzlerin, aber auch vieler Kabinettsmitglieder und der Partei- und Fraktionsspitzen hat zugenommen. Viel mehr offizielle Zusammenkünfte und informelle Beratungen der Europäischen Union in Brüssel und anderswo werden angesetzt. Die größere Zahl von G-7-Treffen und G-20-Konferenzen der wichtigsten Wirtschaftsnationen der Welt ist hinzugekommen. Sie finden meist unter der Woche statt. Doch wird in der Folge das einst fast freie Wochenende zur Regelung der innen- und parteipolitischen Angelegenheiten genutzt.

Auch die regelmäßigen Reisen der Berliner Kanzler nach China, in die arabischen Länder, nach Washington und Moskau kommen hinzu, die ebenfalls zwischen Montag und Freitag terminiert werden. Beschleunigungen gibt es auch hier. Die Reisen haben sich im Laufe der Zeit erheblich verkürzt. Wenn einst Helmut Kohl ins Reich der Mitte reiste, war er eine Woche unterwegs. Ein Besuch der Chinesischen Mauer gehörte selbstverständlich dazu. In Schröders Amtszeit wurden drei Tage daraus. Der Zeitplan von Merkels China-Reisen sah so aus: Abflug aus Berlin am Mittwochabend, Rückkehr am Freitagabend. Statt im Hotel wird im Regierungsflugzeug übernachtet. Nicht selten war die Bundeskanzlerin auf ihren Fernreisen mehr Stunden im Flugzeug als am Boden. Auch die vermehrten Gegenbesuche in

Berlin werden auf Werktage gelegt. Manchmal gibt es sogar drei an einem Tag.

Das übliche Berliner Wochenprogramm mit seinen innenpolitischen Verpflichtungen ist eng getaktet. In rascher Folge reihen sich Kabinettssitzungen, Vorstandssitzungen, Fraktionstreffen, Gespräche mit Wirtschaft und Gewerkschaften, Auftritte auf deren Veranstaltungen und Jahrestreffen aneinander. Für längere Verhandlungen bleibt wenig Raum. So kam es schließlich zur Terminierung von Koalitionstreffen am Sonntag. Viele ihrer Teilnehmer, also die Partei- und die Fraktionsvorsitzenden sowie je nach Gesprächsgegenstand ausgewählte Minister, sind dann ohnehin schon zurück in Berlin, oft auch einer sonntäglichen Fernsehsendung wegen. Selbstverständlich gilt: Wer sich in Verhandlungen begibt, sollte tunlichst vorbereitet sein, sich mit anderen Teilnehmern und auch Parteifreunden, die nicht teilnehmen, abgesprochen haben. Andere einzubinden, also auf bevorstehende Entscheidungen vorzubereiten oder sogar deren Rat einzuholen, gehört zum täglichen Geschäft der Politik. Sonst würden diese anschließend ihrer Verwunderung und Verärgerung in Gremiensitzungen oder auch vor den Fernsehkameras freien Lauf lassen. Wirklich »frei« ist also auch der Samstag nicht.

Zum sonntäglichen Alltag Merkels gehörte es auch, sich in einem Gespräch mit dem CDU/CSU-Fraktionsvorsitzenden Volker Kauder auf das politische Programm der bevorstehenden Woche vorzubereiten und dabei auch gemeinsame »Sprachregelungen« zu entwickeln. Entsprechend häufig war Kauder in den vorabendlichen Politiksendungen von ARD und ZDF zu Gast. Zumindest der Ausgewogenheit wegen kamen dann auch Kauders Kollegen aus anderen Parteien zu Wort, entweder gleich im Anschluss oder montags darauf in einer Frühsendung. Schwunghaft dreht sich das Medienkarussell von Montagfrüh bis sonntags spät.

An Sonntagen sind auch schon historische Worte und Entscheidungen gefallen, beispielsweise die Mitteilung Merkels und ihres damaligen SPD-Finanzministers Peer Steinbrück zu Beginn der Bankenkrise im Herbst 2008. »Wir sagen den Sparerinnen und Sparern, dass ihre Einlagen sicher sind«, sprach Merkel. Steinbrück hatte nachdrücklich Wert darauf gelegt, bei Merkels Erklärung im Kanzleramt dabei zu sein. Die Regierung werde dafür Sorge tragen, versicherte auch er, »dass die Sparerinnen und Sparer in Deutschland nicht befürchten müssen, einen Euro ihrer Einlagen zu verlieren«. Merkel und Steinbrück sahen Grund zur Eile. Sie fürchteten, die deutschen Sparer würden angesichts der Finanzkrise ihre Konten leeren und die Krise noch verschlimmern. Und auch diese Worte fielen an einem Sonntag: »Es ist besser, nicht zu regieren, als falsch zu regieren.« Es war der 19. November 2017, kurz vor Mitternacht. Christian Lindner verkündete das Ende der Jamaika-Sondierungen.

# Seitenwechsler und Lobbyisten

Eine Anekdote aus vergangenen Zeiten des Lobbyismus. Der Bundesverband der Freien Berufe wollte ein wenig Einfluss nehmen und sich bekannt machen. Dietrich Rollmann, den seine vielen Bonner Freunde »Didi« nannten, war Anfang der Achtzigerjahre der richtige Mann dafür. Der umtriebige frühere CDU-Abgeordnete bat seine Freunde von der FDP-Fraktion, eine große Anfrage »Zur Lage der freien Berufe« an die Bundesregierung zu richten. Die liberalen Parlamentarier teilten das Anliegen, aber Rollmann möge doch bitte selbst die Fragen formulieren. Er tat es gerne, und im Bundestag wurde nach parlamentarischem Brauch eine Aussprache angesetzt. Das zuständige Wirtschaftsministerium wurde damit betraut, dafür die Antworten auf die Fragen zu formulieren. Der geeignete Mann dafür: Dietrich Rollmann, der sich sogleich ans Werk machte. Undenkbar heute, da es nicht mehr drei, sondern sechs Fraktionen im Bundestag gibt, die einander kritisch beäugen und derlei Späße nicht mehr durchgehen ließen. Auch das Portal »abgeordnetenwatch« würde das verhindern. Zugenommen hat allerdings der Brauch, dass Bundesminister Beratungsunternehmen engagieren, um interne Verwaltungsabläufe zu organisieren oder gar Gesetzesentwürfe zu formulieren. Verteidigungsministerin Ursula von der Leyen (CDU) praktizierte das besonders extensiv, holte sogar mit Katrin Suder eine ehemalige Führungskraft von McKinsey als Staatssekretärin in ihr Haus. Doch wenigstens vordergründig hat das mit Lobbyismus nichts zu tun.

Im Grundgesetz heißt es: »Die Parteien wirken bei der politischen Willensbildung des Volkes mit.« Zur Wirklichkeit in der Hauptstadt gehören aber auch die Lobbyisten und ihre Mitwirkung an der Willensbildung in Parlament und Regierung. Dass diese Berufsgruppe vielerorts und auch in Teilen des Bundestags einen schlechten Ruf hat, liegt an verschiedenen Umständen. Sie vertreten nicht das Gemeinwohl, sondern partikulare Interessen. Ihr tatsächlicher Einfluss auf Entscheidungen der Regierung oder die Gesetzgebungsarbeit der Abgeordneten ist im Detail kaum zu erkennen, sondern wird aus den Ergebnissen staatlichen Handelns und Mehrheitsbeschlüssen des Bundestages abgeleitet, im Sinne von: Nutzt ein Gesetz einer Wirtschaftsbranche, hat der Lobbyist ganze Arbeit geleistet. Doch wie lässt sich der tatsächliche Einfluss bemessen? Genügt da schon ein schlichtes Informationsgespräch? Oder ist die Schilderung von Konsequenzen einer staatlichen Maßnahme auf den Arbeitsmarkt schon eine kaum verkappte Drohung? Worin besteht der Unterschied zwischen allgemein gehaltenen Andeutungen der Chemieindustrie, dass Unternehmen der deutschen Gesetzgebung vor einem Umzug ins Ausland stünden, und der konkreten Ankündigung eines Mittelständlers dem örtlichen Bundestagsabgeordneten gegenüber? Und schließlich: Was die einen für eine akzeptable Einflussnahme halten, schätzen andere als ratsam für den Wirtschaftsstandort ein und wieder andere als halbkriminelles Verhalten.

Es ist nicht einmal genau zu bestimmen, wie viele Lobbyisten in Berlin tätig sind, was wiederum an der Unbestimmtheit des Begriffs liegt. Ist nur der ein Lobbyist, der für einen Verband oder ein Industrieunternehmen mit der Rolle betraut ist, Kontakte in den »parlamentarischen Raum« zu halten? Oder ist auch der in Berlin ansässige Vorsitzende einer Gewerkschaft ein Lobbyist, weil er die Interessen der Arbeitnehmer vertritt, so wie der Automobil-Lobbyist die Interessen der Automobilwirtschaft? Sind nur die Interessenvertreter der Rüstungsindustrie oder der Privaten Krankenversicherungen »Lobbyisten«

oder auch Berliner Vertreter der Umweltschützer? Ist Prälat Karl Jüsten, der seit 2000 das Kommissariat der katholischen Bischöfe in Berlin leitet, ein Lobbyist? Er ist es, und sie alle gehen der gleichen Tätigkeit nach: Sie reden mit Abgeordneten und ihren Mitarbeitern, mit Ministern und ihren Beamten und auch mit Journalisten. Sie wollen Einfluss nehmen – durch Überzeugen, Erklären, Werben.

Manchmal werden Zahlen von sechs- und siebentausend Personen genannt, die diesem Beruf nachgehen. Viele erschrecken über das Verhältnis von zehn Lobbyisten pro Abgeordnetem, deutlich mehr als früher in Bonn sind es in Berlin. Das hängt damit zusammen, dass mehr Großkonzerne und mehr Verbände eine Niederlassung an der Spree eröffneten als früher am Rhein. Die Unternehmen aus der Automobilwirtschaft und der Chemieindustrie etwa lassen sich nicht mehr nur durch ihre Spitzenverbände vertreten. Der Deutsche Gewerkschaftsbund hat seine Zentrale nicht mehr wie früher in Düsseldorf, sondern in Berlin. Verbände und andere Institutionen können sich beim Bundestag registrieren lassen, was die Zuteilung von dessen Hausausweisen erleichtert, sie müssen es aber nicht. Etwa 2500 haben es getan. Eine typische Berliner Empörungsdebatte führte vor Jahr und Tag zu strengeren Regeln für die Vergabe dieser Ausweise, auch genährt durch den Hinweis, es gebe mehr Lobbyisten mit Hausausweis als Bundestagsabgeordnete – als ob die Interessenvertreter ihre Gesprächspartner partout im Bundestag treffen müssten. Tatsächlich geschieht dies in irgendwelchen Büros, in Restaurants, auf Empfängen. Interessenvertreter sind kommunikative Menschen. Sie müssen sich blicken lassen. Sie knüpfen lieber einen Kontakt zu viel als einen zu wenig. Sie wollen Bescheid wissen, was in Berlin läuft – im Parlament, in den Fraktionen, in den Ministerien. Sie wollen wissen, wer was geworden ist. Sie wollen Entscheidungsabläufe kennen. Sie sind Informationsfischer. Sie werfen ihre Netze aus. Der Fang ist groß, Beifang schadet nicht. Er kann später einmal nützlich werden. Lobbyisten wissen Bescheid. Ihre Gespräche werden nach dem Prinzip »Geben und nehmen« geführt. Wer viel weiß, erfährt noch mehr. Zudem verstehen sie sich als Berater, doch heißt beraten stets auch Einfluss nehmen. Parteipolitische Bindungen bringen viele von ihnen mit, doch sie sind unabhängig genug, Schwächen und Kurs »ihrer« Partei gegebenenfalls schonungslos zu schildern. Dass sie auch über Medien Einfluss auf die Politik nehmen wollen, gehört zu ihrem Geschäft.

Ins Gerede gekommen ist eine neue Spezies: die Berufs- und Seitenwechsler aus der Politik und ihrem Umfeld, die in ihrem neuen Leben oft mehr sind als schlichte Lobbyisten. Viele sind beides zugleich: Interessenvertreter und Führungskräfte. Ehemalige Abgeordnete, Minister, Beamte und Journalisten gehören dazu. Allen voran steht Ex-Bundeskanzler Gerhard Schröder (Gazprom), auf ihn folgen der frühere Kanzleramtsminister Ronald Pofalla (Deutsche Bahn) und die ehemaligen FDP-Bundesminister Daniel Bahr (Allianz) und Dirk Niebel (Rheinmetall). Die Häufung der Fälle motivierte öffentliche Debatten mit dem Resultat, dass eine »Anzeigepflicht« und »Karenzzeiten« bis zu 18 Monaten eingeführt wurden, die zwischen dem Ausscheiden aus der Bundesregierung und der Aufnahme der neuen Tätigkeit liegen sollen. Sie können flexibel gehandhabt werden. Doch um ihrer Reputation willen halten sich die ausgeschiedenen Politiker mittlerweile daran.

Den prominenten und auch den weniger prominenten Seitenwechslern, die für die Praxis des unsichtbaren Einflussnehmens oft wichtiger sind, fällt es leicht, Kontakte ihres Arbeitgebers in ihren früheren Tätigkeitsbereich herzustellen. Vormalige Abgeordnete wissen, wer aus ihrer Bundestagsfraktion wofür zuständig ist, welcher der dortigen Mitarbeiter Zugang zum Fraktionschef hat, wann der beste Zeitpunkt für ein Informationsgespräch ist. Ehemals in Berlin tätige Journalisten wiederum kennen die früheren Kollegen und deren Fachgebiete. Sie wissen, dass es nicht ratsam ist, eine Pressekonferenz kurz vor

Redaktionsschluss anzuberaumen, oder dass Detailinformationen so aufbereitet sein sollten, dass sie auch von Nichtexperten verstanden werden. Frühere Beamte kennen die Tiefen und Untiefen ihrer ehemaligen Behörden – und wer dort was zu sagen hat. Manche können dazu beitragen, dass ihre neuen Chefs, Vorstandsvorsitzende großer Konzerne etwa, auf Auslandsreisen der Bundeskanzlerin der Wirtschaftsdelegation angehören; das hebt das Renommee und ist gut fürs Geschäft. Es versteht sich, dass entsprechende Kenntnisse stets auf dem aktuellen Stand zu halten sind.

Dass viele von ihnen ihren Beruf wechselten, hat, wie stets, jeweils eigene Gründe. Pensionierte Beamte wollen sich nicht zur Ruhe setzen, sondern nützlich machen. Regierungswechsel oder auch nur der Wechsel an der Spitze eines Ministeriums können Staatsbedienstete veranlassen, sich eine Tätigkeit anderswo zu suchen, weil ihre Karriere im Berufsbeamtentum ihren Höhepunkt erreicht hat. Die Finanzkrise der Zeitungen, die in den vergangenen Jahren zu einem erheblichen Stellenabbau führte, lässt es betroffenen Journalisten geraten erscheinen, sich einen sicheren, jedenfalls anderen Arbeitsplatz zu suchen. Manche Bundestagsabgeordnete sehen ihren weiteren Aufstieg durch innerparteiliche Verhältnisse gefährdet. Doch auch die Neugier auf Neues, finanzielle Aspekte oder eben eine Mischung aus all dem spielen eine Rolle.

Kein anderer Wirtschaftszweig legt solchen Wert auf vorzügliche Beziehungen zur Politik wie die deutsche Automobilwirtschaft. Das Geschäft ist schwieriger geworden, seit sich Angela Merkel und die zuständigen Minister aufgrund der Diesel- und Abgas-Skandale nicht mehr so gerne mit den Bossen blicken lassen. Früher war es Brauch, dass die Größen der deutschen Automobilkonzerne mit Gerhard Schröder und Angela Merkel ins Ausland reisten – vor allem nach China, des Absatzmarktes wegen. Die Regierungschefs besuchten die Produktionsstätten von Volkswagen, Daimler AG und BMW im Reich der Mitte,

*Der Macht auf den Fersen. Mit den Regierungschefs Merkel und Wen Jiabao, 2008 in Peking: Rüdiger Grube (Daimler), Martin Winterkorn (Volkswagen), Peter Löscher (Siemens). Außer Merkel ist keiner mehr im Amt.*

wegen einer Neueröffnung etwa oder auch ohne besonderen Anlass. Dass manche Vorstände dieser Branche sogar exklusiv mit dem eigenen Firmenjet nach China flogen und nicht wie die anderen – auch wichtigen – Mitglieder der Wirtschaftsdelegation in der »Kanzlermaschine«, unterstrich noch die Bedeutung des größten industriellen Arbeitgebers im Lande für die deutsche Politik. Wie und wo es nur ging, nahm sie auf ihn Rücksicht. Trotz allem tut sie es weiterhin.

Kurz sind die Drähte, eng verflochten die personellen Beziehungen der Autokonzerne vor allem mit den Unionsparteien, aber auch mit der SPD. War es Schröder oder Merkel, die/der ein Netz über die Automobilwirtschaft geworfen hat, oder verhielt es sich umgekehrt? Ein »Do ut des« ist hinter den Informationsbeziehungen zu erkennen, das sich mit großer Konstanz auch im Wandel der Zeiten erhält. Zehn Jahre lang war seit 2007 Matthias Wissmann Präsident des Verbandes der Automobilindustrie. Wissmann, früher CDU-Politiker, kennt Merkel seit den frühen Neunzigerjahren, als die beiden zu den jüngsten Ministern in Helmut Kohls Bundeskabinetten zählten.

Genauso wichtig war und ist das Beziehungsgeflecht unterhalb dieser obersten Ebene. Jahrelang war Hans-Christian Maaß Leiter der Repräsentanz der Volkswagen AG in Berlin, auch er kennt Merkel seit 1990. Maaß war damals junger Beamter in Bonn; nach der Wende wurde er beauftragt, die frei gewählte DDR-Regierung in deren Öffentlichkeitsarbeit zu beraten. So kam das CDU-Mitglied mit Merkel in Kontakt, damals stellvertretende Regierungssprecherin. Auf Maaß folgte in der Berliner VW-Vertretung Michael Jansen, der früher einmal das Büro Merkels in der CDU-Parteizentrale geleitet hatte. Oberster VW-Lobbyist aber ist Thomas Steg, der Generalbevollmächtigte für Außen- und Regierungsbeziehungen. Steg ist Niedersachse und Sozialdemokrat. Er gehörte schon in Hannover zum Beraterkreis um den jungen Gerhard Schröder. In Berlin arbeitete er unter Schröder als Berater und Pressekontakt im Kanzleramt. In Merkels erster großer Koalition diente er als stellvertretender Regierungssprecher, aufgestellt zwar von der SPD-Seite, doch mit einem guten persönlichen Verhältnis zur CDU-Kanzlerin.

Ebenso großen Wert auf enge Beziehungen zu den Spitzen der Politik legt traditionsgemäß die Daimler AG. Früher kümmerte sich Matthias Kleinert als Generalbevollmächtigter um die Beziehungen des Konzerns zur Bundesregierung und ins Ausland; davor hatte er als Regierungssprecher des baden-württembergischen Ministerpräsidenten Lothar Späth (CDU) amtiert. Zu seinen Nachfolgern zählte Martin Jäger, der davor in Presseangelegenheiten für Frank-Walter Steinmeier, damals Chef des Bundeskanzleramtes und Außenminister, arbeitete. Auch Michael Inacker, der häufig die Seiten zwischen Journalismus, Lobbyismus und Beratertätigkeit wechselte, diente als

214

»Außenminister« des Stuttgarter Konzerns. Nun pflegt Eckart von Klaeden, vordem Bundesschatzmeister der CDU, Bundestagsabgeordneter und zuletzt Staatsminister in Merkels Bundeskanzleramt, bei der Daimler AG die Regierungsangelegenheiten und Außenbeziehungen. Ein guter Zugang zu ihrem Büro und in die Wirtschaftsabteilung des Kanzleramtes blieb garantiert. Doch nach Diesel- und Abgas-Skandalen sind Briefe mit der Anrede »Sehr geehrte Frau Bundeskanzlerin, liebe Angela« wie aus der Zeit gefallen, großspuriges Auftreten sowieso.

Auch das Beraterwesen ist schwieriger geworden. Immer neue Agenturen drängen in den Markt der politischen Kommunikation. Berater und Lobbyisten müssen sich nach der Decke strecken. Pompöse Feste der Branche in edlem Ambiente, mit Schickeria, Champagner und Hostessen, arrangiert von professionellen Netzwerkern und gesponsert von Großunternehmen, sind selten geworden. Strenger als früher sind die Compliance-Regeln, die anzeigen, was sich gehört und was sich nicht gehört. Schon die Annahme von Eintrittskarten ins Berliner Olympiastadion kann für die politische Prominenz ein »Geschmäckle« haben. Manche politische Karriere zerbrach an zu großer Nähe zu Wirtschaftsvertretern und der Annahme kleiner Vergünstigungen, etwa 2012 die von Bundespräsident Christian Wulff. Wie ein Tsunami wirkte sich sein Rücktritt auf die Branche aus.

# Vor dem Ende einer Ära – die CDU

Ende 2014 geschah in Köln Ungewöhnliches. Die Wahlen zum Oberbürgermeister der Stadt standen bevor. Der Amtsinhaber, Jürgen Roters von der SPD, trat nicht mehr an – eine gute Gelegenheit für die CDU also, das höchste Amt der Stadt wieder für sich zu gewinnen. Doch die CDU tat sich schwer, sie fand keinen Kandidaten. Die Grünen der Stadt hatten eine Idee. Sie redeten mit Henriette Reker, einer parteilosen Verwaltungsbeamtin und Beigeordneten der Stadt für Soziales, Integration und Umwelt. Zuvor war sie schon auf Initiative der Grünen von Gelsenkirchen nach Köln gewechselt. Vertrauliche schwarz-grüne Gespräche wurden geführt. Nachdem die CDU Zustimmung signalisiert hatte, stellten die Grünen Reker auf. Die städtische CDU tat es ihnen nach, ebenso die FDP. Ein knappes Jahr später wurde Reker gewählt. Angesichts ihrer Zerstrittenheit war die CDU der viertgrößten Stadt Deutschlands zufrieden. Im nahen Düsseldorf und im fernen Berlin äußerten die Parteifreunde ein skeptisches »Ja, ja, die Kölner CDU« oder wiesen entschuldigend auf die Besonderheiten der Kommunalpolitik hin, weil diese doch irgendwie immer überparteilich sei. Als Leistungsnachweis der – nach eigenem Anspruch – letzten echten Volkspartei CDU konnten die Ereignisse von Köln aber nicht dienen. Keinen Kandidaten aus den eigenen Reihen zu haben wiegt schwerer, als Wahlen zu verlieren. Köln, die Millionenstadt am Rhein, erwies sich als frühes Menetekel für den Zustand der CDU, noch bevor Merkels Flüchtlingspolitik die Partei zu zerreißen drohte.

Auf der Ebene des Bundes und auch der meisten Bundesländer mangelt es der CDU nicht an Parlamentskandidaten. In den Städten und erst recht in kleineren Gemeinden hat sich das gewandelt. Die Parteien tun sich schwer, genügend Kandidaten zu finden, auch weil – wie bei der SPD – die Zahl der Mitglieder immer weiter sinkt. Seit Beginn der Achtzigerjahre gibt es einen Trend nach unten, und zwar unabhängig von der Politik der Parteispitze und davon, ob die Partei an der Regierung oder in der Opposition ist. In der Nachkriegszeit hatte die CDU knapp 400 000 Mitglieder und stand im Ruf einer Honoratiorenpartei. Zur Volkspartei nach der heutigen Terminologie wurde sie erst in den Siebzigern, einer Zeit der politischen Polarisierung, angetrieben vom jungen Parteivorsitzenden Helmut Kohl, organisiert von seinen Generalsekretären Kurt Biedenkopf und Heiner Geißler. Den Höhepunkt markierte das Jahr 1983 mit 734 000 Mitgliedern. Bis 1989 sank deren Zahl auf knapp 663 000. Im Zuge der Wende kamen aus der ehemaligen DDR einige Zehntausend dazu, 1990 waren es insgesamt 790 000. Zum Ende der Ära Kohl 1998 war die Zahl auf 640 000 gesunken. Als Merkel 2005 Bundeskanzlerin wurde, lag sie bei noch knapp 572 000; bis kurz vor der sogenannten Flüchtlingskrise, Ende 2014, fiel sie auf 457 500. Das Abschmelzen ging weiter. 2017, nach der Bundestagswahl, verblieben der Partei noch 426 000 Mitglieder.

Dass der Altersdurchschnitt in der CDU bei sechzig Jahren liegt, kommt noch hinzu. Der Anteil derjenigen, die nicht mehr für Ämter, Mandate und Kandidaturen zur Verfügung stehen, stieg an. Wo die Mitglieder fehlen, lässt der politisch organisierte Druck nach, der von Engagierten und Jüngeren ausgeht. Nicht nur bei Wahlen, auch an der Basis können Volksparteien zerbröseln. Wie auch im Falle der SPD halfen Sonderaktionen der CDU-Spitze nur begrenzt, den Trend auch nur aufzuhalten. Die Bindewirkung der CDU litt darunter. Die örtlichen Parteigliederungen verschließen sich dem Engagement der neu Zugezogenen, wie zum Beispiel die CDU-nahen Beamten nach dem

*Angela Merkel, links, Wolfgang Schäuble, rechts, November 1999,*
*bei einer Pressekonferenz zu Beginn der CDU-Spendenaffäre.*

Umzug von Bonn nach Berlin feststellen mussten. In einer Gesellschaft, die ein wachsendes Maß an beruflicher und regionaler Mobilität erfordert, ist das ein Problem. Es entstand eine politisch folgenreiche Ungleichzeitigkeit – ein abwärtsführender Teufelskreis.

Zugleich leben die Gründungsmythen der CDU fort. Der wichtigste und älteste wird darin ersichtlich, dass der Begriff »Partei« im Namen der CDU nicht auftaucht. Eine »Union« will sie sein, weshalb ihre Redner und Rednerinnen auf Parteitagen auf stets sperrige Weise von der »Christlich Demokratischen Union Deutschlands« sprechen. Katholiken und Protestanten wollte sie nach dem Krieg in einer Partei vereinen, Arbeitnehmer und Arbeitgeber ebenfalls – was ihr auch gelang. Dies alles war damals nicht selbstverständlich und wird noch immer gewürdigt. In den Fünfzigerjahren war es einmal der Auftrag eines jungen Referenten im Bundesinnenministerium, den Anteil von evangelischen und katholischen Beamten so lange auf etwa fünfzig zu fünfzig zu frisieren, bis die (evangelische) Leitung des Ministeriums das Ergebnis dem (katholischen) Bundeskanzler vorlegen konnte. Der Kniff: Ein evangelischer Beamter mit einer katholischen Ehefrau zählte als katholisch, weil er bei der kirchlichen (damals üblich: katholischen) Trauung meist versprochen hatte, die gemeinsamen Kinder im katholischen Glauben zu erziehen. Noch heute gibt es Bestrebungen, die Zahl von Katholiken und Protestanten in der Parteispitze und im Bundeskabinett zu analysieren. Andererseits spielt der einstmals gegen die Übermacht der Katholiken in der CDU-Spitze gegründete Evangelische Arbeitskreis im innerparteilichen Gefüge nicht mehr die gleiche Rolle wie früher, und vor Parteitagen werden ökumenische Gottesdienste abgehalten. Für die Realpolitik aber spielt das kaum noch eine Rolle. Ohnehin hatten die Unionsparteien stets nur eine »christliche«, nicht aber eine kirchlich gebundene Organisation sein wollen. Und so wie die Zahl der regelmäßigen Kirchgänger zurückging, nahm auch die Zahl der CDU-Mitglieder stetig ab. Aus kirchennahen (Jugend-)Organisationen kann die CDU auch kaum noch Personal rekrutieren, wie es einst eine Selbstverständlichkeit war. Die Grünen sind auch hier zur Konkurrenz geworden.

Spannungsgeladen blieb das Verhältnis von »Arbeitgebern« und »Arbeitnehmern« in der Union, das in den Bonner Jahren als Rechts-Links-Konflikt zutage getreten war und später in der Auseinandersetzung »Pro und Contra Merkel« eine Renaissance erfuhr. Beim Kurswechsel in der Atompolitik, den Merkel und die CDU-Führung 2011 nach der Katastrophe von Fukushima vollzogen, sah sich der sogenannte Wirtschaftsflügel übergangen. Dass sich die Unionsparteien auf die Einführung einer Frauenquote in DAX-Unternehmen einließen und auch bei der Einführung von Mindestlöhnen nachgaben, hielten die Wortführer des CDU-Wirtschaftsrates und der Mittelstandsvereinigung für falsch. Sie unkten, Merkel betreibe eine im Kern sozialdemokratische Politik und gebe um des lieben Friedens willen der SPD zu sehr nach. Je nach Persönlichkeit und den jeweiligen Karriereplänen drückten sich die Kritiker aus. Wer nichts (mehr) werden wollte in der Partei, tat es laut und provokativ, wie etwa die Spitze des Wirtschaftsrates. Wer noch Pläne hatte, hielt sich an den innerparteilichen Komment, dass Kritik sein dürfe, aber ohne die Arbeit Merkels auf illoyale Weise zu erschweren.

Solche Spannungen haben Tradition. Adenauer legte Wert auf ein tragfähiges Einvernehmen mit den Gewerkschaften, wie die Einführung der Montan-Mitbestimmung bewies. Bei der Einführung der Pflegeversicherung gab Kohl seinem Arbeitsminister Norbert Blüm, Chef der CDU-Sozialausschüsse und somit Leitfigur des Arbeitnehmerflügels, freie Hand. Nicht den Ludwig-Erhard-Preis wolle er gewinnen, hielt der Kanzler den Gralshütern des Wirtschafsliberalismus vor, sondern Wahlen. Zugleich freilich pflegte Kohl auch freundschaftliche Beziehungen zu Wirtschaftsführern, insbesondere zu Alfred Herrhausen, dem später von RAF-Terroristen ermordeten Chef der Deutschen Bank.

Unter Merkel aber waren Brüche besonderer Art zu registrieren. Zunächst schien es, als wende sie sich einer neoliberal zu nennenden Politik zu, in Fragen der Steuer- und der Gesundheitspolitik etwa. Hier liegt ein Ursprung des Zerwürfnisses zwischen ihr und Horst Seehofer, der vom Arbeitnehmerflügel der Unionsparteien herkommt. Doch nach der Bundestagswahl 2005, bei der sie schlechter als erwartet und erwünscht abschnitt, vollzog Merkel eine erste Wende. Der sogenannte Neoliberalismus hatte ausgedient, weil er nicht wie erhofft auf die Wähler gewirkt hatte. Wandelte sie auf den Spuren des zunehmend arbeitnehmerfreundlichen Helmut Kohl? Weitere Brüche im Verhältnis Merkels zur Wirtschaft folgten. Im Zuge der Bankenkrise verlor sie das Vertrauen zu den Führungsetagen der deutschen Finanzbranche, später infolge des Diesel-Skandals auch zu denen der deutschen Automobilindustrie. Anders als früher Gerhard Schröder und einst auch sie selbst wollte Merkel keine »Autokanzlerin« mehr sein. Bis dahin waren die Verbände der deutschen Industrie und der Arbeitgeber fest an der Seite der CDU-Spitze gewesen, eine Bindung, die sich mit der Dauer von Merkels Amtszeit abschwächte.

Die Konflikte zwischen Merkel und dem Wirtschaftsflügel ihrer Partei gingen weit über die klassischen Themen der Wirtschafts- und Arbeitsmarktpolitik hinaus. Bis 2015 hatte der Wirtschaftsflügel in Partei und Bundestagsfraktion vor allem gegen Merkels Politik zur Rettung von Euro und Griechenland opponiert. Mit dem Beginn der Flüchtlingskrise aber verlor die CDU-Vorsitzende dessen Unterstützung auch auf einem anderen Feld. Im innerparteilichen Kampf um ihre Flüchtlingspolitik konnte sich Merkel auf die Unterstützung der CDU-Frauenunion und der Sozialausschüsse verlassen – wobei es hilfreich war, dass Protagonisten und Protagonistinnen beider CDU-Arbeitsgemeinschaften mit schönen Posten in der Bundesregierung versorgt worden waren. Auf den Mittelstand in der Partei aber konnte sie nicht mehr bauen, auch nicht auf die Junge Union (JU), die an Einfluss gewinnende Jugendorganisation von CDU und CSU.

Zu Kohls Zeiten hatte die Junge Union innerhalb des Spektrums der CDU »links« der Parteispitze gestanden. Mit dem langjährigen – 2015 verstorbenen – JU-Vorsitzenden Philipp Mißfelder und seinem Nachfolger Paul Ziemiak war das vorbei. Die Schülerunion und die Junge Union standen »rechts« der CDU-Führung – zum großen Erstaunen früherer JU-Chefs, die noch – auf Unionsart – ein »Jung sein heißt links sein« verkörpert hatten. Früher hatte es auf Bundesparteitagen Bündnisse und Absprachen zwischen Junger Union, Frauenunion und

Sozialausschüssen gegeben. Das ist nicht mehr so. Eine Spitze Merkels auf dem Deutschlandtag der Jungen Union charakterisierte das gestörte Verhältnis. Nur Männer waren dort im Herbst 2018 in die engere Führung gewählt worden. Die Kanzlerin bemerkte: »Frauen bereichern das Leben, nicht nur im Privaten, auch im Politischen.« Ziemiak lächelte gequält. Er wurde in der CDU unter die Merkel-Kritiker gerechnet – im Gegensatz zu einigen seiner Vorgänger, Hildegard Müller etwa, die vor ihrem Ausscheiden aus der Politik Staatsministerin in Merkels Bundeskanzleramt war, und Hermann Gröhe, der als Gesundheitsminister Merkels drittem Kabinett angehörte.

Mit dem Umzug gen Berlin ging in der CDU eine Wandlung einher. Die Flügel und die Strömungen der Partei verloren an Prägekraft – mit Ausnahme der Jungen Union, der größten Jugendorganisation Deutschlands. Dass Ziemiak im Zuge der Umbesetzungen an der Parteispitze CDU-Generalsekretär wurde, zeigt dies an. Einfluss und Außenwirkung der Sozialausschüsse hingegen gingen zurück. Norbert Blüm, ihr früherer Vorsitzender, hatte es zwar nicht allen recht gemacht, nicht einmal Kohl. Doch er fand Gehör und hatte Einfluss, weil er Teile der Arbeitnehmerschaft im Lande für die CDU gewann. Sein Nachfolger Karl-Josef Laumann erreichte nicht mehr Blüms Bekanntheit. Noch ärger traf es den national-konservativen Flügel der Partei. Ehedem wurde er von Politikern wie Alfred Dregger, zu Kohls Zeiten Vorsitzender der Unionsfraktion, oder auch von Kohls letztem Innenminister Manfred Kanther repräsentiert, beide aus Hessen stammten. Auch ihr politischer Ziehsohn Roland Koch band – vor allem durch seine Rhetorik – eine Wählerschaft an die CDU, die sich Jahre später zur AfD abwandte. Der Flügel war personell ausgedünnt, und inhaltlich legte Merkel keinen Wert auf ihn. Das Mantra der Unionsparteien, rechts von ihr dürfe es keine demokratisch legitimierte Partei geben, galt nicht mehr. Knorrige Konservative waren nicht mehr gefragt. Volker Kauder hätte noch am ehesten die

Lücke füllen können. Doch als – von Merkel installierter – Vorsitzender der Unionsfraktion sah er sich zu umfassender Loyalität ihr gegenüber verpflichtet und kam als Repräsentant der konservativen Strömung nicht in Betracht. Ein »Berliner Kreis« um den Hessen Christean Wagner suchte das aufzufangen. Doch es gelang den Beteiligten nicht zu definieren, was unter »konservativ« zu verstehen sei. Die Wiedereinführung der Wehrpflicht? Die Rückkehr zur Kernenergie? Eher verkörperten sie eine Gefühlslage, wonach derjenige konservativ sei, der sich selbst so sehe. Das reichte nicht. Nicht einmal Merkels Flüchtlingspolitik konnten sie erfolgreich konterkarieren. Das tat vor allem die CSU. Merkel aber setzte sich mit einem CDU-typischen Argument durch: Wer streitet, schadet der Partei und ihren Wahlchancen. Belege dafür fand sie auch, denn die Wahlergebnisse der CDU in den Bundesländern verschlechterten sich. Lange Zeit wurde das nicht der CDU-Vorsitzenden angelastet, sondern ihren Kritikern – bis sich die AfD etablierte.

Dem Wirtschaftsflügel erging es ähnlich – mit Folgen für das wirtschaftspolitische Profil der CDU. Das betreffende Ministerium hatte die CDU über Jahrzehnte nicht mehr besetzt. Der letzte CDU-Wirtschaftsminister der Bundesrepublik, bevor Peter Altmaier im Frühjahr 2018 ernannt wurde, hieß Kurt Schmücker und übte das Amt zwischen 1963 und 1966 aus. In den Oppositionsjahren nach dem Ende von Kohls Kanzlerschaft bemühte sich Friedrich Merz mit Erfolg, der Partei zu einem neuen und scharfen wirtschaftspolitischen Profil zu verhelfen. Merz stieg sogar in das Amt des Fraktionsvorsitzenden auf. Doch Merkel, zur Parteivorsitzenden gewählt, verdrängte ihn aus dem Führungsamt. Merz empörte sich und wollte sich nicht dauerhaft ein- oder gar unterordnen. Er verließ die Politik und ging in die Wirtschaft. Seither träumten viele in der CDU von der Rückkehr des Friedrich Merz – als dem Mann, der die Partei wieder auf den Pfad marktwirtschaftlicher Tugend führen werde. Nach dem Verzicht Merkels auf den CDU-Vorsitz hätte es Merz beinahe geschafft, Parteichef zu werden. Doch nur beinahe.

Auch Merkels Erfolge in Bundestagswahlen verhinderten die Wiederkehr des Friedrich Merz in die Parteipolitik. Entscheidend dafür waren nicht die Stimmenanteile der Unionsparteien, die – mit Ausnahme der Wahl von 2013 – stets zurückgingen. Wichtiger war, dass es Merkel immer wieder gelang, rückschauende Analysen über Wahlergebnisse zu verhindern. Die Warnungen aus den Überbleibseln des konservativen Lagers, die CDU verliere an Verankerung in der Gesellschaft, verhallten ohne Folgen. Für diese Taktik fand sie stets genügend Helfer. Ihr Erfolgsrezept: Die Union stellte im Bundestag die stärkste Fraktion und somit die Bundeskanzlerin. Sie konnte Ministerposten und hochrangige Beamtenstellen verteilen. Natürlich kümmerte sich Merkel auch um die CDU, schon aus eigenem Interesse. In Wahlkämpfen auf Länderebene pflegte sie sich zu engagieren. Auf Bundesparteitagen wurde sie stets mit herausragenden Ergebnissen bestätigt. Die Delegierten wollten mit Merkel nicht so umgehen, wie das in den Jahren davor die SPD mit »ihrem« Kanzler Gerhard Schröder getan hatte. Die CDU-Delegierten wollten lieber regieren als folgenlos in der Oppositionsrolle über den Kurs der Partei diskutieren. Merkel war ausweislich der Umfragen in Deutschland beliebt und im Ausland angesehen. In der Bundestagswahl 2013 hätte sie den Unionsparteien beinahe zur absoluten Mehrheit der Bundestagsmandate verholfen.

Eine Programmpartei – auch das gehört zu ihren Gründungsmythen – ist die CDU noch nie gewesen. Im Vergleich zur politischen Konkurrenz war die CDU stets wenig an Programmdiskussionen interessiert. Es reichte, wenn ein Wahlprogramm Erfolge versprach. Debatten um ihrer selbst willen zu führen ist nie im Interesse der Mitglieder gewesen, was aber nicht ausschloss, dass auf ihren Parteitagen gelegentlich mancherlei beschlossen wurde, was hernach in den Parteiarchiven verschwand. CDU-Parteitage haben, wie gerne angemerkt wird, ihre eigenen Gesetze, doch können auch CDU-Delegierte in Wallung geraten und der Führung die Grenzen aufzeigen. Kohl ist das widerfahren und Merkel auch. Ihre Machtfülle wurde von den Eskapaden der Delegierten aber nicht gefährdet. Denn eine Grenze wurde in der Regel eingehalten: Die eigene Vorsitzende, gar wenn sie Kanzlerin ist, wird nicht gestürzt. Merkel hatte selbst den Zeitpunkt des Aufhörens zu finden. Als der Status der CDU als Volkspartei gefährdet schien – Wahlniederlagen in den Ländern, schlechte Regierungspolitik, Umfragen, die die CDU bei 25 Prozent sahen –, war es so weit. Merkel hatte den Zeitpunkt gefunden. Die CDU wollte nicht das Schicksal vieler ihrer europäischen Schwesterparteien erleiden, die sich in den vergangenen Jahren quasi in Luft aufgelöst hatten. Auch das gehört zu den Debatten über die Krise der Volksparteien in Deutschland.

# Stets in der Krise – die SPD

In den ersten vierzig Jahren der Bundesrepublik Deutschland gab es an der Spitze der SPD vier Vorsitzende: Kurt Schumacher, Erich Ollenhauer, Willy Brandt und Hans-Jochen Vogel. In den dreißig Jahren danach wurde der Parteivorsitzende elf Mal ausgewechselt, die »kommissarischen« Vorsitzenden, die jeweils nur für eine Übergangszeit die Geschäfte führten, nicht mitgerechnet. Auf Vogel folgten Björn Engholm, Rudolf Scharping, Oskar Lafontaine, Gerhard Schröder, Franz Müntefering, Matthias Platzeck, Kurt Beck, noch einmal Müntefering, Sigmar Gabriel, Martin Schulz und Andrea Nahles. Kein Sozialdemokrat stand so lange an der Parteispitze wie Willy Brandt, der auf 23 Jahre kam. Erich Ollenhauer war, obwohl glück- und erfolglos agierend, elf Jahre lang Parteivorsitzender. Die Sozialdemokraten rühmen Willy Brandt, doch käme keiner von ihnen auf den Gedanken, Sigmar Gabriel, der mit siebeneinhalb Jahren Amtszeit auf Rang drei der am längsten amtierenden Vorsitzenden steht, mit dem Titel »Ehrenvorsitzender« zu schmücken. Zeiten gab es, in denen die SPD ihre Vorsitzenden auswechselte wie Abstiegskandidaten in der Bundesliga ihre Trainer, allein zwischen 2004 und 2009 fünf Mal. Die vielen Wechsel an der Parteispitze dienten sogar als Argument, das die Position von Nahles stabilisierte: Bitte nicht schon wieder einen neuen Vorsitzenden, was doch die Partei bisher auch nicht nach vorne gebracht habe.

Als 1999 Bundestag, Bundesregierung und auch die Parteizentralen nach Berlin umzogen, schien ein goldenes sozialdemokratisches Zeitalter bevorzustehen. Bundespräsident, Bundestagspräsident, Bundeskanzler – alle waren Sozialdemokraten. 40,9 Prozent der Stimmen hatte die SPD bei der Bundestagswahl 1998 gewonnen. Knapp zwanzig Jahre später hatte sich ihr Stimmenanteil halbiert, und der Sinkflug setzte sich fort. Die Krise der SPD wurde zur Standardformel, selbst als die SPD noch relativ stark war. Gebannt schauten Sozialdemokraten auf die Umfragen für die Bundesebene. Permanent blieben sie unter 30 Prozent und damit unterhalb der Messlatte, die eine Volkspartei angeblich zu überwinden hat. Die Stärke der SPD in den Großstädten und auf Ebene der Bundesländer aber spielte in der Wahrnehmung keine Rolle mehr. Dabei hatten die deutschen Städte mit mehr als 200 000 Einwohnern mehrheitlich sozialdemokratische Oberbürgermeister, einschließlich der Millionenstädte Berlin, Hamburg, München und meistens auch Köln. Zeitweise wurden neun der sechzehn deutschen Bundesländer von SPD-Regierungschefs geführt: Berlin, Brandenburg, Bremen, Hamburg, Mecklenburg-Vorpommern, Niedersachsen, Nordrhein-Westfalen, Rheinland-Pfalz, Schleswig-Holstein. In weiteren vier Bundesländern war die SPD an der Landesregierung beteiligt. Nichts ließ sich im Bundesrat gegen die SPD durchsetzen. Angela Merkel blieb nichts anderes übrig, als sich den Wünschen und Bedingungen der SPD zu beugen.

In der Partei aber sprachen alle über die sozialdemokratische Existenzkrise, was auch ein Ausdruck der Krise selbst war. Wann immer Sozialdemokraten über Zustand und Aussichten ihrer Partei redeten, malten sie ein dramatisches Bild. Sie alle wollten nur das Beste, doch wurde es zum integralen Bestandteil der Auseinandersetzungen, ein Zerrbild der Lage zu zeichnen. Die Analysen, die jede für sich schlüssig waren, widersprachen einander. Sozialdemokraten, die sich dem linken Flügel der SPD zuordneten, sahen in der Regierungspolitik Schröders und Müntefrings, insbesondere in den Agenda-2010-Sozialreformen die Ursache. Das gute Verhältnis zu den Gewerkschaften sei zerstört worden. Parteitage hätten zwar Schröders Politik befürwortet, doch fühlten sich die einfachen Leute und die Sozialdemokraten an der Basis von diesem Kurs nicht mehr repräsentiert. Das sei der eigentliche Grund für das schlechte Abschneiden in Bundestagswahlen seit 2009, in denen die SPD jeweils deutlich unter 30 Prozent blieb. Die SPD müsse sich in der Opposition regenerieren, lauteten die Schlussfolgerung und Therapieempfehlung. Diese Position gewann umso mehr an Wirkungskraft, je deutlicher hervortrat, dass sich die Rolle des Juniorpartners in den großen Koalitionen nicht mit besseren Umfragen und Wahlergebnissen im Bund auszahlte. Auch Landesverbände, die mehrheitlich nicht links einzuordnen sind, standen großen Koalitionen in Berlin skeptisch bis ablehnend gegenüber, darunter jener der nordrhein-westfälischen Ministerpräsidentin Hannelore Kraft. Zwar hieß es hier wie dort, die SPD-Minister erledigten ihre Arbeit professionell und setzten sozialdemokratische Politik durch. Der Wähler aber honoriere dies nicht.

Die Gegenposition in der Partei war ebenso deutlich und in sich folgerichtig. Die Partei dürfe nicht ihre eigene Vergangenheit verraten und müsse stolz auf das Geleistete sein. Sie solle Wirtschaftskompetenz beweisen und politische Verantwortung übernehmen. Geschlossenheit sei das Gebot der Stunde. Es gehe um die Verwirklichung sozialdemokratischer Ziele. Mit dem Mittel eines SPD-Mitgliederentscheids über den Koalitionsvertrag hatte Sigmar Gabriel nach der Bundestagswahl 2013 den sehr viel stärkeren Koalitionspartner erfolgreich unter Druck gesetzt. Um die skeptische Parteibasis zu überzeugen, brachte er SPD-Vorhaben in der Sozial- und Arbeitsmarktpolitik gegen die Union zur Geltung, den Mindestlohn etwa.

In den Unionsparteien mehrten sich die Beschwerden: Immer werde nur das gemacht, was die SPD wolle. Selbst diese Schützenhilfe überzeugte die Wähler nicht, wie die Zahlen belegen. Nach der ersten großen Koalition Merkels von 2005 bis 2009 sackte die SPD von 34,2 auf 23 Prozent ab, nach der zweiten gar auf 20,5 Prozent in der Bundestagswahl 2017. Die Gegner einer Zusammenarbeit mit den Unionsparteien sahen sich bestätigt, und das umso mehr, als ein halbes Jahr nach Antritt der dritten Koalition unter Merkel die SPD bundesweit bei 15 Prozent landete, hinter der Union, den Grünen und je nach Institut sogar der AfD. Volkspartei – das war einmal.

Ein drittes Erklärungsmuster kam auf. Die Krise der SPD gehe auf den Umgang der Parteibasis mit ihrem Spitzenpersonal und das Verhalten der Spitzenpolitiker untereinander zurück. Jeden Konflikt pflegten Sozialdemokraten bis zum bitteren Ende auszutragen. Differenzen unter den Teppich zu kehren oder sie wenigstens nicht öffentlich auszutragen, wie das in der CDU meistens gerne gehalten wird, sei nicht ihre Sache. Da ist vieles dran. Solche Gewohnheiten schüren Misstrauen und hinterlassen Wunden, die oft Jahre später wieder aufplatzen. Begann alles mit dem Machtkampf zwischen Gerhard Schröder und Oskar Lafontaine? Seit dem Rücktritt Lafontaines vom SPD-Vorsitz im Frühjahr 1999 hatte die Parteilinke ihren Bezugspunkt verloren. Seither gab es auch keinen Vorsitzenden mehr, der das intellektuelle Vermögen gehabt hätte, das linke gesellschaftliche Spektrum in Deutschland an die SPD zu binden. Andererseits war es unerträglich gewesen, wie Lafontaine die Partei zum Opfer seiner Rache an Schröder gemacht hatte.

Besser als von ihr befürchtet schnitt die SPD noch bei der Bundestagswahl 2005 ab. Nur um einen Prozentpunkt lagen CDU/CSU und SPD auseinander, 35,2 zu 34,2. Schröder schied aus. Zugleich lag auf der Hand, dass Oskar Lafontaine mit seiner Kandidatur für das Linksbündnis aus WASG und PDS der SPD die wenigen fehlenden Stimmen genommen hatte. Weder reichte es für eine schwarz-gelbe Koalition noch für die Fortsetzung der rot-grünen Bundesregierung. Rot-Rot-Grün lehnte die SPD ab, allein schon um eine Zusammenarbeit mit Lafontaine, der sie verraten habe, auszuschließen. Überdies war die SPD-Spitze gewillt, die Agenda-2010-Politik Schröders fortzusetzen.

*Drei Parteifreunde, die alle Chef sein wollten: Rudolf Scharping, Gerhard Schröder, Oskar Lafontaine. Kurz vor der Bundestagswahl 1998, bei der die SPD noch doppelt so viel Stimmen bekam wie 2017.*

Nachdem Franz Müntefering noch während der Koalitionsgespräche mit Angela Merkel sein Amt als SPD-Vorsitzender niedergelegt hatte, weil er im Streit um den künftigen Generalsekretär der (damaligen) Parteilinken Andrea Nahles unterlag, rief die Parteiführung binnen Stunden Matthias Platzeck, den beliebten Ministerpräsidenten von Brandenburg, zum neuen Vorsitzenden aus. Eine Kursänderung war von ihm nicht zu erwarten. Platzeck hatte die von Schröder und Müntefering vorangetriebene Hartz-IV-Politik stets vehement unterstützt, obwohl Brandenburg viele Anti-Schröder-Kundgebungen gesehen hatte. Nahles verzichtete darauf, Generalsekretärin zu werden. Platzeck schlug Hubertus Heil vor, der erstens schon zu Juso-Zeiten ein Gegner von Nahles war, zweitens als Befürworter der Schröder-Müntefering-Linie galt und drittens als ehemaliger Mitarbeiter der SPD im brandenburgischen Landtag ein Freund von ihm war.

Seitens der SPD umgaben Schröders Gefolgsleute die neue

230

Bundeskanzlerin Merkel. Müntefering wurde Arbeits- und Sozialminister und »Vizekanzler«, Frank-Walter Steinmeier Außenminister, Peer Steinbrück Finanzminister. Das Justizministerium führte nunmehr Brigitte Zypries, während Ulla Schmidt (Gesundheit) und Heidemarie Wieczorek-Zeul (Entwicklungshilfe) ihre Posten behielten. Peter Struck, Schröders letzter Verteidigungsminister, leitete neuerlich die Fraktion. Zwei Ziele hatte diese Personalpolitik. Es sollte erstens der alte Kurs gehalten werden, zweitens sollten den Kabinettsneulingen der Unionsparteien regierungserfahrene Sozialdemokraten gegenübergestellt werden.

Garantierte politische Erfolge erwartete die SPD-Spitze. Sie erfüllten sich aber nur auf der sachpolitischen Ebene, die Minister der SPD leisteten gute Arbeit. Die Kooperation mit den Ministern der Union verlief in den üblichen professionellen Bahnen, doch auch Wertschätzung trug das persönliche Zusammenwirken. Müntefering meinte zwar, Merkel verliere sich zu sehr in Details, und kritisierte intern Merkels Führungsstil als zu weich. Doch hatten Kanzlerin und Vizekanzler während der Koalitionsverhandlungen ein Fundament gegenseitigen Vertrauens gelegt. Überdies bildeten die Fraktionsvorsitzenden Kauder und Struck im parlamentarischen Alltag ein nahezu reibungslos funktionierendes Scharnier und freundeten sich auch persönlich an. Kauder lud Struck zum alemannischen Karneval in seine Heimat ein. Mit keinem anderen Fraktionsvorsitzenden späterer Koalitionsfraktionen unterhielt Kauder ein solches Vertrauensverhältnis wie zu Peter Struck. Dass das persönliche Nicht-Verhältnis zwischen Merkel und Struck – »Sie kann mich nicht leiden und ich sie nicht« – brüchig war, moderierte Kauder beiseite.

In der SPD aber fehlte ein Moderator. Schröder kam dafür nicht mehr in Betracht, nachdem er sich aus der innerparteilichen Meinungsbildung zurückgezogen hatte. Sein Engagement für die russische Energiewirtschaft stieß in seiner Partei auf Un-

verständnis und Empörung. Nach seinem Rücktritt vom Parteivorsitz kam auch Müntefering nicht mehr als Moderator in
Betracht. Und Platzeck? Der war zwar mit großer Mehrheit zu
seinem Nachfolger gewählt worden – mit 99,4 Prozent der Stimmen des SPD-Parteitages. Doch fehlten dem brandenburgischen Ministerpräsidenten Nervenstärke, bundespolitische
Erfahrung und die Machtbasis, die ein Parteivorsitzender im
Alltag benötigt. Gesundheitliche Probleme kamen hinzu.
Müntefering schöpfte seine Rolle als »Vizekanzler« und infor-
meller Chef der SPD-Bundesminister in einer Weise aus, als sei
er noch Parteichef. Im April 2006 trat Platzeck zurück, Kurt
Beck folgte ihm nach.

Auch Beck war beliebt in der SPD. Er entsprach dem Bild eines klassischen Sozialdemokraten – Sohn eines Maurers, mitt-
lere Reife. Seit zwölf Jahren saß er in der Staatskanzlei von
Rheinland-Pfalz. Wahrscheinlich hätte man ihn schon im
Herbst 2005 zum SPD-Vorsitzenden erkoren, wäre er zum Zeitpunkt von Münteferings Rücktritt nicht in Spanien im Urlaub
gewesen. Auch unterstützte er Schröders Agenda 2010. Deftige,
einfache, volksnahe Sprüche liebte er auch. »Wenn Sie sich wa-
schen und rasieren, finden Sie auch einen Job«, raunzte er einen
jugendlichen Hartz-IV-Empfänger an, der ihn in einem Men-
schenknäuel verbal attackiert hatte. Becks Spruch kam ins Fernsehen und schien auf populistische Weise populär zu sein. Dann
begann in Berlin das Gerede, ob der Spruch Ausdruck einer
politischen Naivität Becks sei. Eine außenpolitische Äußerung
von ihm, die Regierung in Afghanistan solle das Gespräch mit
den »gemäßigten Taliban« suchen, verstärkte das Getuschel.
Man bezweifelte, ob der Parteivorsitzende – dieser Parteivorsitzende – Kanzlerkandidat werden könne. Beck, der es versäumt
hatte, im Willy-Brandt-Haus Mitarbeiter seines Vertrauens zu
installieren, entwickelte eine fast körperliche Aversion gegen die
Verhältnisse in Berlin – gegen die aus dem Hintergrund der SPD
gestreuten Anti-Beck-Informationen und gegen die Medien, die

diese Informationen verbreiteten. Vor allem Müntefering und dessen Umfeld hatten Beck im Visier.

Im Herbst 2008 war es so weit. Auf einer Klausurtagung der SPD-Spitze sollte Steinmeier zum Kanzlerkandidaten ausgerufen werden. Weil schon in der Nacht zuvor die Nominierung Steinmeiers via *Spiegel-online* bekannt und außerdem mit Hinweisen versehen wurde, Beck habe sich unfreiwillig fügen müssen, trat Beck vom SPD-Vorsitz zurück. Er schimpfte, seine Autorität sei untergraben worden. Steinmeier wurde Kanzlerkandidat, Müntefering wieder SPD-Vorsitzender. Steinmeier verlor die Bundestagswahl 2009 mit dem – bis dahin – schlechtesten Ergebnis der SPD: 23 Prozent. Anschließend verzichtete Müntefering auf den Parteivorsitz. Sofort stand fest, dass Sigmar Gabriel ihn beerben würde. Sein Auftrag: Ruhe in die Partei bringen und das zerbrochene Verhältnis zu den Gewerkschaften reparieren. Generalsekretärin der SPD wurde Andrea Nahles. Das Misstrauen aber, das sich über vier Jahre lang in die Führung der SPD eingenistet hatte, blieb bestehen.

Mit Gabriel und Nahles wurden zwei Sozialdemokraten unterschiedlichen Typs aneinandergebunden. Sie mochten einander nicht. Parteipolitisch waren sie unterschiedlich sozialisiert: Gabriel kam von der Jugendorganisation der Falken, während Nahles vier Jahre lang Bundesvorsitzende der Jungsozialisten und anschließend die Sprecherin der Parteilinken gewesen war. Nahles verfügte deshalb in der SPD über ein Netzwerk, das in alle Untergliederungen hineinreichte. Daran mangelte es Gabriel. Seine Rhetorik konnte Parteitage beeindrucken, dabei war er impulsiv und sprunghaft. Nahles hatte darunter zu leiden und erzielte auf Parteitagen stets nur mäßige Wahlergebnisse. Sie dachte in klaren Strukturen. Gabriel wiederum wollte führen, ohne freilich den letzten Schritt zu tun und die Kanzlerschaft anzustreben. Nahles hatte sich zu gedulden; den Wahlkampf des Kanzlerkandidaten Peer Steinbrück – impulsiv auch er – sollte sie organisieren. Es war eine Fron. Die Bewerbung

Steinbrücks stand unter einem schlechten Stern. Es unterliefen ihm Fehler, und er bot Anlass zu Missdeutungen. Das Gehalt von Bundeskanzlern sei niedriger als das von Sparkassendirektoren, sagte er etwa. Wein, der weniger koste als fünf Euro, sei nicht zu genießen. In der SPD stöhnten sie auf. Nahles musste schweigen. Doch zum Ende des Wahlkampfes 2013 war für sie klar: Entweder würde sie nach der Bundestagswahl ein großes Ministerium erhalten oder Fraktionsvorsitzende werden. Steinbrück verlor die Bundestagswahl mit 25,7 Prozent. Wieder trat eine große Koalition an. Nahles übernahm das Bundesministerium für Arbeit und Soziales. Weil sie dem SPD-Vorstand nicht mehr angehörte, konnte sie sich fortan aus den innerparteilichen Querelen heraushalten, ihr Ressort in den Mittelpunkt rücken und sich Respekt erwerben. Die Unionsparteien würdigten öffentlich ihre Verlässlichkeit, etwa in Gestalt von Volker Kauder.

Für die SPD aber kam es noch schlimmer. Umfragen im Sommer 2015 sahen sie immer noch bei 25 Prozent. Selbst eine Mehrheit der SPD-Anhängerschaft hielt Gabriel für ungeeignet, das Amt des Bundeskanzlers auszufüllen. Torsten Albig, SPD-Ministerpräsident aus Schleswig-Holstein, regte an, die SPD solle auf die Nominierung eines Kanzlerkandidaten verzichten, weil das angesichts der Lage ohnehin aussichtslos sei. Auf einem Parteitag Ende 2015 wurde Gabriel mit lediglich 74,3 Prozent im Amt des SPD-Vorsitzenden bestätigt, was einem Misstrauensvotum gleichkam. Ein gutes Jahr später zog er die Konsequenz und überließ die Kanzlerkandidatur und den SPD-Vorsitz dem in der deutschen Innenpolitik gänzlich unerfahrenen Europa-Politiker Martin Schulz. Auch das geschah ohne große innerparteiliche Debatte. Doch Schulz wurde wie ein Erlöser gefeiert, was wie ein Nachtreten gegen den unpopulären Gabriel aussah. Alle Delegierten, 100 Prozent, wählten Schulz zum Parteivorsitzenden. Der »Schulz-Hype« aber zerplatzte wie eine Seifenblase. Im Mai verlor die SPD in Nordrhein-Westfalen die

Landtagswahl, im September dann die Bundestagswahl. Eine der Ursachen, wie Schulz sie sah: Unter Gabriels Parteivorsitz war es im Willy-Brandt-Haus versäumt worden, den Wahlkampf vorzubereiten. Schulz fand nichts vor – keine Konzepte, keine Mitarbeiter. Dem Wahldesaster folgten Personal- und Positionswechsel in einer nie dagewesenen Geschwindigkeit. Einmütig beschloss die Parteispitze als Konsequenz aus dem Wahlergebnis, die SPD habe sich nun in der Opposition zu bewähren. Die Partei atmete auf, endlich Merkels Gefängnis verlassen zu können. Nahles stieg zur Fraktionsvorsitzenden auf. Niemals werde er in eine Regierung unter der CDU-Kanzlerin eintreten, sagte Schulz. Diese Festlegung sollte sich als unvorsichtig und voreilig erweisen, die Kehrtwende folgte wenige Wochen später. Gegen Schulz wurde gestichelt; er fühlte sich von SPD-Führungspolitikern wie Olaf Scholz hintergangen. Doch im Amt des Parteivorsitzenden wurde er mit immerhin 81,9 Prozent bestätigt.

In Wirklichkeit übernahm Nahles mit ihren Reden auf Parteitagen und auch in den folgenden Sondierungs- und Koalitionsgesprächen mit der Union die Führung der Partei. Schulz strebte das Amt des Außenministers an und sagte das auch noch öffentlich, ehe die SPD-Mitglieder über den Koalitionsvertrag abgestimmt hatten. Es folgte ein Aufstand in der Parteispitze. Schulz verzichtete – erst auf das Auswärtige Amt und dann auch auf den Parteivorsitz. Nahles wurde zur künftigen SPD-Vorsitzenden erkoren und hätte beinahe das Amt auch gleich kommissarisch übernommen. Nur aus Gründen demokratischer Hygiene übernahm Olaf Scholz, der Erste Hamburger Bürgermeister, diese Aufgabe. Ein zu Schröders Zeiten kaum vorstellbares Bündnis bekam Konturen. Lange hatten sie es vorbereitet – Nahles, die Gegnerin der Hartz-Reformen, und Scholz, der damals als Generalsekretär für Schröder zu kämpfen hatte. Jeder hatte eine politische Vergangenheit bei den Jungsozialisten, nicht bei den Falken. Gabriel und Schulz aber hatten zu weichen. Nichts blieb den beiden als ihr Mandat im Deutschen Bundestag – und später natürlich die Möglichkeit, schlecht über Nahles und Scholz zu reden.

Die SPD-Mitglieder folgten mehrheitlich der neuen Führung. 66 Prozent stimmten dem Koalitionsvertrag zu, 33 Prozent aber lehnten ihn ab. Nahles wählten sie zur Parteivorsitzenden – ebenfalls mit 66 Prozent. Wenig sei das und geschwächt sei sie, sagten die einen. Mehr sei nicht zu erwarten gewesen und das Ergebnis spiegele die Stimmung in der Partei wider, sagten die anderen. Gleichwie: Erstmals in der Geschichte der SPD stand eine Frau an ihrer Spitze. Freude kam deswegen merkwürdigerweise nicht auf. Schon immer war es das Problem der machtbewussten und durchsetzungsfähigen Sozialdemokratin gewesen, dass ihre Beliebtheit in den eigenen Reihen Grenzen hatte. Auch bei Olaf Scholz verhält es sich so, fortan Finanzminister und Vizekanzler. Wie Nahles schnitt auch er in Wahlen auf SPD-Parteitagen nur mit mäßigen Ergebnissen ab.

Erstmals stand Nahles nun voll im Wind, sah sich Attacken von links und von rechts ausgesetzt, vor allem nach der »Affäre Maaßen«. Wegen unglücklicher, missverständlicher und unangebrachter Äußerungen geriet der Präsident des Bundesamtes für Verfassungsschutz, Hans-Georg Maaßen, in die öffentliche Kritik. Die SPD forderte seine Entlassung, Merkel eigentlich auch. Innenminister Seehofer hingegen wollte partout an ihm festhalten. Tagelang währte der Kampf. Die drei Parteivorsitzenden verständigten sich, Maaßen werde aus dem Amt des BfV-Präsidenten entlassen, dafür aber als Staatssekretär im Bundesinnenministerium untergebracht, womit eine Gehaltserhöhung verbunden war. Ein Sturm der Entrüstung brach los, der vor allem Nahles traf. Die SPD-Parteispitze distanzierte sich. Eine andere, passendere Regelung wurde gefunden, was ihr wenig half. Nahles wisse nicht, was das Volk denke, sagten ihre internen Kritiker. Sie habe ihr politisches Sensorium verloren. Nahles müsse sich mehr als bisher mit dem SPD-Vorstand

»rückkoppeln«. Die Umfragewerte der SPD sanken deutlich unter zwanzig Prozent. Nahles gab der Wochenzeitung *Die Zeit* ein Interview. »Wir werden uns aus dem gedanklichen Gefängnis der Agendapolitik, über die viel zu lange rückwärtsgewandt geredet wurde, befreien«, kündigte sie an. Für Parteilinke war es zu wenig und zu unbestimmt. Für Parteirechte war es Verrat an der jüngeren Geschichte der SPD. Die Umfragen sackten weiter ab: 15 Prozent. Das Raunen begann – wie bei Gabriel, Beck und Platzeck. »Nahles kann es nicht.« Pläne wurden geschmiedet. »Sie muss weg.« Vor allem Altvordere in der SPD verbreiteten das. Wenigstens eines ihrer beiden Ämter – Parteivorsitz oder Fraktionsvorsitz – müsse sie preisgeben, wurde als Stimmung in Partei und Fraktion kolportiert. Der Ausgang der Europa-Wahl und der der Bürgerschaftswahl in Bremen im Mai 2019 galt als Verfallsdatum für die erste Frau an der Spitze der deutschen Sozialdemokratie. Wieder einmal war von »Putschversuchen« in der SPD die Rede. Sogar Martin Schulz kam wieder als Hoffnungsträger ins Gespräch. Nahles aber wollte sich nicht wegpusten lassen.

# Auf der Überholspur –
# die Grünen

Mit einer Koalitionsaussage der seltenen Art verbeugte sich kaum verklausuliert der Große vor dem Kleinen. »Wer sicher den Erfolg der schwarz-grünen Landesregierung fortsetzen will, muss mit beiden Stimmen CDU wählen«, beschloss der CDU-Bundesvorstand im Herbst 2018 als Wahlaufruf für die Landtagswahl in Hessen. Nicht der kleine Partner hängte sich an den großen an, wie das früher üblicherweise die FDP tat, um Stimmen von Anhängern der Unionsparteien oder der SPD zu sich herüberzuziehen. Sondern umgekehrt wollte der große Partner von der Beliebtheit und dem Ansehen des kleinen profitieren, um sich das Amt des Regierungschefs zu sichern. Zehn Jahre zuvor hatte die hessische CDU ihren Wahlkampf gegen die Grünen noch mit dem Motto geführt, es seien »die Kommunisten« zu stoppen. So ändern sich die Zeiten und die Parteien mit ihnen. Eigentlich gehörte der neuere Wahlaufruf als Dokument der Zeitgeschichte ins Deutsche Ledermuseum in Offenbach, als Beigabe zu den dort ausgestellten Turnschuhen von Joseph Fischer. Diese trug der Altvorderste der Grünen 1985, als er sich zum Umweltminister des Landes Hessen vereidigen ließ, seinerzeit selbstverständlich in einer rot-grünen Landesregierung.

Nicht der CDU nutzte der Aufruf, sondern den Grünen. Die CDU, die fünfzehn Jahre zuvor noch 48,8 Prozent bekommen hatte, verlor mehr als elf Punkte und landete bei 27 Prozent. Die Grünen stiegen um fast neun Punkte auf 19,8 Prozent und wurden zweitstärkste Partei in Hessen, wenn auch mit einem denkbar kleinen Vorsprung von 66 Stimmen vor der SPD. Die schwarz-grüne Koalition des CDU-Ministerpräsidenten Volker Bouffier und seines grünen Stellvertreters Tarek Al-Wazir konnte fortgesetzt werden. Auf ungewöhnlich geräuschlose Weise hatten sie zusammengearbeitet, ganz anders als die große Koalition in Berlin, deren interne Auseinandersetzungen Bouffier für das schlechte Abschneiden seiner Partei verantwortlich machte. Am Tag nach der Hessen-Wahl kündigte Angela Merkel an, nicht länger CDU-Vorsitzende bleiben zu wollen. Und wenig später teilte Horst Seehofer mit, er würde nicht mehr der CSU vorstehen.

Eine Fülle politischer Häutungen haben die Grünen hinter sich. Als Bundespartei 1980 gegründet, bezeichneten sie sich zwar als eine »Anti-Parteien-Partei«. Doch als Ort der Gründung hatten sie, ganz nach Maßstäben der herkömmlichen Parteien, Karlsruhe ausgewählt, weil in Baden-Württemberg Landtagswahlen bevorstanden. Ein wildes Sammelsurium unterschiedlicher Gruppen und Grüppchen waren sie, darunter Linksradikale vom Kommunistischen Bund, vom Kommunistischen Bund Westdeutschland oder vom Bund Westdeutscher Kommunisten. Frühere Sozialdemokraten wie Petra Kelly, in Deutschland und der Welt eine friedensbewegte Berühmtheit, waren Gründungsmitglieder, außerdem ehemalige CDU-Mitglieder wie der Bundestagsabgeordnete Herbert Gruhl, die vor dem ständigen Wirtschaftswachstum warnten. Selbst ältere Männer aus einem deutschnationalen Spektrum waren dabei. Die sogenannten sozialen Bewegungen für Umweltschutz und Frauenrechte, gegen Aufrüstung und Atomenergie bildeten den Humus der Partei. Die Generation der Achtundsechziger dominierte und übernahm das Regiment. Trotz aller Auseinandersetzungen zog die Partei 1983 in den Bundestag ein, damals die erste Neugründung seit 1949, der das gelang. Zehn Jahre lang fochten sie interne Auseinandersetzungen aus: Ob das demokratisch legitimierte Gewaltmonopol des Staates akzeptiert werden dürfe; ob der Atomausstieg »sofort« oder schrittweise zu vollziehen sei;

*Die Ungleichen wurden immer gleicher. Volker Bouffier (CDU, links) und Tarek Al-Wazir (Grüne, rechts), 2013 bei der Unterzeichnung ihres ersten Koalitionsvertrages.*

ob es angemessen sei, sich an Regierungen zu beteiligen. Nichts war selbstverständlich.

Viele Sozialdemokraten aber hielten die neue Partei für ein Versehen der Geschichte. Die Grünen seien eine »Ein-Punkt-Partei«, programmatisch nicht gefestigt und allein durch ihren Widerstand gegen die Politik Helmut Schmidts entstanden. Und über eine ausreichende Verankerung in der Bevölkerung würden sie auch nicht verfügen. Als ungezogene Kinder der Sozialdemokratie wurden sie angesehen und behandelt. Welch ein Irrtum. Die neue Konkurrenz verfügte zwar nicht über die Personalstärke einer Volkspartei, über ein entsprechend breites Spektrum von Wählern und Mitgliedern aber sehr wohl. In den feinen Wohngegenden wurden die Grünen ebenso überproportional gewählt wie in den Studentenvierteln. Öko-Landwirte standen von Anfang ebenso in ihren Reihen wie Computerfreaks, also Vertreter von Branchen, die vom Anfang der Achtzigerjahre an ihren Aufstieg nahmen. Nach dem Bruch der sozialliberalen Koalition 1982 wandten sich Teile des linksliberalen Flügels der FDP den Grünen zu. Vormals in der katholischen Jugendarbeit Engagierte, die früher ihren Weg in die CDU gefunden hätten, stiegen bei den Grünen auf, Michael Vesper etwa, der in Nordrhein-Westfalen Minister einer rot-grünen Koalition wurde. Der Vater des zwischenzeitlichen Grünen-Vorsitzenden und Bundestagsabgeordneten Ludger Volmer war selbst einmal Bundestagsabgeordneter gewesen – für die CDU. Auch die Wortführer der Ökosozialisten und sonstiger Fundamentalisten der Grünen stammten aus dem Bürgertum.

Mit dem Austritt der Führungsleute des linksradikalen »fundamentalistischen« Flügels um Jutta Ditfurth und Rainer Trampert fand der erste Gärungsprozess um 1990 herum seinen Abschluss. Die sogenannten Realpolitiker unter ihrem Anführer Fischer hatten sich durchgesetzt. Die Grünen standen für Regierungsbeteiligungen zur Verfügung, freilich nur mit der SPD. Früh gab es in Hessen und Niedersachsen rot-grüne Koalitionen, dann auch in Nordrhein-Westfalen und schließlich im Bund. Fischer aus Hessen wurde Außenminister, Jürgen Trittin aus Niedersachsen Umweltminister und Renate Künast aus Berlin Ministerin für Landwirtschaft und Verbraucherschutz. Mit dem Ende der Regierung Schröder/Fischer 2005 war auch die rot-grüne Ära vorüber. Oppositionsjahre im Bund und in den Ländern folgten.

Die Schwäche der SPD wurde für die Grünen zu einem machtpolitischen Dilemma. Schwarz-grüne Optionen, die bis dahin bloß einer Minderheit der Grünen um Winfried Kretschmann aus Baden-Württemberg denkbar erschienen waren, gewannen an Zuspruch. Noch aber dominierten die Gründungsmythen von Rot-Grün, im Bundestag repräsentiert von den Fraktionsvorsitzenden Künast und Trittin. Sogenannte Linke und sogenannte Realos beharkten sich, obwohl sie längst keine ideologischen Auseinandersetzungen mehr führten. Schritt für

Schritt kehrten die Grünen auf Länderebene in – immer noch – rot-grüne Landesregierungen zurück. In Baden-Württemberg wurde unter Kretschmann sogar eine grün-rote Koalition gebildet. An so vielen Landesregierungen waren die Grünen schließlich beteiligt, dass im Bundesrat nichts mehr gegen sie entschieden werden konnte. So legten es die Klauseln in den Koalitionsverträgen fest, nach denen sich eine Landesregierung bei Entscheidungen im Bundesrat der Stimme zu enthalten habe, falls sich die Koalitionspartner nicht verständigen könnten.

Die CDU wiederum umwarb die Grünen. Merkel und andere in der Parteiführung zeigten sich schwarz-grünen Bündnissen gegenüber aufgeschlossen. Auch Horst Seehofer war nach der Bundestagswahl 2013 bereit, eine schwarz-grüne Bundesregierung zu bilden. Dieses Mal noch weigerten sich die Grünen wegen politischer Bedenken und aus Sorge, das grüne Personal könnte dem neuen Bündnis nicht gewachsen sein. Merkel, Seehofer und Kauder aber sagen seither, sie hätten ein schwarz-grünes Bündnis gewollt. Trittin und Renate Künast, die beiden verbliebenen Minister der rot-grünen Regierungsjahre, hätten es verhindert. Seitdem verloren die beiden in der Bundespartei wie auch in der Bundestagsfraktion an Einfluss. Die letzten Repräsentanten der Gründergeneration der Grünen machten den Jüngeren Platz. Bloß der alte Brauch blieb erhalten, wonach die Doppelspitzen in Partei und Fraktion doppelt quotiert waren: ein Mann, eine Frau; ein sogenannter Linker, ein sogenannter Realo. Katrin Göring-Eckardt und Anton Hofreiter standen der Fraktion vor, Simone Peter und Cem Özdemir der Partei.

Während im Bund eine große Koalition zustande kam, wurde zeitgleich in Hessen von Bouffier und Al-Wazir die erste schwarz-grüne Landesregierung gebildet. So kongenial wirkten die beiden zusammen, dass sie ein Vorbild für andere Bundesländer und auch den Bund abzugeben meinten. Nicht Rechte und Linke trafen aufeinander, sondern konservatives und linksliberales Bürgertum. 2016 kam auch in Baden-Württemberg ein solches Bündnis zustande – aber nicht unter Führung eines CDU-Politikers, sondern unter Kretschmann von den Grünen. Nicht mehr von »Schwarz-Grün« war die Rede, sondern erstmals von »Grün-Schwarz«. Nicht von der Bundespartei, sondern von den Landesparteien ging die Ausweitung des Koalitionsspektrums aus: Grün-Schwarz in Baden-Württemberg, Schwarz-Grün in Hessen, Rot-Gelb-Grün in Rheinland-Pfalz, Schwarz-Rot-Grün in Sachsen-Anhalt, Schwarz-Gelb-Grün in Schleswig-Holstein, Rot-Rot-Grün in Thüringen und Berlin, Rot-Grün in Bremen und Hamburg. Die Grünen konnten mit allen Parteien – außer der AfD. Nach der Bundestagswahl im Herbst 2017 waren die Grünen auch im Bund bereit. Das Bündnis aus Union, Grünen und FDP scheiterte jedoch an den Liberalen.

Keine der vier Jamaika-Parteien profitierte von der Entscheidung der FDP so sehr wie die Grünen. Ein schier unglaublicher Aufstieg folgte. Bei der Bundestagswahl waren sie auf 8,9 Prozent gekommen, stellten die kleinste Fraktion und behielten die alte Führung Göring-Eckardt (»Realo«) und Hofreiter (»Links«). Ein Jahr später war vieles anders. An der Spitze der Partei standen Robert Habeck, der zuvor in Schleswig-Holstein ein schwarz-gelb-grünes Bündnis eingegangen war, und Annalena Baerbock, eine im Gründungsjahr der Grünen geborene Bundestagsabgeordnete. Erstmals war die Links-Rechts-Quotierung außer Kraft gesetzt. Dermaßen gut gestaltete sich deren Arbeitsverhältnis, dass sie sich ein Büro teilten. Neue Gesichter in der Bundespolitik waren sie auch.

Ein Jahr nach der Bundestagswahl standen die Grünen in den Sonntagsfragen mit fast 20 Prozent als die zweitstärkste Kraft da, hinter den Unionsparteien und deutlich vor der SPD. Weder schlossen sie ein künftiges Bündnis mit der Union aus noch eines mit den Sozialdemokraten. Sogar die bayerischen Grünen hatten mit dieser Haltung Erfolg und holten hinter der CSU den zweiten Platz bei einem Zuwachs von 8,6 Prozentpunkten auf 17,5 Prozent. Schon besagten Analysen, die Grünen seien auf dem Weg zu einer wirklichen Volkspartei. Dass mit Ansehen und Beliebtheit nicht zwangsläufig die Übernahme von Regierungsverantwortung verbunden ist, erfuhren sie in Bayern auch. Sie wurden darüber freilich nicht verbittert und betreiben eine Opposition mit fröhlichem Gesicht. Ausländische Beobachter wiesen darauf hin, dass der Aufstieg der Grünen 2018 nicht nur ein deutsches Phänomen war. In den Parlamentswahlen in Luxemburg kamen sie auf 15 Prozent bei fünf Punkten Zuwachs, in Europas Hauptstadt Brüssel legten sie sogar um zehn Prozentpunkte zu.

# Auf Höhen und auf Abwegen – die FDP

Zeiten gab es, da gehörte die FDP zum Inventar der politischen Führung der Bundesrepublik Deutschland, oder genauer: der Bonner Republik. Der erste Bundespräsident: Theodor Heuss, FDP. Niemand war so lange Bundesaußenminister wie Hans-Dietrich Genscher, FDP – achtzehn Jahre lang. Vierzig Jahre lang hatte die Bundesregierung ihren Sitz am Rhein, 32 Jahre davon saßen FDP-Bundesminister mit am Kabinettstisch. FDP-Politiker trugen zum Aufstieg und zum Ende der Kanzlerschaft Konrad Adenauers bei. Sie machten mit Gustav Heinemann den ersten Sozialdemokraten zum Bundespräsidenten. Sie brachten Willy Brandt ins Bundeskanzleramt und dreizehn Jahre später Helmut Kohl. Die FDP überlebte den Vorwurf des Umfallens und selbst den des Verrats. Von den vielen kleinen Parteien, die 1949 dem ersten Bundestag angehörten, blieb sie als Einzige übrig.

Vom Drei-Parteien-System wurde jahrzehntelang gesprochen, und die dritte war die FDP. Dass bei der Bildung von Bundesregierungen die Ministerien für Inneres und für Justiz, für Finanzen und für Wirtschaft, für Außenpolitik und für Verteidigung in aller Regel nicht in die Hände derselben Partei gelangten – die FDP setzte es durch. Ein weiterer Erfolg der Liberalen: die Bildung von regelmäßig tagenden Koalitionsausschüssen. Ihr politisches Spektrum reichte von Nationalkonservativen über Marktliberale bis hin zu Linksliberalen. Sie konnte für sich in Anspruch nehmen, ihre jeweiligen Bonner Koalitionspartner, die Unionsparteien und die SPD, politisch in der Mitte gehalten zu haben. Der Schwanz wedele mit dem Hund, sagten die Missgünstigen.

Ende der Sechzigerjahre stand im Raum, die FDP mittels einer Änderung des Wahlrechts zu beseitigen. Union und SPD hatten sich bei der Bildung der großen Koalition von 1966 schon auf die Einführung des Mehrheitswahlrechts verständigt, was damals das sichere parlamentarische Aus der FDP nach sich gezogen hätte. In letzter Sekunde besann sich die SPD eines aus ihrer Sicht Besseren und bildete mit der FDP die sozialliberale Koalition, die dem Zeitgeist entsprach: Schluss mit dem Muff der Adenauer-Ära, auf zu neuen Ufern in der Gesellschaftspolitik! Seither befasste sich niemand mehr ernsthaft mit einer grundsätzlichen Änderung des Wahlrechts. Die Einführung des Mehrheitswahlrechts hätte das Entstehen der Grünen verhindert – und auch das der Linkspartei und der AfD. Somit hat die FDP das politische System maßgeblich dazu befähigt, auf neue Entwicklungen einzugehen und Erstarrung zu vermeiden. Doch Dank ist keine politische Kategorie. Parteien werden nicht vergangener Erfolge wegen gewählt.

Die Beendigung der sozialliberalen Koalition 1982 hatte für die FDP fatale Folgen. Der linksliberale Flügel wurde geschwächt, viele seiner Anhänger traten in die SPD ein. Auch die Grünen besetzten dieses Terrain. Die FDP wurde zu einem wirtschaftsliberalen Anhängsel der CDU. Als sie sich 1999 nach Berlin aufmachte, war sie geschwächt wie nie zuvor. Erstmals seit dreißig Jahren befand sie sich im Bundestag in der Opposition. Wolfgang Gerhardt, der Partei- und Fraktionsvorsitzende, war umstritten. Er verkörperte die Vergangenheit. Die rot-grüne Bundesregierung hingegen war umgeben vom Charme des Neuen. Weil der Grundsatz »Keine Koalition in der Opposition« aufkam, stand die FDP auch noch vor der Herausforderung, sich gegen den alten Partner, die Unionsparteien und deren Fraktionsvorsitzenden, profilieren zu müssen – zunächst gegen Wolfgang Schäuble, der noch nie ein besonderer Freund der

Freien Demokraten gewesen war, und nach dessen Rücktritt gegen Friedrich Merz. Die CDU nahm keine Rücksicht mehr auf die FDP. Merz und damals auch noch Angela Merkel stärkten das wirtschaftsliberale Gedankengut in der CDU. Das zweite politische Standbein der FDP wurde geschwächt.

In den Reihen der Liberalen gab es kaum noch Politiker, die dagegenhalten konnten. Das intellektuelle Milieu wandte sich ab. Stattdessen wurden Intrigen ausgebrütet und personalpolitische Querelen breitgetreten. Monatelang wurde gegen Gerhardt gestichelt und gestänkert. Das Wort vom »schnarchenden Löwen« machte die Runde. Jürgen W. Möllemann, ehemaliger Bundesminister für Wirtschaft und Chef der FDP in Nordrhein-Westfalen, betrieb die Angriffe gegen Gerhardt mit besonderer Vehemenz. Aus Schleswig-Holstein war Wolfgang Kubicki mit dabei. Deren Interviews und Hintergrundgespräche machten Stimmung und Gerhardt mürbe. Guido Westerwelle – jung, scharfzüngig und selbstbewusst – war der Profiteur. Gerhardts Vorgänger an der Parteispitze, Klaus Kinkel, hatte ihn 1994 zum Generalsekretär gemacht, Gerhardt hatte an ihm festgehalten. Den Parteiapparat hatte Westerwelle anschließend nach seinen Vorstellungen gestaltet. 2001, ein Jahr vor der Bundestagswahl, verzichtete Gerhardt auf den Parteivorsitz. Guido Westerwelle, 39 Jahre alt, wurde neuer FDP-Chef – bis dahin der jüngste aller Zeiten.

Gerhardt durfte Fraktionsvorsitzender bleiben. Das Regiment aber übernahmen andere, Westerwelle und Möllemann. Nach ihrem Gusto wurde der Wahlkampf gestaltet, das heißt, weitgehend inhaltsleer, dafür mit Elementen aus der Werbewirtschaft. Ein »Projekt 18« wurde entwickelt, was bedeuten sollte, die FDP strebe ein Wahlergebnis von 18 Prozent an. Westerwelle sollte gar als »Kanzlerkandidat« wahrgenommen werden. Er fuhr mit einem grell-bunt bemalten, bewohnbaren Bus durch das Land, dem »Guidomobil«. »Spaßwahlkampf« wurde das genannt, und folgerichtig ließ sich Westerwelle auch in der damals populären TV-Klamauk-Sendung »Big Brother« blicken. Er schrieb die »18« auf seine Schuhsohle und zeigte sie dem Fernsehpublikum. Die FDP zog ohne Koalitionsaussage in den Bundestagswahlkampf. »Äquidistanz« zu den beiden Volksparteien lautete der Grundsatz. Die Altvorderen in der Partei, ob nun klassische Marktliberale, Mittelständler oder die verbliebenen Linksliberalen, hielten das für unseriös. Trotzdem gingen die Wahlen 2002 für die FDP nicht schlecht aus: 7,4 Prozent, das waren 1,2 Punkte mehr als 1998. Für die Bildung einer schwarzgelben Regierung reichte es aber nicht.

Was folgte, war ein Jahr politischer und persönlicher Verheerungen, ein *annus horribilis* der FDP. Die FDP führte ein politisches Eigenleben und focht Kämpfe aus, die mit Politik nichts mehr zu tun hatten. Abermals ging es um Wolfgang Gerhardt. Der amtierte zwar als Fraktionsvorsitzender im Bundestag, stand aber unter dem permanenten Druck von Westerwelle, Möllemann und ihren Freunden. Die alten Vorwürfe, Gerhardt sei zu brav für die Oppositionsarbeit, wurden wiederholt. Während die Unionsparteien ihre Führungsstreitigkeiten beendeten und den Partei- wie den Fraktionsvorsitz in die Hände von Angela Merkel legten, kam die FDP nicht voran. Vor allem aber war die FDP mit der »Affäre Möllemann« beschäftigt. Sie endete mit dem Tod des Politikers, der im Juni 2003 bei einem Fallschirmsprung ums Leben kam. Bis heute ist ungeklärt, ob es sich um einen Unfall oder um Suizid handelte.

Möllemann war seit jeher ein streitbarer und umstrittener Politiker. Einst war er als »Minenhund« Genschers bezeichnet worden, weil er Forderungen erhob, die mutmaßlich auf Genscher zurückgingen, der sich aber damit nicht erwischen lassen wollte. Zum Ärger Kohls wurde Möllemann 1991 Bundeswirtschaftsminister und 1992 auch noch »Vizekanzler«. Er musste 1993 zurücktreten, nachdem er auf dem Briefbogen des Ministeriums Briefe an Supermarktketten geschrieben hatte, in denen er für den damals neuen Einsatz von Plastikchips in Einkaufswagen

*Guido Westerwelle, hier im April 2002 und erkennbar mit dem Ziel,
eine 18-Prozent-Volkspartei anzuführen, machte die FDP zu dem,
was aus ihr wurde.*

warb. Diese Chips wiederum wurden von einem angeheirateten
Verwandten vertrieben. Möllemann war ein Stehaufmännchen
der Bonner und auch der Berliner Politik. Mehrfach war er politisch erledigt – und doch wieder hochgekommen. Möllemann
war unkonventionell und ein guter Redner. Den Journalisten
stand er stets für Interviews und Indiskretionen zur Verfügung.
Manche seiner Gegner in der Partei gingen tückisch gegen ihn
vor und nannten ihn einen »Quartalsirren«. Möllemann über-
stand alles – fast alles.

Noch vor der Bundestagswahl 2002 hatte Möllemann, damals
Fraktionsvorsitzender der FDP im nordrhein-westfälischen
Landtag, die Palästina-Politik der israelischen Regierung kritisiert. Als Vorsitzender der Deutsch-Arabischen Gesellschaft
äußerte er Verständnis für palästinensische Selbstmordatten-
täter. Das tat in noch schärferer Form auch ein anderes Mitglied

des NRW-Landtages, Jamal Karsli von den Grünen. Eine Debatte über Antisemitismus in der FDP schwappte nach Berlin. Die Grünen forderten ihr Mitglied zur Selbstkritik auf. Karsli ging und wurde von Möllemann in die FDP-Fraktion aufgenommen. Möllemann stand im Ruf eines Antisemiten. Westerwelle geriet unter Druck und forderte von Möllemann, sich von Karsli zu trennen. Kurz vor der Bundestagswahl 2002 veröffentlichte Möllemann auf eigene Initiative ein »Faltblatt«, in dem der israelische Ministerpräsident Ariel Scharon kritisiert wurde. Die Bundestagsparteien distanzierten sich. Das Bündnis Westerwelle-Möllemann zerbrach. Nach der Bundestagswahl forderte die FDP-Führung Möllemann auf, vom Amt des stellvertretenden Parteivorsitzenden zurückzutreten. Vorwürfe und Belege tauchten auf, Möllemann habe zudem gegen die Regeln der Parteienfinanzierung verstoßen. Die Landespartei ging auf Distanz zu ihm. Die Bundestagsfraktion, der Möllemann mittlerweile angehörte, beschloss seinen Ausschluss. Wegen des Verdachts der Steuerhinterziehung ermittelte die Staatsanwaltschaft und bezog dabei sogar seinen privaten Wohnsitz mit ein. Am selben Tag, als der Bundestag die Immunität Möllemanns im Juni 2003 aufhob, kam dieser bei einem Fallschirmsprung zu Tode. Möllemann war, wie alle wussten, ein erfahrener Springer gewesen. Möllemann hatte als Erster die Gnadenlosigkeit des politisch-medialen Komplexes in Berlin zu spüren bekommen. Jahre später waren Karl-Theodor zu Guttenberg, der Verteidigungsminister, und Bundespräsident Christian Wulff betroffen.

Die Krisenbewältigung kostete Westerwelle viel Zeit und Mühe. Zwischenerfolge stärkten ihn. Gemeinsam mit Angela Merkel setzte er durch, dass Horst Köhler als Bundespräsident ins Schloss Bellevue einzog. Ein Zeichen sollte es sein, dass Unionsparteien und FDP bereit und fähig seien, eine Koalitionsregierung zu bilden. Merkel und Westerwelle führten Einvernehmen vor. 2005 freilich reichte es abermals nicht. Die Unionsparteien schnitten zu schlecht ab, und die Zugewinne von Westerwelles FDP glichen die Verluste der Union nicht aus. Abermals hatte Westerwelle zu warten. Doch schon bald profitierte er von der Arbeit der großen Koalition. Die Unionsparteien hatten im Wahlkampf die Erhöhung der Mehrwertsteuer um zwei Prozentpunkte von 16 auf 18 Prozent angekündigt. Die SPD lehnte die Steuererhöhung ab und gab das Motto aus: »Merkelsteuer, das wird teuer.« Der »Kompromiss« von Union und SPD spielte Westerwelle und der FDP in die Hände: Die Mehrwertsteuer wurde um drei Punkte von 16 auf 19 Prozent erhöht. Fortan profilierte Westerwelle seine Partei als »Steuersenkungspartei«. Er hatte Erfolg damit. Gut wie nie zuvor und viel besser als von ihr selbst erwartet schnitt die FDP bei der Bundestagswahl 2009 ab: 14,6 Prozent. Die Unionsparteien kamen auf 33,8 Prozent, hatten also nochmals an Zuspruch verloren. Dass Merkel nicht abermals auf ein Bündnis mit der SPD angewiesen war, lag allein an Westerwelles FDP. Gute zehn Jahre nach dem Ende der Ära Kohl in Bonn schienen sich Union und FDP im hergebrachten Traditionsbündnis wiedergefunden zu haben. Die alten Verhältnisse der Bonner Republik schienen erneuert.

Der Schein trog. Die Partner von 2009 waren nicht mehr die von 1998. Nachdem Merkel mit der SPD gut zusammengearbeitet hatte, tat sich Merkel mit der FDP schwer. Die Unionsparteien litten zudem unter ihrem Wahlergebnis, das nun schon zum zweiten Male hintereinander das schlechteste seit 1949 war. Es müsse daran gearbeitet werden, dass CDU und CSU wieder in den Bereich der 40-Prozent-Marke kämen, lautete die frühzeitig ausgegebene Parole. Wer der Leidtragende zu sein hätte, war klar: der aktuelle liberale Koalitionspartner. Der neuen FDP-Fraktion wiederum gehörten kaum noch regierungserfahrene Politiker an, dafür aber umso mehr Abgeordnete, die auf den Landeslisten weit hinten platziert gewesen waren und mit ihrer Wahl in den Bundestag gar nicht gerechnet hatten. Die jungen und ehrgeizigen Abgeordneten wussten, dass sie sich vor allem darum kümmern mussten, beim nächsten Mal auf ihrer Landesliste weiter vorne aufgestellt zu werden. »Mein Wahlkampf beginnt heute«, drückte das einer von ihnen gleich zu Beginn der Wahlperiode im Kennenlerngespräch aus. Von CDU und CSU aber wurde verbreitet, die FDP-Kollegen hätten noch viel zu lernen und seien für die Arbeit in einer Regierungskoalition kaum tauglich. Merkel: »Die neuen Minister brauchen liebevolle Zuweisung.« Öfters redeten die Kanzlerin und ihre Vertrauten über die Unzulänglichkeiten des Partners.

Natürlich hatte das Lästern der Unionsparteien über die FDP auch einen taktischen Hintergrund – es sollte vom Rücktritt eines CDU-Ministers ablenken. Kein Mitglied der Bundesregierung war so kurz im Amt wie Franz Josef Jung als Bundesarbeitsminister. Vier Jahre lang war Jung Verteidigungsminister gewesen. Er hatte seine Aufgabe ordentlich erfüllt, musste aber weichen, weil die CSU den Posten besetzen wollte. Jung wurde ins Arbeitsministerium versetzt. Doch die Vergangenheit holte ihn ein, ein Ereignis, das als »Kundus-Affäre« in die Zeitgeschichte einging. Kurz vor der Bundestagswahl im September 2009 wurden nahe Kundus in Afghanistan zwei Tankwagen bombardiert – zwar von amerikanischen Flugzeugen, doch auf Anforderung deutscher Militärs. Viele Menschen, darunter zahlreiche Kinder, kamen ums Leben. Bei der Aufklärung der Gründe und Hintergründe der Militäraktion ergaben sich Widersprüche und Mängel. Sie wurden Jung angelastet. Kaum als Arbeitsminister installiert, trat er zurück. Nachfolgerin wurde die bisherige Frauen- und Jugendministerin Ursula von der Leyen. Diese wiederum nahm ihren Leitungsstab mit ins neue Haus. Ihrer Nachfolgerin gegenüber, der jungen hessischen CDU-Abgeordneten Kristina Schröder, trat sie wie eine Chefin auf. Die Stimmung in der Union war schlecht.

In der FDP aber herrschte trotz des schönen Wahlergebnisses und trotz des Umstandes, fünf von 15 Ministern des neuen Kabinetts zu stellen, Unzufriedenheit. Gemault wurde über Westerwelle, den Vater des Wahlerfolges. Westerwelle hatte zu entscheiden, welches Ressort er übernehmen würde – das Auswärtige Amt in der Tradition des FDP-Übervaters Hans-Dietrich Genscher oder das Bundesfinanzministerium, um die FDP als Steuersenkungspartei zu profilieren. Nach langem Nachdenken hörte Westerwelle auf Genscher und entschied sich für das Außenministerium. Das sei falsch, Westerwelle hätte Finanzminister werden müssen, wurde in der FDP gemault. Freilich: Hätte sich Westerwelle für die Aufgabe als Finanzminister entschieden, hätten genügend seiner Parteifreunde »falsch« gerufen und gesagt, er wäre besser Außenminister geworden. Westerwelle konterte mit dem Hinweis, Merkel und die CDU hätten sich partout darauf festgelegt, das Finanzministerium zu bekommen. Im Übrigen sei es fast immer so gewesen, dass der Kanzler und der Kassenwart derselben Partei angehörten. Das Finanzministerium ging also an Wolfgang Schäuble (CDU), der fortan die FDP wissen ließ, so einfach sei es nicht mit dem Steuersenken. Schäuble sorgte dafür, dass die FDP ihren Kompetenzvorsprung auch auf diesem Feld verlor. Eine weitere Personalentscheidung trug zur Unzufriedenheit in der FDP bei. Westerwelle erhielt im Zuge der Ressortverteilung das Ministerium für wirtschaftliche Zusammenarbeit. Dirk Niebel, bis dahin FDP-Generalsekretär, wurde für Entwicklungshilfe zuständig – ausgerechnet für jenes Ministerium, dessen Auflösung die FDP und auch er persönlich gefordert hatten.

Weil politische Leitlinien fehlten, kam es immer schlimmer, wurde geholpert und gestolpert. Gleich zu Beginn der Zusammenarbeit verabschiedeten die neuen Partner ein Gesetzespaket, das sie Wachstumsbeschleunigungsgesetz nannten. Es enthielt eine Fülle schöner Dinge: mehr Geld für Familien, Erleichterungen für Unternehmen, Ausbau neuer Energien. Doch noch eine Sache wurde in dem Gesetz untergebracht, die sich als Bumerang erweisen sollte, nämlich eine Senkung der Mehrwertsteuer für Hotelbetriebe. Die FDP hatte das im Wahlkampf gefordert, ebenso die CSU. Der FDP ging es um Steuersenkungen im Allgemeinen, der CSU um die Konkurrenzfähigkeit bayerischer Hotels gegenüber solchen in Österreich. In der CDU regte sich Widerstand. Bundestagspräsident Norbert Lammert kritisierte das Vorhaben öffentlich und in der CDU/CSU-Bundestagsfraktion. In der CDU und auch bei ihren Ministerpräsidenten geriet die »Hotelsteuer« ins Zwielicht der Klientelpolitik. Als dann auch noch bekannt wurde, dass die FDP eine erhebliche Parteispende aus dem Umfeld der Hotelgruppe Mövenpick erhalten hatte, war die kommunikative Katastrophe komplett – »Mövenpick-Steuer« hieß die Steuererleichterung nun. CDU-Politiker sagten, sie seien es nicht gewesen, sondern CSU und FDP. Die CSU ging auf Tauchstation. Westerwelle stand voll im Wind und bisweilen allein da. Selbst Andreas Pinkwart, stellvertretender FDP-Ministerpräsident in Nordrhein-Westfalen, ging auf Distanz zur Steuererleichterung und damit zu Westerwelle. Das war nicht ungefährlich für den »Vizekanzler«. Pinkwart war stellvertretender FDP-Bundesvorsitzender und Landeschef in Nordrhein-Westfalen, Westerwelles Landesverband, der kurz vor Landtagswahlen stand und zugleich der größte und einflussreichste der FDP ist. Westerwelle empörte sich über die Illoyalität seines Parteifreundes.

Sich auf die Außenpolitik zu beschränken, fiel Westerwelle nicht ein. Als FDP-Vorsitzender musste er Generalist sein. Er schrieb einen Artikel, der für die *Frankfurter Allgemeine Zeitung* gedacht war und schließlich in der *Welt* abgedruckt wurde. Der Text erschien im Februar 2010, nachdem die neue Koalition und auch Westerwelle schon einige Pannen hinter sich hatten. Er fügte eine weitere hinzu. In dem Artikel, der sich mit den Herausforderungen des Sozialstaates befasste, stand der Satz: »Wer dem Volk anstrengungslosen Wohlstand verspricht, lädt zu spätrömischer Dekadenz ein.« Wut, Zorn und Spott stürmten auf den Minister ein. Zum einen wurde – wie üblich im politischen Gewerbe – Westerwelles Artikel in der politischen Debatte nur bruchstückhaft zitiert. Zum andern erscholl ein »auf ihn mit Gebrüll«. Westerwelle verhöhne die Empfänger der Sozialhilfe; er tue so, als lebten die Ärmsten der Gesellschaft in Saus und Braus; er habe außerdem keine Ahnung von römischer Geschichte und den wahren Ursachen des Zusammenbruchs des antiken Weltreichs; er habe das, was er habe sagen wollen, falsch ausgedrückt. Ein Beitrag zum Profil der FDP als wirtschaftsliberale Partei war der Artikel nicht. Westerwelle hatte sich isoliert. Es wurde gesägt.

Drei junge Freunde taten sich zusammen. Philipp Rösler, Gesundheitsminister, 37 Jahre alt, davor Landesminister in Niedersachsen; Daniel Bahr, 33 Jahre alt, aus Nordrhein-Westfalen, Parlamentarischer Staatssekretär bei Rösler; Christian Lindner, 31 Jahre alt, vormals Mitglied des nordrhein-westfälischen Landtags, gefördert von Möllemann, dann von Westerwelle zum Generalsekretär der FDP gemacht. Zwar erzählten CDU-Politiker geradezu genüsslich, so gute Freunde, wie sie täten, seien die drei nun auch wieder nicht. Doch das machte nichts, zunächst jedenfalls. Westerwelle, obwohl selbst noch keine fünfzig Jahre alt, erschien im Vergleich mit ihnen als alter Herr. Das Ausscheiden der FDP aus Landtagen und Landesregierungen – darunter nicht zuletzt in Nordrhein-Westfalen – wurde ihm angelastet. Ihm fehle eben die Fortune. Westerwelle wehrte sich. Parteivorsitz und Vizekanzlerschaft gehörten in eine Hand, sagte er. Doch seine Position wurde schwach und schwächer. In der Fraktion wurde auch noch ein Vertrauensbruch zwischen Westerwelle und Merkel vermutet, weil die CDU die FDP schlecht behandele und von Informationen ausschließe. Ende 2010, ein gutes Jahr nach seinem größten Erfolg, gab Westerwelle auf. Sobald er, Westerwelle, einen geeigneten Nachfolger im FDP-Vorsitz sähe, wäre er zum Verzicht auf das Parteiamt bereit, verbreiteten seine Vertrauten.

Die drei Freunde ließen sich das nicht zweimal sagen. Im Mai 2011 war es so weit. Rösler stieg zum FDP-Vorsitzenden auf, und weil ein Parteichef der FDP nicht »nur« Gesundheitsminister sein könne, machte sich Rösler auf Kosten Westerwelles zum »Vizekanzler« und außerdem zum Wirtschaftsminister. Das wiederum traf Rainer Brüderle, einen FDP-Politiker alten Schlages, volksnah und mittelstandsorientiert. Brüderle wäre gerne Wirtschaftsminister geblieben, konnte aber froh sein, dass er Fraktionsvorsitzender werden durfte. Dieser Wechsel ging nun zu Lasten von Birgit Homburger, die dafür stellvertretende FDP-Bundesvorsitzende wurde, was aber ohne Belang war, weil stellvertretende Parteivorsitzende in der Regel nichts zu sagen haben. Nachfolger von Rösler als Gesundheitsminister wurde der zweite der drei Freunde, Daniel Bahr. Der dritte Freund, Christian Lindner, ging leer aus. Er blieb Generalsekretär. Er fühle sich nicht ausgelastet, verlautbarte er, was andere in der FDP als »Faulheit« qualifizierten. Doch Lindner sah Schlimmes kommen. Ende 2011 trat er als Generalsekretär zurück, als wolle er sich absetzen und ein sinkendes Schiff verlassen. Lindner wandte sich der Landespolitik in Nordrhein-Westfalen zu. Sein Nachfolger in der Parteizentrale in Berlin wurde Patrick Döring, den sie »Paddy« nannten und der wie Rösler aus Niedersachsen kam. Westerwelle konnte Außenminister bleiben, unter einer Bedingung: Er sollte sich nicht zu innenpolitischen Vorgängen und Gegenständen äußern. Das Profil der liberalen Partei war auf Personalstreitigkeiten reduziert worden – abermals, wie in den Jahren der Gerhardt-Möllemann-Querelen.

Auf den relevanten Sachgebieten hatte die FDP keine eigenständige Position, und für die politische Erkennbarkeit fehlte ihr das Personal. Die Euro-Politik, die Rettung Griechenlands, die Verhandlungen darüber machte der CDU-Teil der Bundesregierung unter sich aus, das heißt, die Bundeskanzlerin und der Finanzminister. Zudem standen im Bundestag meist auch die Fraktionen von SPD und Grünen auf Seiten Merkels. Die FDP wurde nicht gebraucht. Merkel und die Unionsparteien waren zufrieden. Empört waren sie allerdings, als Rösler nach dem Rücktritt von Christian Wulff vom Amt des Bundespräsidenten ein Bündnis mit SPD und Grünen suchte und deren Kandidaten Joachim Gauck durchsetzte. Gauck gewann bald an Beliebtheit, was aber Rösler und der FDP auch nicht half, weder in Landtagswahlen, noch in Umfragen. Merkel aber fühlte sich hintergangen. Sie war ohnehin der Auffassung, die Zusammenarbeit mit der SPD sei besser, jedenfalls professioneller gewesen. Auf einem Parteitag sagte sie einen schönen Satz: »Gott hat die FDP vielleicht nur erschaffen, um uns zu prüfen.« Die CDU-Delegierten lachten und sahen das auch so.

In der FDP brodelte es. Brüderle sprach von »Säuselliberalismus« und meinte Rösler, Bahr und Lindner. Niebel, für Entwicklungshilfe zuständig, kritisierte Rösler, den Parteichef und »Vizekanzler«. In den Umfragen sackte die FDP ab. Enge Mitarbeiter Merkels spotteten, FDP stehe für »Fast Drei Prozent«. Merkel sagte der FDP: »Ich bin nicht dazu da, Weihnachtsgeschenke zu verteilen.« Und: »Ich tue mir nicht leid, Rösler tut mir auch nicht leid. Wir haben unser Schicksal selbst gewählt.« Im Wahlkampf kämpfe jeder für sich. Die Kanzlerin ließ ihrem Partner keinen Raum – anders als früher Helmut Kohl, woran die FDP vergeblich erinnerte. Bei der Landtagswahl in Bayern, eine Woche vor der Bundestagswahl abgehalten, gewann die CSU die absolute Mehrheit. Die FDP war auf einem Tiefpunkt: 3,3 Prozent. Sie schied aus dem Landtag aus. Entsetzen erfasste die FDP in Berlin. Telefonisch sandte der FDP-Vizekanzler einen Hilferuf an die CDU-Kanzlerin. Merkel machte auf schlichte Weise Mut: Ihr schafft das schon. Die FDP wollte mit einer Zweitstimmen-Kampagne Anhänger der Unionsparteien gewinnen. »Jetzt geht's ums Ganze.« Brüderle sagte: »Wer Merkel haben will, muss FDP wählen.« Doch es tauchten alte Fernsehaufzeichnungen auf, in denen sich Rösler von einer solchen Taktik heftig distanzierte. Die CDU-Führung fuhr Rösler und Brüderle in die Parade. Sie veröffentlichte einen »Wahlaufruf«, in dem von der Fortsetzung der schwarz-gelben Koalition nicht die Rede war. »Beide Stimmen für die CDU« wurde plakatiert. »Jeder kämpft für sich allein«, sagten CDU-Spitzenpolitiker. Nur Armin Laschet, CDU-Chef in Nordrhein-Westfalen, bemerkte: »Die Menschen haben irgendwo das Gefühl: Wir brauchen eine liberale Partei.« Doch er verfolgte besondere Interessen. Gemeinsam mit der FDP wollte er eine Landesregierung bilden.

Überbordender Jubel erscholl bei der CDU am Abend des 22. September 2013. Volker Kauder tanzte auf der Bühne zum Hit der Band »Die Toten Hosen«, der »An Tagen wie diesen« heißt. Hermann Gröhe schwenkte ein Deutschland-Fähnchen dermaßen unkontrolliert, dass es ihm Merkel wegschnappte. 41,5 Prozent der Stimmen bekamen die Unionsparteien – das beste Ergebnis für die Union seit 1994. Bei der FDP aber gab es Trauer und Tränen. Erstmals seit 1949 verfehlte sie bei 4,8 Prozent den Einzug in den Bundestag. Die FDP sah sich unter Wasser gedrückt. Selbst schuld, riefen manche CDU-Politiker. Ihre Beileidsbekundungen fielen schal aus. Massenhaft traten FDP-Führungspolitiker in Berlin zurück. Von Düsseldorf aus schaute Christian Lindner zu. Er musste nichts verantworten und von nichts zurücktreten. Im Alter von 34 Jahren wurde er zum FDP-Vorsitzenden gewählt, nunmehr als jüngster FDP-Chef aller Zeiten. Vom Ende des organisierten Liberalismus wurde gesprochen. Lindner wurde zum Retter in der Not erkoren – und zum Alleinherrscher.

# Wer hat hier wen am Gängelband?

Wohlklingend ist die Formulierung, hehr sind die Ansprüche, groß die Selbstgewissheit. Die Abgeordneten des Deutschen Bundestages, heißt es im Grundgesetz, »sind Vertreter des ganzen Volkes, an Aufträge und Weisungen nicht gebunden und nur ihrem Gewissen unterworfen«. Doch was ist schon das »ganze Volk«? Vertreten bayerische Abgeordnete die Wähler, Teile des Volkes also, aus Mecklenburg-Vorpommern, deren Interessen gar? Und fühlen sich die Teile des Volkes, die den Grünen nahe stehen, von den Abgeordneten der AfD vertreten, die ja laut Grundgesetz ebenfalls Vertreter des ganzen Volkes sind? Und was sind Weisungen? Auch Wünsche und Anliegen einer örtlichen Parteigliederung an »ihren« Abgeordneten können sich als Weisungen entpuppen, zumal dann, wenn die Aufstellung der Kandidaten für die nächste Wahl bevorsteht. Mancher Bundestagsabgeordnete wird sich dann hüten, gegen die Parteitagsbeschlüsse zu verstoßen. Und schließlich: Auch Rolle und Auftrag der Parteien finden sich im Grundgesetz: »Die Parteien wirken bei der politischen Willensbildung des Volkes mit.«

Im Berliner Alltag heißen die Weisungen nicht Weisungen, schon weil es nach dem Grundgesetz kein »imperatives Mandat« aus der Partei zu den Abgeordneten geben darf, selbst wenn »Weisungen« parteiintern demokratisch legitimiert sind. Weil die Abgeordneten aber nur etwas bewirken können, wenn sie gemeinsam handeln, haben sie sich in den Fraktionen organisiert, die wiederum nur durchsetzungsfähig sind, wenn sie geschlossen auftreten. Geschlossenheit erfordert, dass einzelne

Abgeordnete ihre Bedenken zu bestimmten Fragen zurückstellen und sich auch öffentlich zurückhalten. Vor allem Fraktionen von Regierungsparteien legen Wert auf Geschlossenheit. Für sie hat sich der grenzwertige Begriff »Koalitionsfraktionen« eingebürgert, obwohl sie ja für sich selbst stehen und aus eigenem Entschluss die Bundesregierung stützen.

Die Abgeordneten müssen im Alltag allerhand Zumutungen und Widersprüchlichkeiten aushalten. Ein Beispiel aus jüngster Zeit – der Solidaritätszuschlag: Ein CDU-Parteitag im Dezember 2018 hatte beschlossen, der Soli müsse bis 2021 abgeschafft sein. Das finden die meisten Abgeordneten der Union auch, die freilich zuvor den Passus im Koalitionsvertrag mit der SPD zu akzeptieren hatten, der »Soli« solle erst ab 2020 abgebaut werden. Kurz nach dem CDU-Parteitag aber legten im Bundestag die Fraktionen von AfD und FDP Anträge vor, den Zuschlag sofort abzuschaffen. Die Abgeordneten von CDU und CSU mussten ihn ablehnen – Koalitionsdisziplin geht vor Parteidisziplin und erst recht vor Privatmeinung. Innerlich unabhängige Abgeordnete, die überdies auf ihre Gewissensfreiheit pochen, können solche Entscheidungssituationen als bitter empfinden. Ihnen half in diesem Fall die Gewissheit, dass sie von AfD und FDP regelrecht vorgeführt und die Stabilität der Regierungskoalition auf die Probe gestellt werden sollten.

Nicht selten sind solche Attacken auf die Abgeordneten der »Regierungsfraktionen«, was so klingt, als ob sich eine Bundesregierung eine Fraktion hält. Dass Bundeskanzler das gerne so sehen – umso lieber, je länger sie im Amt sind –, ist eine weitere unschöne Erfahrung von Abgeordneten. Für diese Sichtweise spricht immerhin, dass die Kanzler als Spitzenkandidaten ihrer Partei den »Volksvertretern« geholfen haben, ein Mandat zu erringen. Selten aber wird dieser Umstand – unbeabsichtigt – so deutlich ausgedrückt wie einmal von Angela Merkel. Nachdem der CDU-Abgeordnete Ralph Brinkhaus den Merkel-Vertrauten Volker Kauder bei der Wahl zum Fraktionsvorsitzenden

besiegt hatte, gestand Merkel zunächst ihre Niederlage ein. Sodann sagte sie, nun wolle sie Brinkhaus unterstützen, »wo immer ich das kann«. Merkels Äußerung zu Brinkhaus war un-
ziemlich gönnerhaft, ist doch der Bundeskanzler derjenige, der
die Unterstützung seines Fraktionsvorsitzenden braucht, soll
die Regierungsarbeit glatt und geräuschlos ablaufen. Die Wahl
der CDU/CSU-Fraktion im Herbst 2018 hatte nicht nur für
Kauder, sondern auch für Merkel eine empfindliche Niederlage
bedeutet; vor dem Wahlakt hatte sie die Abgeordneten ausdrücklich darum gebeten, Kauder zu wählen. Als das Ergebnis
nicht ihrem Wunsch entsprach, ging es ihr um den Machterhalt
im politischen Alltag. Ihr Hilfsangebot an Brinkhaus drückte
aus, dass dieser nach ihrer Auffassung einen kleinteiligen Stellungskrieg gegen sie nicht würde gewinnen können.

Für Bundeskanzler sind die Vorsitzenden »ihrer« Fraktion
die wichtigsten Leute. Helmut Schmidt hatte Herbert Wehner.
Helmut Kohl in der zweiten Hälfte seiner Kanzlerschaft hatte
Wolfgang Schäuble. Gerhard Schröder konnte sich auf Peter
Struck und dann auf Franz Müntefering stützen. Die Fraktionsvorsitzenden sind mächtig. Sie sind den Abgeordneten näher als
die Regierungschefs und genießen deren Vertrauen. Doch sie
sind auch auf gewisse Weise ohnmächtig. Sie begreifen es in der
Regel als ihre Pflicht, die Politik des Kanzlers zu unterstützen
und in der Fraktion durchzusetzen. Das erwarten auch Kanzler
und Partei. Es ist freilich nicht schön, bloß als Vollzugsorgan
und »verlängerter Arm« des Kanzleramtes zu gelten. Als »treuer
Knappe« Merkels wurde Kauder auch bezeichnet. Kauder führte
die CDU/CSU-Fraktion auf burschikose Weise. So hatte er es
von Peter Struck, seinem auch persönlichen Freund, gelernt. Als
sich die beiden Fraktionsvorsitzenden von Merkels erster großer Koalition zum ersten Mal trafen, legte Struck dar, wie Bundesminister der gemeinsamen Regierung zu behandeln seien.
Erstens müssten diese im Büro des jeweiligen Fraktionsvorsitzenden auftauchen und nicht etwa umgekehrt. Und zweitens

müssten die Minister klein gemacht werden, so klein, dass sie unter der Türritze durchpassten, wie Struck durch Fingerzeige kenntlich machte. Irgendwann freilich hatte die Unionsfraktion genug von Kauders Stil, was natürlich auch damit zusammenhing, dass sie von Merkel genug hatte. Sie wählte Kauder, den Kandidaten Merkels und Seehofers, ab, die nach den ungeschriebenen Regeln und Bräuchen der CDU/CSU-Fraktion das Vorschlagsrecht für den Fraktionsvorsitz hatten. Mit der Wahl von Brinkhaus holten sich die Abgeordneten die Macht zurück. Nicht der Kanzler bestimmte den Vorsitzenden, sondern die Abgeordneten. Dass der Vorsitzende der Fraktion des Kanzlers gegen dessen ausdrücklichen Willen gewählt wurde, hatte es bis dahin weder in Bonn noch in Berlin gegeben.

»Das Parlament ist im Übrigen nicht Vollzugsorgan der Bundesregierung, sondern umgekehrt Auftraggeber«, pflegte Norbert Lammert zu sagen. Die Wahl von Brinkhaus war ein Akt der Selbstbefreiung der Abgeordneten. Es ist kennzeichnend, dass dieser von einer »Regierungsfraktion« vollzogen wurde, die sich im Alltag den Erfordernissen des Regierens unterwerfen muss. Der reinen Lehre nach haben die Abgeordneten die Regierung zu bilden und zu kontrollieren. Doch haben sie sich – was auch als eine Gewissensentscheidung zu bewerten ist – einem Grundsatz des Koalitionsvertrages unterworfen und damit ihre Handlungsfreiheit selbst eingeschränkt: »Wechselnde Mehrheiten sind ausgeschlossen.« Was einzelnen Abgeordneten erlaubt ist, bleibt der Fraktion in ihrer Gesamtheit untersagt. Entsprechend hat deren Vorsitzender die Abgeordneten zu führen beziehungsweise an die Kandare zu nehmen. Nur in Ausnahmefällen wird von der Maßgabe »keine wechselnden Mehrheiten« Abstand genommen. Meist geschieht dies im Bezug auf sogenannte ethische Fragen: Gentechnologie, Sterbehilfe, Abtreibung, Klonen. Dann wird von den Fraktionsführungen »die Abstimmung freigegeben«. Abgeordnete finden sich dann über die Fraktionsgrenzen hinweg zusammen und formulieren »Gruppenanträge«.

Könnte diese Form parlamentarischer Arbeit auch dann funktionieren, wenn sie nicht die Ausnahme, sondern die Regel wäre? Von der Antwort auf diese Frage hängt die Arbeitsfähigkeit einer Minderheitsregierung ab. Der Kanzler und seine Minister hätten sich für ihre einzelnen Vorhaben jeweils eine Mehrheit im Parlament zu sichern. Sie müssten um die Abgeordneten werben und über Parteigrenzen hinweg Bündnisse schmieden. In ihren Anfangsjahren gaben die Grünen, als sie noch über eine Anpassung an das Parteiensystem und ihre grundsätzliche Bereitschaft zu Koalitionen stritten, diesem Regierungssystem einen Namen:»Tolerierungsmodell«. Laut diesem Modell wollten die Grünen einen Kanzler mitwählen, eine Unterstützung von dessen Politik aber nicht garantieren. Das Parlament, so die damalige Vorstellung der Grünen, würde über die Macht im Staate verfügen. Mittlerweile glauben sie nicht mehr daran, die anderen Parteien sowieso nicht. Auch Merkel wollte es nicht. Dass eine solche Regierung nicht stabil sein könne, war in Berlin Konsens. Dann preschte – die dritte große Koalition unter Merkel war längst gebildet – 2018 Wolfgang Schäuble vor. Angesichts der ständigen Krisen in der großen Koalition äußerte er, die Unionsfraktion könne auch als parlamentarische Minderheit eine »stabile« Regierung gewährleisten. Natürlich wird Schäuble dabei auch anderes im Sinn gehabt haben: gegen Merkel sticheln und der SPD signalisieren, es ließe sich auch ohne sie regieren.

Im Alltag stehen die Parlamentarier der Beamtenschaft der Bundesministerien und deren Fachwissen gegenüber. Oft sind sie auf die Unterstützung der Beamten angewiesen. Dass viele der führenden Beamten wiederum zuvor als Referenten in den Fraktionen arbeiteten, garantiert zwar den »kurzen Dienstweg«. Doch können daraus auch Abhängigkeiten entstehen. Unter Umständen nehmen nicht die Abgeordneten die Ministerien »an die kurze Leine«, sondern umgekehrt. Die Mitarbeiter der Ministerien – manchmal die im Ministerbüro, manchmal auch jene im Parlamentsreferat – können durchaus die Arbeit der Fraktionen prägen. Oftmals verfügen die Ministerien über bessere Zugänge zu den Medien als die Abgeordneten und können somit ihre politischen Vorstellungen per Veröffentlichung zu faktischen Vorgaben machen.

Vor einer Gruppe der Parlamentarier freilich haben Minister und sogar die Verantwortlichen im Bundeskanzleramt einen gehörigen Respekt, nämlich vor den Mitgliedern des Haushaltsausschusses. In deren Sitzungen wird nicht nur der Bundeshaushalt im Großen und Ganzen beraten und verändert, sondern auch klein- und kleinstteilige Etatansätze. Die »Haushälter«, die auch über die Fraktionsgrenzen hinaus zusammenhalten und bisweilen sogar parteiübergreifende Bündnisse schmieden, wenn es um regionalpolitisch relevante Projekte geht, können den Ministerien Schwierigkeiten bereiten. Sie können blockieren oder Vorhaben in die Länge ziehen – sei es im Rüstungsbereich des Verteidigungsministeriums, sei es bei Kulturvorhaben der zuständigen Staatsministerin im Bundeskanzleramt. Selbst Beschlüsse des Bundestages können die Haushälter politisch aufweichen. 2007 beschloss das Parlament, es solle ein Denkmal für die »Freiheit und Einheit« Deutschlands errichtet werden. 2011 wurde ein Entwurf beschlossen, ab 2013 sollte gebaut werden – was aber unterblieb, weil der Haushaltsausschuss Widerspruch einlegte. Erst im Herbst 2018 wurden die Mittel freigegeben.

Vor der Verabschiedung des Bundeshaushalts durch das Plenum des Bundestages erscheinen die Minister in den Bereinigungssitzungen des Haushaltsausschusses. Kaum ein Termin in ihrem Kalender ist wichtiger als dieser. Angesehene und nach den Maßstäben der veröffentlichten Meinung einflussreiche Bundesminister haben dann wie Schüler vor dem mündlichen Abitur zu warten. Sie sollten bestens vorbereitet sein und immer freundlich bleiben. Und doch wird der Grundsatz der Gewaltenteilung – hier Legislative, dort Exekutive -im Alltag des Gebens und Nehmens von beiden Seiten immer wieder aufgeweicht, unterlaufen und auf die Probe gestellt.

Die Umstände des parlamentarischen Alltags bringen ein Spannungsverhältnis zwischen den Bundestagspräsidenten auf der einen und den Bundesregierungen und den sie unterstützenden Fraktionen auf der anderen Seite mit sich. Bundestagspräsidenten vertreten und leiten ein Verfassungsorgan. In der Hierarchie der Staatsämter stehen sie an zweiter Stelle hinter dem Bundespräsidenten und vor dem Bundeskanzler. Regelmäßig in den letzten Jahren hatten die Amtsträger die Statur, die Rolle des Staatsoberhauptes auszufüllen: Rita Süssmuth, Wolfgang Thierse, Norbert Lammert und Wolfgang Schäuble. Andererseits ist ihr parteiinterner Einfluss in der Regel gering. Nur bei Wolfgang Schäuble war es anders. Er mischte sogar bei der Suche nach Nachfolgern für Angela Merkel als CDU-Vorsitzende mit, wenn auch ohne Erfolg. Die Bundestagspräsidenten Rita Süssmuth (CDU, 1988–1998), Wolfgang Thierse (SPD, 1998–2005) und Norbert Lammert (CDU, 2005–2017) aber gehörten in ihren Parteien nicht zum engeren Kreis der Macht. Lammert etwa hatte einen besonderen Ruf im Merkel-Lager. Als er Papst Benedikt XVI. vor dem Reichstagsgebäude in Berlin empfing, verbreitete Lammerts CDU-Parteifreund Volker Kauder eine süffisante Bemerkung: »Da draußen treffen sich zwei Unfehlbare.«

Spannungen herrschten immer wieder auch zwischen dem Parlament und der Rechtsprechung. Im Kern drehte sich die Debatte um nicht weniger als um die bestimmende Rolle in der Gesetzgebung. Beispielhaft dafür war der Streit über die Gleichstellung homosexueller Paare. Zwar gingen die Initiativen dazu – vom Steuerrecht über das Adoptionsrecht bis hin zur förmlichen Anerkennung der Ehe – von Parlamentariern aus. Wirklich erzwungen aber wurden sie durch die Entscheidungen des Bundesverfassungsgerichts. Die Gleichstellungsgegner in der Unionsfraktion um den damaligen Vorsitzenden Volker Kauder beklagten das. Die Richter mischten sich in politische

Auseinandersetzungen ein, über die im Bundestag zu entscheiden sei. Dass Hans-Jürgen Papier nach seinem Ausscheiden aus dem Bundesverfassungsgericht immer wieder Interviews gab, wurde ebenso von Parlamentariern kritisiert. Als Andreas Voßkuhle, der Präsident des Bundesverfassungsgerichts, vor Journalisten in Berlin auftrat, polterte Kauder: »Ich würde mir wünschen, dass er auch einmal mit uns in den Fraktionen spricht, wenn er schon in Berlin ist und Hintergrundgespräche mit den Medien führt.« Und im Streit über die Vorratsdatenspeicherung sah sich Wolfgang Schäuble, als er noch Innenminister und mithin auch »Verfassungsminister« war, zu einer Ermahnung an die Richter in Karlsruhe veranlasst: »Wer Gesetze gestalten will, sollte sich bemühen, Mitglied des Deutschen Bundestages zu werden.«

Gegenstand der Auseinandersetzungen war oft auch das Wahlrecht. Die Fünf-Prozent-Klausel bei der Europa-Wahl wurde von Karlsruhe verworfen, und das auch noch mit der Begründung, das Europaparlament wähle ja keine Regierung, sei also auch weniger dringlich auf stabile Verhältnisse hin auszurichten. Die Europapolitiker waren empört über diese Auffassung der Richter. Überhangmandate im Bundestag, die sich ergeben, wenn eine Partei in einem Bundesland mehr Direktmandate gewinnt, als ihr nach dem Prozentanteil zustünden, gaben ebenfalls immer wieder Anlass zu höchstrichterlichen Urteilen. Ausgleichsmandate wurden verlangt, was die Aufblähung des Parlaments nach sich zog.

Ein Sonderfall, der bis dahin als ein rein rechnerisches Problem angesehen wurde, machte das Wahlrecht so kompliziert, dass es in Berlin nur noch die Spezialisten unter den Spezialisten verstanden. Bei der Verrechnung der Landeslisten können Stimmen für eine Partei in einem Wahlkreis dazu führen, dass sie anderswo derselben Partei schaden und sie deshalb ein Mandat verliert. Also kann auch das Nichtwählen einer Partei dieser theoretisch nutzen. »Negatives Stimmgewicht« lautet der Fachausdruck dafür. Voraussetzung für den taktischen Wähler aber ist es, dass dieser das Wahlverhalten der anderen Wähler kennt. Einmal war das tatsächlich der Fall. Kurz vor der Bundestagswahl 2005 starb in Dresden der Wahlkreiskandidat einer Kleinstpartei. Der Wahlgang fand dort zwei Wochen nach der Bundestagswahl statt. Es wurde gerechnet und taktisch abgestimmt. Wer die CDU nicht wählte, nutzte ihr, und sie gewann. Die Sache bekam erstmals politische Brisanz. Karlsruhe verlangte eine Änderung des Wahlrechts. Über Jahre waren die Juristen der Bundestagsfraktionen damit befasst, eine Lösung zu finden.

Bundestagspräsident Lammert stellte leicht ironisch die These auf, manches Mal warte ein Richter in Karlsruhe ein Leben lang darauf, dass endlich eine Klage gegen einen Gegenstand eingereicht werde, den er sowieso für verfassungswidrig halte. Er und Voßkuhle lieferten sich in Räumlichkeiten des Bundestages eine öffentliche Auseinandersetzung. Lammert hielt seinem Gesprächspartner eine »erkennbar begrenzte Begeisterung des Bundesverfassungsgerichts« für das Europäischen Parlament vor. Voßkuhle erwiderte: »Ich kann nur sagen, dass wir das mit Verwunderung wahrnehmen im Gericht.« Lammert äußerte, das Gericht solle sich mit einer Verfassung beschäftigen, »die es gibt«, und nicht mit einer, »die man gerne hätte«. Voßkuhle antwortete: »Für einen Nichtjuristen sind das starke Worte. Sie dienen kaum dazu, eine Kultur des Respekts zu fördern.« Später suchte Lammert klarzustellen: »Das Bundesverfassungsgericht ist eines von fünf Verfassungsorganen, aber nicht das höchste.« Dieser Streit hat sich mittlerweile gelegt. Frank-Walter Steinmeier fand Jahre später mahnende und befriedende Worte. Bei seinem Antrittsbesuch als Bundespräsident in Karlsruhe sagte er: »Das Grundgesetz etabliert ein System der gegenseitigen Mäßigung und Kontrolle, um Konflikte zwischen den politischen Akteuren in geordneten Bahnen zu halten oder, wo notwendig, auch zu lenken.« Der Konflikt sei nicht »der Normalfall unseres politischen Lebens und des Verfassungslebens«. Schöne Worte spendete er den Richtern. »Im Wissen um Spannungsverhältnisse zwischen den demokratischen Institutionen, aber vielleicht noch mehr aus leidvollen Erfahrungen, baut das Grundgesetz auf rechtsstaatliche Sicherungen. Die wirkmächtigste ist das Bundesverfassungsgericht und das nicht nur im Streit der Verfassungsorgane untereinander.«

# Widerspenstige und Minderheiten

Wer abweichen will, muss hart sein und erfolgreich auch. Wolfgang Bosbach etwa gewann seinen Wahlkreis östlich von Köln regelmäßig mit weit besseren Ergebnissen, als die CDU dort an Zweitstimmen bekam. Bosbach war beliebt in der lokalen CDU und bei den Vereinen und Initiativen dort, weil er sich unter anderem für Altersheime und Jugendzentren einsetzte. Er war unabhängig und konnte es sich erlauben, sich in Angelegenheiten der Euro-Rettungspolitik und der Flüchtlingspolitik gegen die Linie der Bundes-CDU zu stellen. Er war populär, was wiederum auch damit zusammenhing, dass Bosbach häufig in die politischen Talkshows eingeladen wurde. Er sprach die Stimme des Volkes. Im Karneval verfiel er in den rheinischen Frohsinn. Ronald Pofalla, zeitweise Merkels wichtigster Mann im Regierungsapparat, war mächtiger als Bosbach, aber nicht so beliebt. Nur unter verfassungsrechtlicher Betrachtung dürfte er Bosbach als einen »Vertreter des ganzen Volkes« akzeptiert haben. Was er von Bosbach politisch, vielleicht auch menschlich hielt, fasste der mittlerweile ebenfalls aus der Politik ausgeschiedene Pofalla mit der eingängigen Bemerkung zusammen, »die Fresse« von Bosbach nicht mehr sehen zu können. Bosbach mag das schon immer geahnt haben.

Schon früher, als Bosbach in seiner Partei noch nicht als Opponent in der Euro- und Flüchtlingspolitik galt, war sein Wunsch nicht erfüllt worden, nach langer Tätigkeit auf dem Feld der Innenpolitik auch Bundesminister des Inneren zu werden. Das wiederum mag daran gelegen haben, dass er zwar einst Merkelloyal war, aber einfach zu viele Interviews gab, im Fernsehen, im Hörfunk und in Zeitungen. Derlei Popularität schafft in der eigenen Partei Neider. Zudem: Merkel mochte schon immer diejenigen in ihrer Nähe, die schweigsam waren und sich nicht in den Vordergrund drängten. Als der Fernsehjournalist Gisbert Baltes eine sechzigminütige Dokumentation über Bosbach produzieren wollte, fand er in der Bundes-CDU nicht einen Politiker, der Nettes oder auch nur weniger Nettes über Bosbach sagen wollte. Hans-Christian Ströbele, der Berliner Altlinke der Grünen, sprang in die Bresche. Vielleicht wäre es für Merkel und ihre Unterstützer leichter geworden, hätten sie den im Grundsatz treuen CDU-Mann in ein Regierungsamt befördert. Vielleicht hätte er sich dann weniger laut gegen die innerparteilichen Maßgaben ausgesprochen. Doch irgendwann war es zu spät.

Auch in der SPD gab es einen solchen Fall, den mittlerweile verstorbenen Ottmar Schreiner. Den Sozialpolitiker als »Parteisoldaten« zu bezeichnen war nicht abwegig. Leicht und von der Sachkenntnis her angebracht wäre es gewesen, ihn zum Minister oder wenigstens zum Parlamentarischen Staatssekretär zu machen. Doch Schreiner war aufmüpfig. Stets gewann er seinen Wahlkreis im Saarland mit guten Ergebnissen und blieb unabhängig. Schröder und Müntefering ließen sich die Gelegenheit entgehen – und hatten einen zusätzlichen Kritiker ihres Agenda-2010-Kurses gegen sich. Schreiner geriet ins Abseits und galt auch dann noch als Freund Oskar Lafontaines, nachdem dieser zum Daueropponenten gegen Schröder geworden war. So ist es eben: Alle Abgeordneten sind gleich, einige aber sind gleicher.

Klaus-Peter Willsch ist auch so ein Fall. Auch er ist in seinem hessischen Wahlkreis beliebt, den er in Bundestagswahlen regelmäßig für die CDU gewann. Auch er war ein Gegner von Merkels Euro-Rettungspolitik. Als solcher fand er, wie Bosbach, regelmäßig öffentlich Gehör. Dafür hatte der Finanzpolitiker auf Druck der Führung der CDU/CSU-Bundestagsfraktion aus dem zuständigen Haushaltsausschuss des Bundestages zu weichen und wurde nicht mehr für dieses einflussreichste Bundestagsgremium nominiert. Willsch ärgerte sich, wunderte sich aber nicht. Er wusste, warum es so gekommen war.

In den Ausschüssen des Bundestages sind die Abgeordneten nicht freie und unabhängige Vertreter des ganzen Volkes, sondern Abgesandte ihrer Fraktion, genauer gesagt von deren Mehrheit. In den Bundestagsfraktionen wird zu Beginn jeder Wahlperiode festgelegt, welche Abgeordnete in welche Ausschüsse des Parlaments geschickt werden und wer die Sprecher, »Obleute« genannt, sein sollen. Dass die Fraktionen dafür nicht Abgeordnete bestimmen, die aus der Reihe tanzen oder Minderheiten repräsentieren, ist nicht nur verständlich, sondern nach demokratischen Gepflogenheiten auch richtig. In den Ausschüssen sollen die Mehrheiten des Parlaments repräsentiert werden.

Der Umgang mit den Minderheiten war schon immer eine der schwierigsten Herausforderungen des Bundestages und seiner Fraktionen – erst recht dann, wenn das Parlament die öffentliche Meinung ganz und gar nicht widerspiegelt, wie das in Fragen der Euro-Rettungspolitik zeitweise der Fall war. Die damaligen Fraktionen des Bundestages – CDU/CSU, SPD, Grüne, FDP, Linke – unterstützten mehr oder weniger uneingeschränkt den Rettungskurs Merkels und der schwarz-gelben Koalition. Grundsätzliche Bedenken hatten nur wenige Abgeordnete in der Unionsfraktion (Bosbach, Willsch) und in der FDP-Fraktion (Frank Schäffler). Die fanden zwar in Interviews und Talkshows Gehör, nicht aber im Plenum des Bundestages. Nach dessen Regeln bestimmen die Fraktionen die Rednerliste und stellen diejenigen auf, die auch inhaltlich »für die Fraktion« sprechen. Norbert Lammert, der sich als Bundestagspräsident für alle Abgeordneten verantwortlich fühlte, räumte dann – die Geschäftsordnung des Bundestages sehr weit auslegend – sogenannten Abweichlern Redezeit ein. Diese bedankten sich auch. Die Parlamentarischen Geschäftsführer der Fraktionen aber

271

befanden, Lammert habe nach Gutsherrenart gehandelt. Die Geschäftsführer sahen ihren Einfluss auf Gestaltung und Verlauf der Debatten unterminiert und sich auch noch dem Druck ihrer Fraktionen ausgesetzt. Jene Abgeordneten, die sich loyal an die Vorgaben und Beschlüsse der Fraktionen hielten, beklagten sich: Wer Ärger bereite, komme zu Wort. Wer brav sei, müsse schweigen.

Franz Müntefering, der wie wenige sonst an dem Motto »Politik ist Organisation« hing und es stets auch durchsetzte, erinnerte als SPD-Partei- und Fraktionsvorsitzender »seine« Abgeordneten einmal daran, wem sie ihr Bundestagsmandat zu verdanken haben: der SPD. Groß waren der Ärger und die Empörung, weil Münteferings Aussage nicht bloß als Ordnungsruf, sondern auch als politische Weisung, als Befehl zu verstehen war, als Attacke auf das Verfassungsgebot, der Abgeordnete sei an Weisungen nicht gebunden – und so war sie auch gemeint. Wahr ist aber ebenso: Mehrheiten zu organisieren ist die wichtigste Aufgabe einer Fraktionsführung.

Der Brauch hat sich herausgebildet, dass Abgeordnete, die bei Gesetzesvorhaben nicht der Mehrheit ihrer Fraktion folgen wollen, sich in einer Fraktionssitzung zu erkennen geben. Wenn dort zur Abstimmung über einen Gesetzesentwurf aufgerufen wird, stimmen sie mit Nein. Viele von ihnen halten sich bei der Abstimmung im Plenum des Bundestages dann aber an die Mehrheit ihrer Fraktion und stimmen mit Ja. Manche von ihnen fürchten, durch ständiges parteiinternes Opponieren in den Ruf eines Querulanten zu geraten. Das ist nicht schön im parlamentarischen Alltag, der ja von Kompromissen und Zugeständnissen, vom Geben und Nehmen geprägt ist. Wenige nur bleiben bei ihrem Nein. Nach fraktionsinternen Regeln sollen sie ihr auch im Parlament abweichendes Stimmverhalten bei der Fraktionsführung »anmelden«. Von Brisanz ist das freilich nur dann, wenn die Mehrheiten im Plenum knapp sind, es um bedeutsame Gesetze geht und das Stimmverhalten überhaupt registriert wird. Das ist nur bei namentlichen Abstimmungen der Fall, bei denen die Abgeordneten namentlich gekennzeichnete Stimmkarten für Ja, Nein und Enthaltung bekommen und in eine Box werfen. Bei sonstigen Entscheidungen machen die Parlamentarier nach der dritten Lesung eines Gesetzes ihr Stimmverhalten durch Aufstehen kenntlich. Oder bleiben einfach weg. Oder sie beteiligen sich, obwohl im Plenarsaal anwesend, nicht an der Abstimmung. Meist geschieht dies unbemerkt.

Wenn sich aber eine knappe Entscheidung abzeichnet, werden Versuche unternommen, die möglichen Abweichler zu überzeugen. Streicheleinheiten politischer Art werden ebenso verteilt wie Drohungen. Manche fühlen sich dann nur unter Druck gesetzt, andere könnten tatsächlich Nachteile erleiden. Wieder andere genießen es, wenn sich die Fraktion und ihre Führung mit ihnen und ihren Anliegen befassen und sie darüber ihren Bekanntheitsgrad steigern. In jedem Falle haben die Abgeordneten zu gewärtigen, dass ihr Verhalten im großen Berlin oder auch im kleinen Wahlkreis Konsequenzen haben kann, gerade auch für ihre berufliche Zukunft.

Natürlich existiert ein echter Fraktionszwang nicht – stets könnte sich der Abgeordnete auch anders entscheiden. Also ist eher von Fraktionsdisziplin zu sprechen. Das zugehörige Disziplinieren und Diszipliniertwerden fällt den Beteiligten nicht leicht; die Grenzen zwischen Zwang, Druck und Disziplinierung sind fließend. Und wenn sich eine Partei und ihre Fraktion mit anderen zusammengetan haben, gilt für die Abgeordneten auch noch das Prinzip der Koalitionsdisziplin. Vertrauen und Verlässlichkeit dem Partner gegenüber sollen gewährleistet bleiben – in jeder Sitzungswoche aufs Neue. Meistens geschieht dies leise, hinter verschlossenen Türen und auf professionelle Art. Eine intakte Autorität des Führungspersonals ist da sehr hilfreich. Wenn es poltert und kracht, ist die Krise schon da. Das zu verhindern, ist die Aufgabe der Fraktionsführungen. Sie müssen sich sensibel verhalten.

Doch hatte Müntefering nicht recht mit seiner Auffassung, dass die Abgeordneten nur dank einer Partei an ein Parlamentsmandat kommen? Seit der ersten Bundestagswahl 1949 hat es lediglich ein Politiker geschafft, als Parteiloser in den Bundestag gewählt zu werden. Das war 1949 der Abgeordnete Franz Ott. Er stammte aus der Vertriebenenorganisation »Notgemeinschaft Württemberg-Baden« und gewann den Wahlkreis Esslingen. Zwanzig Jahre später versuchte es Wilhelm Daniels aus Bonn. Seit 1952 gehörte das CDU-Mitglied dem Bonner Stadtrat an, seit 1956 war er sogar Oberbürgermeister. 1969 aber wollte er mehr. Im Wahlkreis Bonn – dem sogenannten Adenauer-Wahlkreis – wollte er für den Bundestag kandidieren. Doch die CDU stellte nicht Daniels als Direktkandidaten auf, sondern Alo Hauser. Wilhelm Daniels, der seinerzeit bekannter, angesehener und wohl auch beliebter als Hauser war, bewarb sich als Einzelkandidat, der sich zwar auf Freunde und Bekannte, nicht aber auf die Organisation einer Partei stützen konnte. Wilhelm Daniels bekam 20,1 Prozent der Erststimmen, was für einen »Unabhängigen« zwar sehr viel, aber eben nicht genug war. Jahre später ging sein Sohn Hans den gewöhnlichen Weg: Oberbürgermeister der Stadt Bonn und dann auch Bundestagsabgeordneter der CDU.

Schon immer war die Zusammensetzung des Bundestages Gegenstand politischer Debatten. »Der Bundestag ist mal voller und mal leerer, aber immer voller Lehrer«, weiß ein altes Bonmot. Otto Graf Lambsdorff, FDP-Politiker und Wirtschaftsminister zu Bonner Zeiten, beklagte mit diesen Worten, das Parlament repräsentiere nicht die Bevölkerung. Politisch Engagierte würden sich durchsetzen, die neben ihrem Beruf angeblich (zu) viel Zeit für nebenberufliche Tätigkeiten hätten, wie Lehrer eben. Auch andere Klagen werden geäußert. Es gebe zu viele Juristen dort, zu wenige Leute aus der Wirtschaft, zu viele Gewerkschafter oder zu wenige Abgeordnete, die zuvor einen »ordentlichen Beruf« ausgeübt hätten. Je nach Standpunkt sind die Klagen zutreffend – oder auch nicht. Knapp 70 der 709 Abgeordneten des 2017 gewählten Bundestages gaben an, zuvor einen Lehrberuf an Schulen oder Hochschulen ausgeübt zu haben. 99 aber gaben eine freiberufliche Tätigkeit als Rechtsanwalt, Steuer- oder Wirtschaftsberater an. 16 waren zuvor im Gewerkschaftswesen tätig, 55 als Angestellte von Parteien oder Fraktionen. Auch Handwerk und Industrie sind mit insgesamt fast 120 ordentlich vertreten.

Eine weitere Kritik lautet, qualifizierte Menschen würden ein Abgeordnetenmandat nicht anstreben, weil der Politikerberuf ein schlechtes Ansehen genieße und überdies zeitraubend sei. Ganz so schlimm kann es aber nicht sein. In den Parteien herrscht immer noch Konkurrenz um Mandate in Berlin. Dafür spricht auch die Verweildauer von Politikern im Bundestag. Nur 166 der 709 Abgeordneten sind 2017 zum vierten Male oder noch öfter in den Bundestag gewählt worden. Für die meisten ist nach der dritten Wahlperiode Schluss.

Mehr Abgeordnete denn je gibt es seit 2017, was nicht zuletzt auf den – vom Bundesverfassungsgericht erzwungenen – Mechanismus zurückzuführen ist, Überhangmandate einer Partei durch Ausgleichsmandate für andere Parteien zu kompensieren. Die Parlamentarier mussten zusammenrücken, zumal es seit 2017 im Bundestag sechs Fraktionen gibt – ebenfalls so viele wie noch nie. In den Jahren davor waren es meist fünf gewesen, dann ab 2013 sogar nur vier: Union, SPD, Grüne, Linke. Groß wie nie war damals die Mehrheit der großen Koalition im Bundestag. Die 41,5 Prozent für die Union und die 25,7 Prozent für die SPD erbrachten – wegen des Scheiterns von FDP und AfD an der Fünf-Prozent-Hürde – im Bundestag eine Stimmenmehrheit von etwa 80 Prozent. So schwach war die Opposition aus Grünen und Linkspartei, dass sie nicht einmal das im Grundgesetz vorgesehene Quorum von einem Viertel der Stimmen erreichte, um Untersuchungsausschüsse durchzusetzen. Die große Mehrheit dieser großen Koalition aber erschwerte es den Fraktionsführungen von Union und SPD, »ihre« Abgeordneten auf Kurs zu halten. Mögliche Abweichler hatten stets darauf hinweisen können, die Mehrheit sei ohnehin gesichert. Ausnahmeregelungen und Zugeständnisse wurden zugunsten der kleinen Opposition gemacht. Die Machtlosigkeit der Opposition wirkte sich auf die Debatten im Plenum des Bundestages aus. Gegen Ende eines Tagesordnungspunktes hatten die Fraktionen von Union und SPD die ihnen zustehende Redezeit aufzubrauchen, was dazu führte, dass abwechselnd Abgeordnete der Union und der SPD die Arbeit der von ihnen gestellten Bundesregierung lobten und würdigten und guthießen. Grüne und Linke drangen kaum durch. Viel Resonanz hatten sie nicht – erst recht nicht vom Herbst 2015 an, als die eigentlichen Auseinandersetzungen über Merkels Flüchtlingspolitik nicht zwischen Regierung und Opposition, sondern innerhalb der regierenden Unionsparteien geführt wurden. Nicht im Bundestag wurden sie ausgetragen, sondern über die Medien oder auf Parteitagen.

Seinem ungeschriebenen Auftrag, die Gesellschaft und die öffentlichen Debatten abzubilden, kam der Bundestag in seiner 18. Legislaturperiode von 2013 bis 2017 nicht nach. Allenfalls zu Zeiten der ersten großen Koalition zwischen 1966 und 1969 war der Maßgabe der Repräsentativität des Parlaments so wenig entsprochen worden – mit ähnlichen Begleiterscheinungen. Damals versammelten sich die Studentenbewegung und »außerparlamentarische Opposition« auf Großkundgebungen, die rechtsextremistische NPD zog in mehrere Landtage ein. Beinahe wäre sie 1969 sogar in den Bundestag gelangt. Während der 80-Prozent-Mehrheit von Union und SPD entstand in Ostdeutschland die Hass verbreitende Pegida-Bewegung. Die sogenannte »Alternative für Deutschland« (AfD) fand neuen Zulauf. 2017 war es so weit: Eine Partei, die deutlich rechts von CDU und CSU stand, überwand die Fünf-Prozent-Hürde. 13 Prozent für die AfD.

Ganz rechts im Plenarsaal sitzen die 92 Abgeordneten der AfD. Sie wollten auch an den Rand – anders als die Grünen, die nach ihrem ersten Einzug in den Bundestag 1983 erfolgreich Wert darauf gelegt hatten, nicht an den linken Rand gedrängt zu werden. Sie wollten in der Mitte – zwischen den Fraktionen der Unionsparteien und der SPD – sitzen. Wirkungsvolle Nebeneffekte für die AfD-Abgeordneten: Ihre Plätze liegen nahe an der Regierungsbank und sind von den beiden Pressetribünen aus gut zu sehen. Das garantiert Aufmerksamkeit. Als größte Oppositionsfraktion sind sie bei der Reihenfolge der Redner bevorzugt. Nach einer Regierungserklärung Merkels spricht einer der ihren, meist Alexander Gauland, einer der beiden AfD-Fraktionsvorsitzenden. Jahrzehntelang war er Mitglied der CDU gewesen. Der Bundestagsneuling und seine Freunde prägen den Debatten-Stil. Sie üben sich in der Provokation von rechts. Um die Abweichler der anderen Fraktionen wird seither nicht mehr viel Aufhebens gemacht.

# Jamaika scheitert

Inhaltlich war der Satz eine Banalität, rhetorisch in seiner Einfachheit ein Meisterwerk, politisch ein Stück Zeitgeschichte: »Es ist besser, nicht zu regieren, als falsch zu regieren.« – »Auf Wiedersehen«, rief der FDP-Vorsitzende Lindner den Medienleuten noch zu und verschwand mit seinen Parteifreunden in der eiskalten Nacht jenes Berliner Sonntags. Ein weiteres Mal ging ein 19. November in das politische Kalendarium der Bundesrepublik Deutschland ein. 1962 traten die FDP-Bundesminister während der »*Spiegel*-Affäre« aus Protest gegen den CSU-Verteidigungsminister Franz Josef Strauß aus Konrad Adenauers Kabinett aus. 1972 wurde die SPD mit ihrem Bundeskanzler Willy Brandt erstmals stärkste Partei bei Bundestagswahlen – mit 45,8 Prozent, einem Ergebnis, das die Partei nie wieder erreichte. 1976 beschlossen die Abgeordneten der CSU-Landesgruppe in Wildbad Kreuth im tiefen Oberbayern, die Fraktionsgemeinschaft mit der CDU aufzulösen. »Kreuther Trennungsbeschluss« wurde der – wenig später zurückgenommene – Entscheid genannt. Nun also, 2017, scheiterte der Versuch, eine auf Bundesebene nie dagewesene Koalition zu schmieden: aus den beiden Unionsparteien, der FDP und den Grünen.

Lindner, der vier Jahre lang durchs Land gereist war und die FDP faktisch im Alleingang nach deren Ausscheiden aus dem Bundestag wiederaufgerichtet hatte, brach die Gespräche ab. Aufgrund der Parteifarben Schwarz, Gelb und Grün wäre das Bündnis »Jamaika-Koalition« genannt worden, wäre es zustande gekommen. Der – despektierliche – Begriff »Schwampel«

278

(für »schwarze Ampel«) war hingegen nicht mehr gebräuchlich.

Die »Jamaika«-Episode aber war zu Ende, noch ehe sie wirklich begonnen hatte – nach Gesprächen nämlich, die nicht »Koalitionsverhandlungen«, sondern »Sondierungsgespräche« hießen. Das Aufkommen dieses vergleichsweise neuen Terminus, der in der »Berliner Republik« erfunden wurde, hat mit der Entwicklung des Parteiensystems und der Zusammensetzung des Bundestages zu tun. Die alten Volksparteien Union und SPD verloren an Stärke, immer mehr Parteien gelangten in den Bundestag. Früher in Bonn und auch noch zu Beginn der Berliner Zeiten ging es nach Bundestagswahlen rasch voran, denn bereits vor der Wahl war klar gewesen, wer mit wem eine Regierung bilden wollte, und am Abend stand fest, wer überhaupt mit wem konnte. Das war gut für die Wähler, die wussten, woran sie waren, und es war gut für die betreffenden Parteien, die das ebenso wussten. Koalitionsgespräche begannen, manche brauchten wenig Zeit, andere mehr. Doch nicht eine der Koalitionsverhandlungen am Rhein und später an der Spree scheiterte. Nicht eine wurde abgebrochen, weil es sich eine der beteiligten Parteiführungen anders überlegt hatte. Mit Ausnahme der großen Koalition in den Sechzigerjahren bestanden die Regierungsbündnisse durchweg aus einem großen und einem kleineren Partner, bis einschließlich 2002, als Rot-Grün in die zweite Wahlperiode ging.

Die Schwäche der Volksparteien machte die Regierungsbildung komplizierter. Rechnerisch und politisch »einfache« Zweierbündnisse kamen kaum noch infrage. Die Folge dieser Entwicklung: Vor den eigentlichen Koalitionsverhandlungen werden Gespräche geführt, in denen sondiert werden soll, welche neue Regierungskonstellation die wahrscheinlich größten politischen Schnittmengen der Beteiligten aufweisen und in welcher Zusammensetzung die Koalitionsverhandlungen am ehesten erfolgreich sein würden. 2005 dauerte der Prozess nicht lange. Die FDP legte sich fest, keinesfalls ein Bündnis mit den Grünen einzugehen – mithin war eine »Ampelkoalition« aus SPD, FDP und Grünen ausgeschlossen. Die Grünen lehnten eine Zusammenarbeit mit den Unionsparteien und der FDP ab. Die SPD legte sich ebenso fest, nicht mit der Linkspartei zu koalieren. Rot-Rot-Grün war damit ausgeschlossen. Als einzige Möglichkeit für die Bildung einer stabilen Regierung blieb das Bündnis von Union und SPD. So kam es dann auch. Allein nach der Bundestagswahl 2009 waren die Verhältnisse noch einfach. Im Bundestag gab es eine Mehrheit für Union und FDP, und dass diese angeblich »natürliche« Partner waren, machte eine Sondierung überflüssig. Die Koalitionsverhandlungen fanden schnell zu einem Abschluss.

Aus der Bundestagswahl 2013 ergaben sich verschiedene Möglichkeiten, zum Beispiel eine rot-rot-grüne Mehrheit im Bundestag. Doch hatten sich die SPD-Führung und Peer Steinbrück, der Spitzenkandidat, im Wahlkampf auf ein Nein zu einem solchen Bündnis festgelegt. Dabei blieb es. Als Alternativen blieben eine schwarz-grüne Koalition, die ein Novum im Bund gewesen wäre, oder das Bündnis von Union und SPD. Erstmals sondierten die Parteien ausführlich. Angela Merkel für die CDU und Horst Seehofer für die CSU wollten die Stabilität einer schwarz-grünen Zusammenarbeit ausloten und zeigten sich offen. Vor allem Merkels Umfeld bevorzugte seit Langem eine Zusammenarbeit mit den Grünen, unter anderem Umweltminister Peter Altmaier, Generalsekretär Hermann Gröhe und der NRW-Landesvorsitzende Armin Laschet. Sie fühlten sich gesellschaftspolitisch und auch vom Lebensgefühl her den individualistischen Grünen näher als der gewerkschaftsorientierten SPD. Sie hatten zu Bonner Zeiten und auch danach Kontakte zu Altersgenossen bei den Grünen gepflegt. Erleichternd kam hinzu, dass in Hessen der CDU-Ministerpräsident Volker Bouffier zur gleichen Zeit auf dem Weg in eine schwarz-grüne Koalition war. Ausgerechnet Bouffier und ausgerechnet die hessische

CDU, die bislang als konservativer Hort des anti-grünen Parteiflügels galten, bildeten eine schwarz-grüne Landesregierung. Immerhin eine Stütze im Bundesrat hätte eine schwarz-grüne Bundesregierung also gehabt.

Doch die Sondierungsgespräche scheiterten. Die Grünen sahen sich durch das Wahlergebnis der Bundestagswahl geschwächt. Sie waren von 10,7 Prozent auf 8,4 Prozent abgerutscht. Das Führungsduo an der Fraktionsspitze, Renate Künast und Jürgen Trittin, nahm an den Gesprächen noch teil. Es war aber klar, dass sie für bedeutende Aufgaben in einer schwarzgrünen Koalition nicht mehr in Betracht kamen. Ihre Nachfolger, Katrin Göring-Eckardt und Anton Hofreiter, galten manchen als zu unerfahren, um ein solches Bündnis an der skeptischen Parteibasis durchzusetzen. Bei den Sondierungsgesprächen selbst tauchten die alten Differenzen zwischen Unionsparteien und den Grünen in Fragen der Migrations- und Ausländerpolitik wieder auf. So musste es auch sein, weil sich sonst jede der beiden Seiten an der jeweiligen Parteibasis des Vorwurfs hätte erwehren müssen, auf die eigenen Grundsätze verzichtet zu haben. Hinzu kam, dass Trittin Steuererhöhungen forderte, was in der Union unmittelbar abgelehnt und zudem als bewusste Provokation empfunden wurde.

Gefühlige Szenen spielten sich gute drei Wochen nach der Bundestagswahl ab, spät in der Nacht auf der »Fraktionsebene« des Reichstagsgebäudes, wo die Bundestagsfraktionen ihre Sitzungssäle haben. Erst kamen die Vertreter der Grünen. Es reiche nicht zur Aufnahme von Koalitionsverhandlungen, leider. Dann kamen die Vertreter der Unionsparteien. Es reiche nicht, leider. Selten waren nach einem Scheitern von Gesprächen so traurige Leute zu sehen wie in dieser Nacht, als wüssten sie, dass eine solche Gelegenheit nicht so bald wiederkäme. Bedauerndes Schulterklopfen und Gesten des weiter vorhandenen Einvernehmens tauschten sie aus. Vier Jahre lang wurden die Grünen mit den Versicherungen der Spitzen von CDU und CSU konfrontiert, nicht an der Union sei »Schwarz-Grün« gescheitert, sondern an den Grünen selbst. Sogar Horst Seehofer sei nett und zuvorkommend gewesen, sogar auf kritischen Gebieten des schwarzgrünen Verhältnisses, sagten CDU-Politiker. Stattdessen wurde die größte große Koalition aller Zeiten gebildet: Von den 631 Bundestagsabgeordneten gehörten 504 den Koalitionsfraktionen an. Die Grünen waren nicht einmal die führende Oppositionsfraktion, die in der Abfolge von Rednern im Parlament gewisse Vorrechte hat. Diese Rolle fiel der Linksfraktion zu.

Bei den Grünen machte sich die Stimmung breit, sich eine solche Gelegenheit zum Mitregieren nie wieder entgehen zu lassen. Systematisch wurde daran gearbeitet, im politisch-menschlichen Verhältnis ein Netz des Vertrauens zwischen den beiden Fraktionen zu knüpfen. Merkel ließ sich in Bundestagssitzungen oft, gerne und vor allem demonstrativ in den Reihen der Grünen blicken. Volker Kauder, der als CDU/CSU-Fraktionsvorsitzender neben den Grünen-Fraktionsvorsitzenden Göring-Eckardt und Hofreiter saß, machte derb-nette Sprüche, nach dem Motto »Was sich neckt, das liebt sich«. Auf den Feldern der Euro-Politik und der Griechenlandrettung und vor allem danach in der Flüchtlingspolitik war die Grünen-Fraktion in Grundsatzfragen auf Seiten Merkels. Auch Merkels Sanktionspolitik gegen Russland nach dem völkerrechtsverletzenden Überfall auf die Krim und die Ostukraine unterstützten die Grünen. Manchmal schien es fast, als seien sie die politische Leibgarde der Kanzlerin – gegen ihre innerparteilichen Gegner und gegen die Konkurrenten von der SPD. Vertrauen schaffende Maßnahmen gab es auch. In einer heiklen Angelegenheit kam ein Bündnis zwischen dem Grünen-Vorsitzenden Cem Özdemir und dem CDU/CSU-Fraktionschef Volker Kauder zustande. Persönlich setzten die beiden durch, dass in einer Bundestagsentschließung der Türkei klar und deutlich ein »Völkermord« an den Armeniern vorgeworfen wurde – eine Entschließung, die Merkel und ihr SPD-Außenminister Steinmeier hatten verhindern wollen. Der Boden für eine schwarz-grüne Zusammenarbeit nach der Bundestagswahl 2017 schien bereitet. Der Grundstein für das Scheitern von Jamaika womöglich auch?

Die Wahl am 24. September 2017 markiert das Ende einer Ära in der Geschichte der Bundesrepublik Deutschland: die Ära klarer Mehrheitsverhältnisse im Bundestag. Schlecht wie nie seit den Anfangsjahren im Bonner Bundestag schnitten die Volksparteien ab. CDU und CSU kamen auf bloße 32,9 Prozent, mehr als acht Punkte Verlust waren das. Die SPD stürzte um mehr als fünf Punkte auf 20,5 Prozent. Mit der Alternative für Deutschland (AfD) zog erstmals seit Jahrzehnten eine Partei in den Bundestag ein, die eindeutig rechts von der Union anzusiedeln ist – und mit 12,6 Prozent gleich als drittstärkste Kraft. Sechs Fraktionen, so viele wie seit 1949 nicht mehr, gab es fortan: CDU/CSU, SPD, AfD, FDP, Linke und Grüne. Hinzu kam, dass CDU und CSU zwar formal wieder eine gemeinsame Bundestagsfraktion bildeten, sich wegen ihres Streites über die Flüchtlingspolitik jedoch wie zwei konkurrierende Parteien verhielten.

Mit dem Tag der Wahl war klar, dass die Bildung einer Bundesregierung schwieriger denn je in der Geschichte der Bundesrepublik werden würde. Die AfD und die Linkspartei schieden als Koalitionspartner aus. Die SPD zog aus ihrem Abschneiden den Schluss, sich an Verhandlungen zur Regierungsbildung nicht zu beteiligen. Ihre Rolle sei von nun an die einer Oppositionsfraktion, lautete der Konsens der Parteioberen. Fraktionsvorsitzende wurde Andrea Nahles, was sie seit Langem angestrebt hatte, und nicht etwa der Parteivorsitzende und Kanzlerkandidat Martin Schulz. Der versicherte zudem noch, niemals würde er in ein »Kabinett Merkel« eintreten. Das sollte sich zwar als taktisch unklug erweisen, war aber konsequent, hatte Schulz doch im Wahlkampf noch auf überspannte Weise gerufen, gerne könne Merkel in eine von ihm geführte Bundesregierung eintreten. Merkel war innerparteilich geschwächt wie nie, seit sie im Jahr 2000 zur CDU-Vorsitzenden gewählt worden war. Ihre innerparteilichen Gegner im Wirtschaftsflügel und der Jungen Union verlangten eine »ehrliche« Wahlanalyse, die Merkel und ihr Umfeld verhinderten, weil deren Ergebnis eine weitere Schwächung von Merkel bedeutet hätte. Eine Bemerkung der Bundeskanzlerin nach der Wahl, sie wisse nicht, was sie anders und besser hätte machen können, erregte in der CDU heftigen Widerspruch.

Erst einmal nahmen sich die Bundestagsparteien eine Auszeit. Die Landtagswahl in Niedersachsen drei Wochen nach der Bundestagswahl sei abzuwarten. Dass die SPD aus dieser als Sieger hervorging, änderte an den Festlegungen der Berliner SPD nichts, weckte in der Union aber weiteren Widerspruch gegen Merkel. Dass auch FDP und Grüne in Niedersachsen Stimmen verloren, machte deren Berliner Parteiführungen deutlich, dass eine Beteiligung an der Bundesregierung nicht automatisch vom Wähler honoriert würde. Ihre Führungen durften sich gegenseitig nichts schenken – und den Unionsparteien erst recht nicht. Vorsorglich hatte die Union frühzeitig ein Amt im Bundeskabinett preisgegeben, das ihr bislang als unverzichtbar erschienen war. Wolfgang Schäuble, der seit 2009 das Bundesfinanzministerium geführt hatte, wurde zum neuen Präsidenten des Bundestages gewählt. Schäuble, der erfahrenste aller deutschen Politiker, konnte wegen seiner neuen überparteilichen Funktion in die anstehenden Gespräche zur Regierungsbildung nicht mehr eingreifen.

Einer Quadratur des Kreises kamen die Sondierungsgespräche gleich. In der CDU wurde von Merkel als Konsequenz des Wahlergebnisses eine schärfere Profilierung verlangt. Die CSU hatte die Bundeskanzlerin in dem Verdacht, in der Flüchtlingspolitik den Wünschen der Grünen nachgeben zu wollen. Horst Seehofer gab deshalb die Losung aus, der CSU-Vorsitzende müsse künftig am Kabinettstisch sitzen. Zugleich wurden Vermutungen gestreut, Seehofers politisches Ende sei nahe. Der FDP-Vorsitzende Christian Lindner war zwar erst wenige Monate zuvor in Nordrhein-Westfalen ein schwarz-gelbes Regierungsbündnis eingegangen, nach kurzen Koalitionsverhandlungen sogar. Doch hatte er in der Zeit der schwarz-gelben Koalition von 2009 bis 2013 schlechte Erfahrungen mit den Unionsparteien in Berlin und mit Merkel gemacht; auf das bürgerliche Bündnis war das Ausscheiden der FDP aus dem Bundestag gefolgt. Die Spitze der Grünen wiederum wusste, dass größere Zugeständnisse an die drei anderen Parteien der eigenen Basis kaum zu vermitteln wären.

Vorsorglich kündigten die potenziellen Jamaika-Partner Mitgliederentscheide und Parteitage über die Ergebnisse der Sondierungsgespräche an. Vorbild war die SPD, die bei der Bildung der großen Koalition vier Jahre zuvor einen Mitgliederentscheid über den Koalitionsvertrag abgehalten hatte. Mit diesem Mittel nämlich konnte man die anderen Verhandlungspartner erfolgreich unter Druck setzen. Taktisches Denken und machtpolitische Kalküle ergänzten sich auf wundersame Weise mit Forderungen nach Transparenz und innerparteilicher Demokratie; sie wurden zu zwei Seiten einer Medaille.

In Zweierkonstellationen und in allgemeinen Sitzungen, in großem Kreis und in kleinen Gruppen verhandelten die Parteien. Über Allgemeines wurde gesprochen und über Details. Weil die Fotografen der Hauptstadtpresse Motive brauchten, ließen sich die Verhandelnden auf dem Balkon des Gebäudes der Parlamentarischen Gesellschaft blicken. Sie lächelten und scherzten. Was ursprünglich als nette Geste für die Fotografen gemeint war, wurde freilich zunehmend als ungebührliche Inszenierung bezeichnet. Nette Statements gab es meistens zum Abschluss einer Gesprächsrunde. Die Atmosphäre sei sachorientiert, konzentriert, offen und gut gewesen, oder so ähnlich. Doch erklangen auch andere Töne. Es fehle an »Grundvertrauen«, sagte der FDP-Politiker Wolfgang Kubicki. Der CSU-Landesgruppenvorsitzende Alexander Dobrindt nannte Forderungen der Grünen öffentlich »vollkommen abwegig«. Anton

*Fröhliche Balkon-Bilder während der Jamaika-Sondierungen von CDU, CSU und FDP im Oktober 2017 waren erst erwünscht und bald verschrien. Einer winkt schon mal wie zum Adieu: Christian Lindner von der FDP.*

Hofreiter von den Grünen sprach daraufhin von »zerstörerischen Querschüssen« des CSU-Politikers. Einerseits wurde versichert, ein neuartiges Bündnis wie dieses müsse auch einen neuen Stil der Politik finden, andererseits tauchten Zwischenstände der Gespräche bei Twitter auf. Merkel versuchte, ihr Bestes zu geben. Angesichts der absehbar langen Verhandlungen versprach sie der FDP und den Grünen, die deutsche Europa-Politik schon vor Abschluss der Gespräche mit ihnen abzustimmen. Sie gewährte einen Vertrauensvorschuss.

Der Standardspruch lautete, abgeschlossen seien die Gespräche erst, wenn alles abgesprochen sei. Zwischenzeitliche Absprachen hätten nichts zu bedeuten. Als gute vier Wochen nach Beginn der Sondierungsgespräche seitenlange Texte formuliert wurden, wuchs unter den Beteiligten die Erwartung, dass die

Koalition zustande kommen würde. Nur Dobrindt streute Zweifel. Seine Attacken gegen die Grünen ergänzte er um den Hinweis, am Ende werde die SPD doch als Regierungspartner zur Verfügung stehen. Empörung herrschte anschließend bei der CDU. Dobrindts Einschätzung sei weltfremd, die SPD werde in der Opposition bleiben. In einer Nachtsitzung sollte der vorgelegte Text verabschiedet werden. »Uns eint die Verantwortung für die Menschen und die Zukunft unseres Landes«, hieß der erste Satz. Differenzen aber blieben bestehen, sie umfassten auf 61 Seiten 134 Dissenspunkte. Zwei Tage später sollten die Gespräche abgeschlossen sein. Auf der Grundlage dieses »Sondierungspapiers« könnten dann die eigentlichen Koalitionsverhandlungen beginnen. Gewiss würde die neue Regierung noch vor Weihnachten gebildet werden. Es kam der 19. November, ein Sonntag. Wieder einmal kein politikfreier.

In der Vertretung des Landes Baden-Württemberg an der Tiergartenstraße gaben sich die führenden Politiker und Politikerinnen der Jamaika-Parteien ein Stelldichein, die weniger führenden Politiker auch. Drinnen saßen die Akteure, draußen in der Kälte standen die professionell Neugierigen. Der CSU-Abgeordnete Hans Michelbach, ein erfahrener Parlamentarier, kam nach draußen. Alles werde gut. Wie es die FDP wünsche, werde der Solidaritätszuschlag abgeschafft. Wie es die Union wünsche, hätten die Grünen in der Asylpolitik Zugeständnisse gemacht. Eilmeldungen der Nachrichtenagenturen verbreiteten die Mitteilung. Ein paar Minuten später tauchte er wieder auf. »Das ist nicht verifiziert.« Und: »Tut mir leid.« Die FDP-Generalsekretärin Nicola Beer hatte gewittert, Michelbach habe wohl an einer anderen Veranstaltung teilgenommen. Es sollte sich erweisen, dass Michelbach zwar einerseits eine sachlich richtige Information gegeben hatte, die Verhandlungen andererseits noch nicht beendet waren.

Merkel und Kauder für die CDU, Seehofer und Dobrindt für die CSU, Lindner und Kubicki für die FDP sowie Göring-

Eckardt und Özdemir für die Grünen saßen beisammen. Merkel fragte Seehofer, wie er die Lage sehe. Seehofer sagte, es werde gehen. Die Koalitionsverhandlungen könnten beginnen. Merkel fragte Lindner. Der FDP-Vorsitzende trug einen schriftlich formulierten Text vor. »Es hat sich gezeigt, dass die vier Gesprächspartner keine gemeinsame Vorstellung von der Modernisierung unseres Landes und vor allen Dingen keine gemeinsame Vertrauensbasis entwickeln konnten.« Und: »Wir werden unsere Wähler nicht im Stich lassen, indem wir eine Politik mittragen, von der wir im Kern nicht überzeugt sind.« Und zum Abschluss: »Es ist besser, nicht zu regieren, als falsch zu regieren.« Der Rest der Runde, außer Kubicki natürlich, schaute konsterniert. Göring-Eckardt sagte noch: »Wir stehen kurz vor einer Einigung.« Die FDP-Politiker zogen sich die Mäntel an und verließen den Ort des Geschehens. Lindner trug den Text den Journalisten vor. Jamaika war gescheitert. Drinnen bildete sich eine schwarzgrüne Trauergemeinde. Der Konsens: Die FDP sei schuld. Grünen-Politiker versicherten, an der CSU sei Jamaika nicht gescheitert. Nie waren sich Führungsleute der Union und der Grünen näher als an diesem Abend. Lindner mochte sich bestätigt sehen. Merkel sei schuld, erläuterte er später, weil sie mehr auf die Grünen gehört und mehr Rücksichten auf sie genommen habe als auf die FDP. Merkel aber, so wurde schon in jener Nacht erzählt, habe ein Gespräch mit dem Bundespräsidenten angekündigt. Im Bundespräsidialamt war man perplex – und vorbereitet.

# Steinmeier greift ein

Sonntag, 19. November 2017, 23.55 Uhr. Mit dem Abbruch der Sondierungsgespräche zur Bildung einer schwarz-gelb-grünen Koalitionsregierung war eine politische Konstellation entstanden, wie es sie in der Geschichte der Bundesrepublik noch nie gegeben hatte. Die Parteien, die regieren wollten – am Tag des Scheiterns CDU, CSU und Grüne –, konnten es mangels Mehrheit im Bundestag nicht. Die Parteien, die helfen könnten, eine stabile Regierung zu bilden, wollten nicht. Dem Nein der FDP-Führung zu Jamaika folgte am Montag ein einstimmig gefasster Beschluss des SPD-Parteivorstands. Angesichts des Wahlergebnisses vom 24. September – des Absturzes auf 20 Prozent – stehe die SPD »für den Eintritt in eine große Koalition nicht zur Verfügung«. Martin Schulz, der SPD-Vorsitzende, hatte den Beschluss vorbereitet. Auf ausdrücklichen Wunsch seines Stellvertreters Olaf Scholz war der Satz »Wir scheuen Neuwahlen unverändert nicht« eingefügt worden. Sollte erstmals seit 1949 die Bundesrepublik Deutschland, die größte Wirtschaftsnation der Europäischen Union, von einer Minderheitsregierung geführt werden? Sollten die Bürger der Bundesrepublik erstmals in ihrer Geschichte wenige Monate nach einer Bundestagswahl nochmals abstimmen? Würde das der AfD zusätzlichen Auftrieb geben? Nichts war gewiss zu Beginn jener Woche. Merkel berichtete von Gesprächen mit Regierungschefs der EU, die sich – staunend und verblüfft – erkundigten, wie lange es denn noch dauern werde, bis das angeblich so stabile Deutschland wieder eine stabile Regierung habe. Bis Januar werde es noch dauern, wurde als Antwort kolportiert – was sich immer noch als zu optimistisch erweisen sollte.

Angela Merkel sprach am Tag nach dem Abbruch der Jamaika-Sondierungen bei Bundespräsident Frank-Walter Steinmeier vor. Natürlich war sie bereit, eine Koalition mit der SPD zu bilden, glaubte aber selbst nicht daran. Sie war sicher, dass die SPD-Führung bei ihren Festlegungen bleiben und nicht schon wieder ein Bündnis mit den Unionsparteien eingehen würde. Den Unionspolitikern, die wie Alexander Dobrindt von einer Regierungsbeteiligung der SPD aus Verantwortung für das Land ausgegangen und die deshalb in den Verhandlungen mit immer neuen Forderungen aufgetreten waren, hatte Merkel mehr oder minder deutlich politische Naivität vorgeworfen. Die Bildung einer Minderheitsregierung aber lehnte die Bundeskanzlerin ab. Merkel konfrontierte Steinmeier mit dem Plan, es müssten noch einmal Bundestagswahlen stattfinden. Sie werde abermals als Kanzlerkandidatin der Unionsparteien in den Wahlkampf ziehen.

Stunden zuvor in der Nacht des Endes von Jamaika hatte Merkel den verbliebenen Vertretern der Unionsparteien und der Grünen die Regeln des Grundgesetzes zur Einleitung vorgezogener Bundestagswahlen erläutert. Innenminister Thomas de Maizière, seit langen Jahren ein loyaler Gefolgsmann Merkels, hatte sogar schon einen Termin genannt, der nach den Fristen des Grundgesetzes und nach der Berücksichtigung der Osterfeiertage und der Schulferien infrage komme: der 22. April 2018. »Wir wissen, dass wir dieses Land zusammenführen müssen, und so werden wir in den nächsten Wochen in einem Weg, den wir nicht genau beschreiben können, natürlich unser verantwortliches Handeln auch weiter fortsetzen«, sagte Merkel in ihrem nächtlichen Pressestatement. Der Bundespräsident und seine Mitarbeiter gewannen nach den Ausführungen Merkels den Eindruck, die CDU-Vorsitzende stelle sich auf Neuwahlen ein. Sogar die Grundzüge der Wahlkampfführung der Union

*März 2018: Steinmeier und Merkel im Schloss Bellevue auf dem Weg zur Ernennung von Merkels wahrscheinlich letztem Kabinett. Die Feder hatte der Präsident geführt, nicht die Kanzlerin.*

schienen festzustehen. In Merkels Lager heißt es in der Rückschau, ein weiterer Urnengang sei eine ernsthafte Option gewesen. Zur Ernsthaftigkeit aber gehören auch Pläne und Vorbereitungen, und sei es bloß für den Fall der Fälle.

Steinmeier sagte Nein. Mit ihm sei das nicht zu machen. Kurz nach dem Gespräch mit Merkel gab er im Schloss Bellevue eine Erklärung ab. Seine Mahnungen richteten sich, wie es sich für den Bundespräsidenten gehört, an alle Parteien – nach dem Gespräch mit Merkel gerade auch an die CDU-Vorsitzende. Von allen Parteien erwarte er Gesprächsbereitschaft, »um eine Regierungsbildung in absehbarer Zeit möglich zu machen«, sagte er. »Die Bildung einer Regierung ist zwar immer ein schwieriger Prozess des Ringens und auch des Haderns. Aber der Auftrag zur Regierungsbildung ist auch ein hoher, vielleicht der höchste Auftrag des Wählers an die Parteien in einer Demokratie. Und dieser Auftrag bleibt.« Steinmeier machte damit nicht nur deutlich, was er Martin Schulz, dem SPD-Vorsitzenden, zu sagen gedachte, der wenige Tage später ins Bundespräsidialamt kommen sollte. Er bezog auch öffentlich Position zu den Darlegungen Angela Merkels. Allenfalls einen Umstand konnte er nicht mit Sicherheit kalkulieren: ob Merkel partout Neuwahlen anstrebte oder ob sie lediglich ein aktives Handeln von Union und SPD anstoßen wollte, um Neuwahlen zu verhindern. Aus der CDU ertönte das Signal: »Wir laufen der SPD nicht hinterher.« Die Schlussfolgerung Steinmeiers: Merkel meinte es ernst.

Die CDU-Vorsitzende ging unmittelbar nach dem Gespräch mit Steinmeier in die Offensive. Für den Fall des Falles kündigte sie eine nochmalige Kanzlerkandidatur an. Anders als im Jahr davor, als sie über Wochen und Monate nicht mit sich im Reinen war, ob sie die Unionsparteien wieder als Kanzlerkandidatin in den Wahlkampf führen sollte, legte sie ein hohes Tempo vor. Ob sie bei Neuwahlen wieder als Spitzenkandidatin zur Verfügung stünde, wurde sie im ARD-Fernsehen gefragt. Nach gewundenen Erläuterungen folgte eine knappe Ansage. Im Wahlkampf sei sie immer wieder gefragt worden, ob sie sich für die ganze Legislaturperiode bewerbe. Ob sie vier weitere Jahre Bundeskanzlerin sein wolle. Merkel meinte, immer habe sie Ja gesagt. »Jetzt sind zwei Monate um. Also wäre es sehr komisch, weil wir jetzt gerade eine Situation haben, wo die FDP entschieden hat, aus den Sondierungen auszusteigen, zu sagen, das, was ich den Wählerinnen und Wählern gesagt habe in diesem ganzen Wahlkampf, das gilt nicht mehr. Also Ja.« Klarheit war geschaffen – auch mit Blick auf wilde Pläne im Anti-Merkel-Lager der CDU. Die gingen etwa so: Es sollten, mit wem auch immer, Koalitionsverhandlungen bis zur Vertragsunterzeichnung geführt werden. Auf einem CDU-Parteitag sollte der Koalitionsvertrag dann abgelehnt werden. Merkel wäre desavouiert. Bei Neuwahlen würde es dann einen anderen Kanzlerkandidaten der Union geben. Merkel wäre Vergangenheit.

An diesem Montag der Vorentscheidungen telefonierten

Steinmeier und Merkel mit Schulz. Beinahe gleichlautend sollen ihre Argumente gewesen sein. Es gebe doch, wenn auch nur geschäftsführend im Amt, eine von Union und SPD gebildete Bundesregierung, die doch auch – leidlich – funktioniere. Schulz solle das bedenken, mahnte Steinmeier. Ob man es nicht doch versuchen solle, fragte Merkel. Auch ein Gespräch von Olaf Scholz mit dem SPD-Vorsitzenden ging in diese Richtung. Schulz wunderte und fragte sich, ob es Absprachen zwischen den dreien gegeben habe, ihn vom Nein gegen Gespräche mit Merkel abzubringen. Der einstimmig gefasste Beschluss des SPD-Präsidiums »keine Fortsetzung der großen Koalition« wurde schon am gleichen Tag infrage gestellt. In einer Sitzung der SPD-Fraktion gab es heftige Kritik am Beschluss der Parteiführung. Fast alle Redner wandten sich gegen Neuwahlen. Während einer Sitzung des Bundestags plauderte Merkel freundlich mit Schulz. Der SPD-Vorsitzende sah sich von seinen Kollegen im Parteipräsidium im Stich gelassen, am meisten von Olaf Scholz. Im Interesse des Ganzen fügte er sich. Nach seinem Treffen mit Steinmeier war Schulz bereit, mit CDU und CSU in einem ersten Schritt »ergebnisoffene Gespräche« zu führen. Der Bundespräsident aber hatte ganze Arbeit geleistet.

Steinmeier hatte wie nur wenige sonst in Berlin Erfahrungen in der Politik gesammelt. In der Amtszeit von Bundeskanzler Schröder leitete und organisierte er als beamteter Staatssekretär geräuschlos und effektiv die Regierungszentrale. In der ersten großen Koalition Merkels avancierte er zum Außenminister. Er war Kanzlerkandidat der SPD gewesen und trotz einer schlimmen Wahlniederlage anschließend SPD-Fraktionsvorsitzender, mithin Oppositionsführer. 2013 wurde er in Merkels zweiter großen Koalition abermals Außenminister. Steinmeier erwog, ab 2017 nicht mehr für dieses Amt zur Verfügung zu stehen. Wie andere Außenminister vor ihm hatte er die Erfahrung gemacht, in zentralen Fragen der Außenpolitik der Bundeskanzlerin den Vortritt überlassen zu müssen, also in den Beziehungen zu den Vereinigten Staaten, Russland, China und auch in der Europa-Politik. Im unwahrscheinlichen Falle, dass die SPD nach der Bundestagswahl den Regierungschef stellen würde, wäre das Auswärtige Amt an die Partei des Koalitionspartners gegangen. Dass die SPD nicht abermals in eine große Koalition strebte, schien 2016 so gut wie gewiss. In einer künftigen SPD-Oppositionsfraktion aber würde er keine größere Rolle mehr spielen, schätzte Steinmeier.

Es kam anders als geplant. Nach der Ankündigung von Joachim Gauck, 2017 aus dem Amt des Bundespräsidenten auszuscheiden, machten sich die Parteien auf die Suche nach möglichen Nachfolgern. Merkel stand unter dem Druck aus ihrer Partei, dieses Mal müsse es wieder ein CDU-Politiker sein, nachdem es ihr schon 2012 nicht gelungen war, in der Bundesversammlung eine Mehrheit für einen eigenen Kandidaten zu organisieren. Merkel fand damals niemanden und hatte sich zu beugen, nachdem SPD, Grüne und – zu ihrem besonderen Ärger – auch die FDP sich auf Gauck festgelegt hatten. Fünf Jahre später brachte die SPD Steinmeier ins Gespräch, dem allseits beliebten und angesehenen Gauck nachzufolgen. Gesprächsweise teilte Merkel der SPD-Führung mit, Steinmeier werde nicht mit der Unterstützung der Unionsparteien rechnen können. Doch abermals fand sie in den eigenen Reihen keinen Kandidaten. Norbert Lammert, der Bundestagspräsident, sagte aus persönlichen Gründen und wegen der Bedenken seiner Frau ab. Versuche Merkels scheiterten, einen Kandidaten der Grünen – etwa den baden-württembergischen Ministerpräsidenten Winfried Kretschmann – aufzustellen und damit ein schwarz-grünes Bündnis für die Zeit nach der Bundestagswahl vorzubereiten.

Sigmar Gabriel preschte vor und schlug Steinmeier vor. Es war ein Überraschungscoup, der die Lage Merkels ausnutzte, die immer noch ohne eigenen Kandidaten dastand. Mehrere Versuche der Unionsparteien, den SPD-Vorsitzenden davon abzubringen, scheiterten. Gabriel und die SPD-Spitze hatten sich festgelegt. Nochmals bemühte sich Merkel, einen gemeinsamen Kandidaten der großen Koalition zu finden. Doch ein Konsens blieb aus. Merkel und Seehofer hatten niemanden zu bieten, und die SPD blieb hart. Seehofer und Merkel lenkten ein. Weil sie nichts in der Hand hatten, entschlossen sie sich, den Sozialdemokraten Steinmeier zu unterstützen. Steinmeiers Nominierung durch die Unionsführung wurde in den eigenen Reihen als Niederlage empfunden – als personalpolitischer Offenbarungseid der CDU und Merkels. Immerhin wussten die Unionsspitzen, dass der Außenminister keinen schlechten Bundespräsidenten abgeben würde. Er hatte sein Handwerk gelernt, beliebt war er auch. Zwar hatte er nicht die Ausstrahlung Joachim Gaucks, doch hatte Merkel einst gegen den ehemaligen Pastor aus Rostock vorgebracht, im Kernbereich der Politik keine Erfahrung zu haben. Das aber traf auf Steinmeier nicht zu. Im März 2017 wurde er zum Bundespräsidenten gewählt.

Zum vierten Male hintereinander hatte die Bundeskanzlerin keinen Erfolg mit einem Bundespräsidenten oder dessen Wahl. Horst Köhler war 2010 vorzeitig zurückgetreten – unter anderem deshalb, weil er sich von Merkel zu wenig unterstützt sah. Sein Nachfolger, der von Merkel durchgesetzte Christian Wulff, verlor sein Amt wegen einer Affäre, in der sich dessen Fehlverhalten, missratenes Krisenmanagement, zurückliegende Mogeleien im niedersächsischen Landtag und die Annahme kleiner Vergünstigungen mischten. Schließlich kam es zur Aufnahme staatsanwaltschaftlicher Ermittlungen und zum Rücktritt Wulffs. Auf ihn folgten der von SPD und Grünen favorisierte Gauck, dann der Sozialdemokrat Steinmeier.

Kein Bundespräsident zuvor spielte bei der Regierungsbildung eine so gewichtige Rolle wie Frank-Walter Steinmeier 2017. Alle seine Vorgänger hatten sich auf die Aufgabe eines Notars beschränken können, der nur zu bestätigen hatte, was andere vorgaben: Nach Wahlen verhandeln die Parteien; sie verständigen sich auf ein Regierungsprogramm; sie verständigen sich darauf, dass der Kanzlerkandidat der größeren Koalitionspartei auch Kanzler wird; ihre Vertreter gehen zum Bundespräsidenten und teilen ihm dies mit. Sodann waltet das Staatsoberhaupt seines Amtes, wie es im Grundgesetz vorgeschrieben ist: »Der Bundeskanzler wird auf Vorschlag des Bundespräsidenten vom Bundestage ohne Aussprache gewählt.« So war es seit 1949 immer gekommen. Niemals hatte ein Bundespräsident einen anderen Politiker als den vom angehenden Regierungsbündnis Benannten vorgeschlagen. Stets wurde dieser im Wahlakt bestätigt.

Zum ersten Mal schien dieses Vorgehen in den Tagen nach dem Jamaika-Scheitern infrage gestellt. Es gab keine Partner mehr, die sich auf ein Regierungsprogramm und auf einen Regierungschef verständigt hatten. Steinmeier hätte ankündigen können, falls es nicht zur Bildung einer stabilen Regierung komme, werde er sich fügen und Neuwahlen den Weg öffnen. Er hätte das bedauern und zugleich darauf verweisen können, dass seine Vorgänger Gustav Heinemann 1972, Karl Carstens 1982 und Horst Köhler 2005 sich den Wünschen der Kanzler nach Auflösung des Bundestages nicht verweigert hatten. Nach kalkuliert gescheiterten Vertrauensfragen hatten sie den Bundestag aufgelöst und damit das Vorziehen von Bundestagswahlen ermöglicht. Sie hatten die damaligen Regierungsparteien nicht einmal ermahnt, sich auf eine andere Lösung zu besinnen. Gegen den Willen der jeweiligen Bundeskanzler und der Parteien wollten und konnten sie sich nicht durchsetzen.

Steinmeier vermied es, sich in Anlehnung an seine Vorgänger zu überlegen, wie der Bundestag aufzulösen wäre. Dabei hatte auch er sich in seinen Gesprächen mit den Parteiführungen einer beinahe – mit den Grünen als bedingter Ausnahme – geschlossenen Phalanx gegenübergesehen, die Neuwahlen forderte. Steinmeier blieb hart. Die Parteien hätten die Pflicht, sich auf die Bildung einer Regierung zu verständigen, erklärte das

Staatsoberhaupt. Steinmeier hätte sonst für eine verfassungspolitische Operation zur Verfügung stehen müssen, die die einschlägigen Grundgesetzartikel zwar nicht gebrochen, aber ziemlich gedehnt hätte. Zulasten Steinmeiers und seines Amtes wäre das gegangen und auch zulasten Merkels und der Position des Regierungschefs. Das schon drei Mal angewandte Mittel, den Bundestag über eine – absprachegemäß abgelehnte – Vertrauensfrage des Bundeskanzlers aufzulösen, stand nicht mehr zur Verfügung.

Steinmeier hätte bei einem mehrstufigen Verfahren mitspielen müssen, das dem Ansehen der Politik und der Würde der betroffenen Verfassungsinstitutionen geschadet hätte. Die Gründe: Merkel war nicht mehr Bundeskanzlerin, sondern seit der konstituierenden Sitzung des Bundestages nur noch »geschäftsführende Bundeskanzlerin«. Sie war nicht vom aktuellen Bundestag, sondern vom vorhergehenden zur Bundeskanzlerin gewählt worden. Mithin konnte sie die Vertrauensfrage nicht stellen, um zu Neuwahlen zu kommen. Steinmeier hätte Merkel in dem Wissen zur Kanzlerwahl vorschlagen müssen, dass sie gar nicht gewählt werden wollte; Merkel wäre gewählt worden – und zwar mit Stimmen von Abgeordneten, die sie eigentlich als Bundeskanzlerin ablehnten und nur wählten, damit Merkel anschließend die Vertrauensfrage stellen konnte. Dieselben Abgeordneten, die sie eben noch zur Kanzlerin gewählt hatten, hätten ihr sodann das Vertrauen wieder entzogen. Anschließend hätte Steinmeier den Bundestag auflösen müssen, womit er zugleich das ganze Spiel gutgeheißen hätte. Das wollte er nicht mitmachen. Es hätte auch nicht zu seiner Agenda gepasst, die er sich für seine Amtszeit vorgenommen hatte: das Ansehen der demokratischen Verhältnisse und der staatlichen Institutionen zu mehren.

Sogar ein Kalkül zog Steinmeier in Betracht, wie es in der Geschichte der Bundesrepublik noch nie im Raum gestanden hatte. Für den Fall, dass Unionsparteien und SPD nicht zusammengefunden hätten, wäre er womöglich auf neue Weise dem Grundgesetz nachgekommen und hätte von sich aus Merkel dem Bundestag zur Kanzlerwahl vorgeschlagen. Hätte die CDU-Vorsitzende sich dagegen sperren können? Aus den öffentlichen Erklärungen Merkels zog Steinmeier den Schluss, Merkel würde das nicht tun. »Ich als Bundeskanzlerin, als geschäftsführende Bundeskanzlerin, werde alles tun, dass dieses Land auch durch diese schwierigen Wochen gut geführt wird«, hatte Merkel in der Nacht des Scheiterns von Jamaika gesagt. Wahrscheinlich hätte Steinmeier sie auch dann zur Bundeskanzlerin ernannt, wenn sie im dritten Wahlgang nur eine einfache Mehrheit im Bundestag bekommen hätte. Das Grundgesetz sieht diese Möglichkeit vor. Die erste bundesdeutsche Minderheitsregierung wäre die Folge gewesen. Steinmeier brauchte auf dieses letzte Mittel nicht zurückzugreifen. Seine Partei, die SPD, war zu Verhandlungen mit der Union bereit. Deren Mitglieder billigten den Koalitionsvertrag. Fast ein halbes Jahr nach der Bundestagswahl wurde Merkel von der Mehrheit des Bundestages zum vierten Male zur Bundeskanzlerin gewählt.

Steinmeier hatte sich zwar gegen die Widerspenstigen durchgesetzt. Bald jedoch zeigte sich: Glücklich wurden CDU, CSU und SPD nicht miteinander. Niemals präsentierte sich eine Koalitionsregierung in Deutschland gleich zu Beginn ihrer Arbeit so zerstritten wie Merkels dritte große Koalition. Nach Merkels Verzicht auf den CDU-Vorsitz musste sich Steinmeier wieder mit Fragen befassen, die um das Ende einer Kanzlerschaft, um Koalitionswechsel und Neuwahlen kreisten.

# »Wir schaffen das«

Es war der 17. Juli 2014, ein Donnerstag. An ihrem sechzigsten Geburtstag gab es im Konrad-Adenauer-Haus einen schönen Empfang für Angela Merkel. Reden wurden gehalten. Gelacht wurde auch. »Wer hätte gedacht, dass die männerdominierte CDU so etwas hervorbringt. Merkel ist unaufgeregt, uneitel und seriös«, sagte Volker Kauder, der ihr treue CDU/CSU-Fraktionsvorsitzende. »Sie sind wirklich eine herausragende Politikerin«, sagte Sigmar Gabriel, Vizekanzler und SPD-Vorsitzender. »Sie weiß um die Begrenztheit des eigenen Handelns.« Auch Gerda Hasselfeldt, die Vorsitzende der CSU-Landesgruppe, sprach, weil Horst Seehofer, der Vorsitzende von Merkels Schwesterpartei, andere Termine hatte, was im Publikum skeptisches Grummeln hervorrief. Hasselfeldt zitierte Seehofer. »Angela, du bist die Größte.« Hasselfeldt nannte Merkel einen »Glücksfall auch für uns in der CSU«. Merkel, die eine launige Festrednerin ist, hielt auch eine Rede. Auch sie hatte ein Zitat von Seehofer parat: »Wenn's heute schön ist, muss es morgen nicht genauso sein. Das ist das Wesen von Politik.«

Die Finanzkrise Griechenlands und die Annexion der Krim durch Wladimir Putins Russland standen weit vorne auf der Agenda von Merkels Außenpolitik. Auf Platz drei folgte, mit gehörigem Abstand, die steigende Zahl von Flüchtlingen, Migranten und Asylbewerbern aus den Ländern des westlichen Balkans, aus Syrien und dem Irak und auch aus Afrika. Doch das spielte in den meisten Medien keine große Rolle und war mithin in Berlin kein großes Thema. Immer mehr Landesregierungen beschwerten sich über die Bundesregierung, die sich nicht darum kümmere. Sie fühlten sich im Stich gelassen. Auch in den Gesprächen Merkels mit Hauptstadtjournalisten rangierte das Thema unter »ferner liefen«. Die Flüchtlinge aus Syrien und dem Irak seien echte Flüchtlinge, sagte Merkel. Ihnen müsse geholfen werden. Die aus den Balkanstaaten seien es nicht. Den Menschen in Afrika aber, äußerte sie, dürfe nicht ein »Ihr seid uns alle willkommen« gesagt werden. »Das würde uns überfordern.« In Dresden kam es zu hasserfüllten Demonstrationen gegen die Politik in Berlin. Die Pegida-Demonstranten kaperten einen Slogan von 1989: »Wir sind das Volk.« In ihrer Neujahrsansprache 2015 hielt Merkel dagegen. »Folgen Sie denen nicht, die dazu aufrufen! Denn zu oft sind Vorurteile, ist Kälte, ja sogar Hass in deren Herzen!« Es sei der Zusammenhalt des Landes, mit dem die Herausforderungen der Zukunft gemeistert werden könnten. Einige Herausforderungen nannte sie beim Namen, darunter auch »die Zuwanderung von Menschen, die ein Gewinn für uns alle ist«.

Bis zum Sommer aber waren »Griechenland« und der Verbleib des Landes im Euro-Raum Thema Nummer eins der deutschen Politik. Differenzen zwischen Finanzminister Schäuble und der Bundeskanzlerin traten zutage. Schäuble organisierte unter den Euro-Finanzministern eine Mehrheit für den »Grexit«. Merkel und die anderen Staats- und Regierungschefs der Euro-Länder kassierten den Ratschlag ihrer Fachminister. Mit dem Beginn der Sommerferien war die Sache entschieden. Griechenland blieb im Euro-Raum. Ein neues Thema geriet in den Vordergrund: der Flüchtlingszustrom. Tausende waren auf der Flucht – vor allem aus Syrien. Tausende suchten Arbeit – vor allem vom Balkan. Die Zahl der Asylbewerber hatte sich zwischen 2010 und 2014 auf über 200 000 Menschen fast vervierfacht. 2015 stiegen die Zahlen weiter an. Er rechne mit etwa 800 000 Menschen, ließ Innenminister Thomas de Maizière wissen. Maßlose Übertreibung wurde ihm vorgeworfen, auch in der Union.

*Das Bild aus dem September 2015 nahm Shaker Kedida auf, der links zu sehen ist. Merkels Gegner behaupteten, das Selfie habe den Flüchtlingszustrom ausgelöst. Dabei hatte der schon zuvor mit voller Wucht begonnen.*

Merkel besuchte eine Schule, und weil sie einem Mädchen im Beisein von Kameras – freundlich, aber deutlich – mitteilte, dass sie wegen der Gesetzeslage leider nicht in Deutschland bleiben könne, geriet sie als die kaltherzige Kanzlerin in die Kritik. In einem Kühllastwagen in Österreich erstickten 71 Menschen: Flüchtlinge aus Syrien, dem Irak, Afghanistan und Iran. An der türkischen Mittelmeerküste wurde die Leiche eines drei Jahre alten Kindes angeschwemmt. So komme es, meinten viele, wenn sich Europa abschotte und zur Hilfe nicht bereit sei. Merkel besuchte eine Flüchtlingsunterkunft, schöne Selfies entstanden. Auch diese Bilder gingen um die Welt.

Ende August 2015 gab Merkel ihre jährliche Sommerpressekonferenz. Um die Zahl der Flüchtlinge ging es und um die Möglichkeiten, sie in Deutschland unterzubringen. Merkel sagte:»Menschen, die jetzt aus Aleppo fliehen, die aus richtiger Bedrohung fliehen, denen können wir helfen.« Sie sagte auch: »Wenn jemand seit zwanzig Jahren in einem palästinensischen Flüchtlingslager in Jordanien gewesen ist, dann ist das kein einfaches Schicksal, aber es ist nicht per se ein Schicksal, das zum Anspruch auf Asyl in Deutschland berechtigt.« Auch das sagte sie:»Ich glaube, meine Aufgabe als Bundeskanzlerin ist doch, auf der einen Seite jedes einzelne Schicksal ernst zu nehmen und trotzdem auch auf Regeln und Gesamtzusammenhänge zu achten.« Doch sagte sie auch:»Ich sage ganz einfach: Deutschland ist ein starkes Land. Das Motiv, mit dem wir an diese Dinge herangehen, muss sein: Wir haben so vieles geschafft – wir schaffen das! Wir schaffen das, und dort, wo uns etwas im Wege steht, muss es überwunden werden, muss daran gearbeitet werden. Der Bund wird alles in seiner Macht Stehende tun – zusammen mit den Ländern, zusammen mit den Kommunen –, um genau das durchzusetzen.« Merkels»Wir schaffen das« wurde zum Satz des Jahres.

Die *Bild-Zeitung* war auf Merkels Seite. Einen Button mit der Aufschrift»Wir helfen« bot sie an. Sigmar Gabriel trug ihn in der Haushaltsdebatte des Bundestages – eine unübliche, gewöhnlich durch den Bundestagspräsidenten gerügte und sanktionierte Geste. Die *Bild-Zeitung* war stolz auf das Foto aus dem Parlament.»Gabriel setzt ein Zeichen«, hieß eine Schlagzeile, gedruckt in Großbuchstaben. Die Zeitung zitierte aus einem Zwiegespräch auf der Regierungsbank. Merkel habe ihren Minister gefragt, warum er das tue.»Aus Solidarität mit den Menschen, die unsere Hilfe brauchen – und aus Dankbarkeit denen gegenüber, die helfen«, habe Gabriel geantwortet. Am Mittwoch, dem 9. September 2015, war das. Hilfsbereitschaft allerorten.

Am Freitag davor war Historisches geschehen. Oder getan

worden? Zehntausende Flüchtlinge hielten sich in Budapest, am Bahnhof campierend, auf. Sie brachen nach Norden auf. Was tun? Die Grenzen schließen? Es geschehen lassen? In Übereinstimmung mit dem österreichischen Bundeskanzler Werner Faymann war Merkel bereit, die Flüchtlinge nach Deutschland kommen zu lassen. Mit der SPD-Führung hatte sie es abgestimmt, mit Horst Seehofer nicht. Der CSU-Vorsitzende und bayerische Ministerpräsident war an jenem Abend telefonisch nicht erreichbar. »Es gibt Situationen, in denen muss entschieden werden. Ich konnte nicht zwölf Stunden warten und überlegen«, stellte Merkel später klar. Doch nicht nur die Kommunen, deren Bürgermeister oft binnen Stunden Hunderte Flüchtlinge unterzubringen hatten, waren überfordert. Auch die Bundesregierung war es. Eine Schließung der Grenzen konnte – und wollte – sie nicht durchsetzen. Militäreinsätze gegen Flüchtlinge? Wasserwerfer? Merkels Kritiker aber erfanden das Wort vom »Staatsversagen«.

Vor allem Seehofer distanzierte sich von Merkels Vorgehen. Die Kanzlerin wolle »ein anderes Deutschland«, sagte er. Um Zuständigkeiten in der Bundesregierung wurde gestritten. Das Kanzleramt zog die Sache an sich – nicht nur, aber auch, weil Innenminister de Maizière in jenen Wochen krankheitsbedingt kaum handlungs- und einsatzfähig war. Die EU-Staaten wollten Deutschland wenig oder gar nicht unterstützen. In den Unionsparteien kippte die Stimmung gegen Merkel. Auf öffentlichen Veranstaltungen der CDU tauchten Plakate auf: »Merkel entthronen«. Seehofer sagte: »Wenn die Politik der Zuwanderung keine Grenzen setzt, wird die Bevölkerung der Politik Grenzen setzen.« Viele der Unionsabgeordneten, die schon Merkels Euro-Politik attackiert hatten, kritisierten nun ihre Flüchtlingspolitik. Auf einem CSU-Parteitag stellte Seehofer den Gast aus Berlin, die Bundeskanzlerin, öffentlich bloß. Minutenlang hatte sich Merkel Äußerungen Seehofers – neben ihm stehend – anzuhören. Selbst Parteifreunde des CSU-Vorsitzenden empfanden das als nicht angemessen und einer Kanzlerin unwürdig. Landespolitiker wie Stanislaw Tillich, CDU-Ministerpräsident in Sachsen, rückten von Merkel ab. Außenpolitiker der Unionsfraktion wiesen darauf hin, Merkel stehe in Europa allein da, verlassen selbst von Frankreich. Spekulationen gab es, ob Schäuble Kanzler werden müsse. Massiv und polarisierend wie kein anderes Thema zuvor bestimmte allein die Flüchtlingsfrage die deutsche Innenpolitik. Asylpakete und Beschleunigungsgesetze traten in Kraft. Doch was auch immer versucht wurde – Rückschläge ließen nicht lange auf sich warten, die »Kölner Silvesternacht« 2015/2016 etwa. Die AfD profitierte davon. Als Anti-Euro-Partei von Wirtschaftsliberalen war sie gegründet worden. Als rechtsradikale Anti-Flüchtlings-Partei rückte sie in immer mehr Landtage ein. Allen Konsensgesprächen zum Trotz kritisierten Kommunalpolitiker der Union und der SPD die Politik der Bundesregierung. Sie fühlten sich überfordert. Nur mit Müh und Not konnten sich CDU und CSU auf ein gemeinsames Programm für die Bundestagswahl verständigen. Seehofer wollte eine »Obergrenze« für Flüchtlinge. Merkel sagte, sie wolle das nicht, weil dieser internationale Vereinbarungen entgegenstünden. Ein Abkommen der Europäischen Union mit der Türkei trug wesentlich zur Verringerung der Zahl der Flüchtlinge bei, was aber den Kritikern Merkels nicht reichte. Sie wiesen auf die Menschenrechtsverletzungen des türkischen Regimes unter Recep Tayyip Erdoğan hin. CDU-Abgeordnete kritisierten, der Bundestag sei zur »Öffnung der Grenzen« nicht gefragt worden. Merkels Ansehen sank. Es half ihr wenig, dass die Zahl der nach Deutschland kommenden Flüchtlinge binnen eines Jahres wieder zurückging. Seehofer wurde Innenminister und fachte den Streit von Neuem an. Bis an den Rand eines Bruchs trieb er die frisch gebildete Koalition mit der SPD. Merkel mochte sich gefragt haben, ob er sie stürzen, ihr das Kreuz brechen wolle.

Die Flüchtlingspolitik hatte Merkel und die deutsche Politik fest im Griff. Immer neue Anlässe gab es, das Thema in die Schlagzeilen zu bringen: die Vergewaltigung von Frauen durch Flüchtlinge; Demonstrationen, bei denen es zu Gewalttätigkeiten kam; die öffentlich gewordene Kritik hoher Beamter der Sicherheitsbehörden; Debatten über einen Migrationspakt der Vereinten Nationen; selbst der Wettstreit der Kandidaten, die sich um die Nachfolge Merkels als CDU-Vorsitzende bewarben. Die Bundeskanzlerin hatte zu lange das öffentliche Erläutern ihrer Flüchtlingspolitik vernachlässigt. Nicht eine Regierungserklärung gab sie zu dem Thema ab. Im Herbst 2018 war eine Analyse aus dem Kanzleramt zu hören, die so zusammengefasst werden konnte: »Wir dringen nicht mehr durch.« Drei Jahre zuvor, nachdem sich die ersten Kritiker ihrer Flüchtlingspolitik zu Wort gemeldet hatten, hatte sich Merkel so verteidigt: »Ich muss ganz ehrlich sagen, wenn wir jetzt anfangen, uns noch entschuldigen zu müssen, dass wir in Notsituationen ein freundliches Gesicht zeigen, dann ist das nicht mein Land.«

# Von der Erosion
der Macht

Ein Satz wie eine Bombe. »Der Herr Bundeskanzler badet gerne lau; so in einem Schaumbad.« Ein Zitat, das zur Zeitgeschichte der Bundesrepublik Deutschland gehört. Herbert Wehner, der SPD-Fraktionsvorsitzende, äußerte sich so im Herbst 1973 über Willy Brandt, den Bundeskanzler und SPD-Vorsitzenden. Wehner hatte Brandt bloßgestellt und seine Autorität untergraben. Wehner war eine Macht- und Kampfmaschine, gnadenlos gegen sich selbst und gegen andere. Brandt hatte in jenen Monaten Zweifel an sich und an der Welt. Er fühlte wohl auch, dass er an den Grenzen seiner körperlichen und seelischen Leistungsfähigkeit angelangt war. Brandt hätte Wehner bekämpfen müssen. In der SPD-Fraktion hätte er die Machtfrage stellen müssen. Brandt hätte Wehner von seinem Amt entbinden müssen. Im Vollbesitz seiner Kräfte und seines Willens hätte er es auch geschafft. Wehner hatte ihm den Fehdehandschuh hingeworfen, in einem sogenannten Hintergrundgespräch mit Journalisten, ausgerechnet in Moskau. Brandt befolgte den Rat der Freunde nicht. Er wehrte sich kaum. Er beließ Wehner im Amt. Wenige Monate später, im Frühjahr 1974, trat Brandt vom Amt des Bundeskanzlers zurück.

Macht in der Politik fußt auf Autorität und die wiederum auf der Fähigkeit, Ereignisse zu deuten und dabei anderen die eigene Lesart als die einzig »wirkliche« aufzuzwingen. Um die Deutungshoheit läuft ein täglicher Wettstreit ab. Joschka Fischer verglich einst die Parteien und Fraktionen mit einem Wolfsrudel, in dem der Leitwolf stets zu beweisen hat: Ich bin der

Stärkste, ich bestimme, was ist und was getan wird, und ich sorge fürs Rudel. Fischers Vergleich war drastisch, und viele Spitzenpolitiker werden sich dagegen verwahren. Richtig ist er trotzdem. Der Weg nach oben in der Politik ist voller Kämpfe – um einen Vorsitz, um ein Rederecht, um eine Kandidatur. Der Weg nach oben ist nicht schön, vor allem für die nicht, die scheitern. Er hinterlässt Spuren und Narben. Niederlagen müssen nicht das Ende bedeuten. Man darf fallen, aber man darf nicht liegen bleiben, lautet eine Weisheit aus dem politischen Milieu. Die härtesten Kämpfe finden innerhalb der Parteien statt und nicht etwa im Konflikt mit dem sogenannten politischen Gegner. Dabei geht es nicht bloß um Parteiämter, sondern vor allem darum, für Wahlen aufgestellt zu werden. Einmal gewählt, geht es innerhalb der Fraktionen um Zuständigkeiten, um Vorstandsposten und darum, wen die Fraktion für wichtige Ausschüsse und wichtige Reden nominiert. Sich darin durchzusetzen verleiht Autorität. Deshalb gilt in der Politik die paradoxe Steigerung Feind, Todfeind, Parteifreund – auch für jene, die ganz anders sein wollen.

Es war ein Satz wie ein Silvesterknaller. »Es reicht jetzt aber nicht mehr aus, der Welt ein freundliches Gesicht zu zeigen.« Noch ist das Zitat nicht in die Zeitgeschichte der Bundesrepublik eingegangen, das Alexander Dobrindt, an Merkels Kabinettstisch als Verkehrsminister sitzend, im Januar 2016 über die Bundeskanzlerin und deren Flüchtlingspolitik von sich gab. Der Zeitpunkt war sorgsam gewählt. Immer noch kamen wöchentlich Zehntausende Flüchtlinge nach Deutschland. Die Ereignisse der Kölner Silvesternacht lagen nur ein paar Tage zurück. Dobrindt nahm die Selfies vom Sommer davor ins Visier, auf denen Merkel mit Flüchtlingen posiert hatte. Horst Seehofers Spruch, in Sachen Flüchtlingspolitik gebe es in Berlin eine »Herrschaft des Unrechts«, enthielt eine sachliche Argumentation in höchster Zuspitzung. Dobrindt aber traf die Persönlichkeit Merkels und ihren Politikstil. Der Minister verstieß gegen den Grundsatz der Kabinettsdisziplin. Niemals zuvor hatte sich ein Bundesminister auf derlei Weise über den Kabinettschef geäußert. Merkel hätte Dobrindt entlassen müssen. Keinem Minister aus ihren eigenen CDU-Reihen hätte sie so etwas durchgehen lassen. Oder etwa doch? »Lawinen kann man auslösen, wenn irgendein etwas unvorsichtiger Skifahrer an den Hang geht und ein bisschen Schnee bewegt«, hatte zwei Monate vor Dobrindts Verstoß gegen die guten Kabinettssitten Wolfgang Schäuble über die Flüchtlingspolitik Merkels philosophiert. Sehr doppelbödig war das, wo doch zu diesem Zeitpunkt die Öffentlichkeit sich noch an die Bilder einer Kanzlerin auf Langlaufskiern erinnerte, die sich noch dazu bei ihrem Sport einen Knochenbruch zugezogen hatte. Die sarkastische Spitze tätigte Schäuble in den Wochen, als in Berlin wüste Spekulationen umliefen. Falls Merkel wegen der Flüchtlingspolitik und der innerparteilichen Folgen das Amt der Bundeskanzlerin niederlegen würde, dann käme Wolfgang Schäuble als Nachfolger in Betracht. Und sei es nur für eine Übergangszeit.

Schäuble hatte, auf feine Art, mit dem Florett gestichelt. Dobrindt aber hatte mit seiner abschätzigen Bemerkung über das »freundliche Gesicht« den Säbel herausgeholt. Merkel rührte sich nicht, jedenfalls nicht öffentlich bemerkbar. Wegen des Koalitionsvertrages, nach welchem die Bundesminister von den jeweiligen Parteien bestimmt werden, hätte die Bundeskanzlerin bei Seehofer, Dobrindts Parteichef, darauf bestehen müssen, dass die CSU-Führung einen anderen Verkehrsminister auserkor. Merkel wich dem Konflikt aus. Das ihr gewogene Umfeld applaudierte. Merkel habe klug gehandelt. Sie habe Dobrindts und Seehofers Kritik einfach an sich »abtropfen« lassen. Und Schäuble sei nun einmal, wie er sei. Doch müsste ein Mosaik, das den Machtverfall Angela Merkels darstellen sollte, mit jenen drei Steinen bestückt sein. Weitere sollten folgen.

Der Verlust von Macht und Autorität ist ein schleichender

Prozess und anfangs nicht zu erkennen. Es gebietet die Klugheit des Politikers an der Spitze, nicht über jedes Stöckchen zu springen, das ihm hingehalten wird. Es gebietet auch das taktische Geschick, in Streitfällen nachzugeben, großzügig zu sein und fünfe gerade sein zu lassen. Merkel ist eine kluge Politikerin. Sie ist beweglich. Sie legt sich nicht vorzeitig fest. Sie macht keinen Basta-Klamauk. Sie nimmt die Dinge, wie sie kommen. Sie wusste in jenen Monaten, auf wen sie sich verlassen konnte und auf wen nicht, und auch, wen sie dominieren konnte. Schäuble zählte dazu. In den Sommermonaten 2015, bevor der Zustrom von Flüchtlingen zur Flüchtlingskrise mutierte, hatte sie Schäuble in Angelegenheiten der Griechenland- und Euro-Rettung zur Räson gerufen. Der Finanzminister wollte im Bündnis mit fast allen Finanzministern der Euro-Länder Griechenland aus dem Euro-Raum drängen. Er hätte dafür auch eine Mehrheit in der CDU/CSU-Fraktion bekommen können. Merkel setzte sich durch, Griechenland blieb, Schäuble fügte sich. So wie er sich immer wieder gefügt hatte. Im Kern war er Merkel gegenüber loyal, und Merkel wusste das.

Auch andere Gefolgsleute Merkels hatten es schwer mit ihr. Thomas de Maizière, der mit Merkel seit den Wendejahren 1989/90 gut bekannt war und effektiv mit ihr zusammenarbeitete, wurde von ihr wie eine Schachfigur hin und her geschoben, vom Innenministerium ins Verteidigungsministerium und wieder zurück. Sie stellte ihn vor vollendete Tatsachen. Er klagte, aber fügte sich. Er blieb loyal, bis er aus koalitionspolitischen Rücksichten das Bundeskabinett verlassen musste – ausgerechnet wegen Horst Seehofer, von dem er keine hohe Meinung hatte. Auch Hermann Gröhe hielt Merkel die Treue, erst als CDU-Generalsekretär, dann als Gesundheitsminister, bis er dem ehrgeizigen Jens Spahn weichen musste. Gröhe murrte nicht und wurde stellvertretender Fraktionsvorsitzender, was mehr als nichts ist, aber ziemlich wenig für einen Mann mit seiner beruflichen Vergangenheit.

Peter Hintze war für Merkel ein Vertrauensmann der ganz seltenen Art. Nicht nur, dass er Anfang der Neunzigerjahre der jungen ostdeutschen Ministerin selbstlos geholfen hatte, sich im Geflecht der Bonner Politik zurechtzufinden. Hinzu kam, dass Hintze einen vergleichsweise geringen Karriereehrgeiz hatte und über die Funktion eines Parlamentarischen Staatssekretärs nicht hinauskam. Doch Hintze war wichtig für Merkel. Er teilte ihre Ansichten. Als Vorsitzender der nordrhein-westfälischen Landesgruppe, der größten und neben der CSU-Landesgruppe einflussreichsten der CDU/CSU-Fraktion, konnte er ihr signalisieren, wie die Stimmung unter den Abgeordneten war, und auch Analysen liefern. Hintze organisierte Mehrheiten in der Fraktion und auf Parteitagen. So wichtig war Hintze für Merkel, dass er – trotz fehlender hochrangiger Position – zu den Kabinettsfrühstücken hinzugezogen wurde, bei denen Merkel vor Sitzungen des Bundeskabinetts ansonsten nur mit den Ministern der Unionsparteien und dem Fraktionsvorsitzenden Kauder zusammensaß. Hintze starb im Herbst 2016, ein Jahr vor der Bundestagswahl. Merkel verlor einen wichtigen Helfer. Nach seinem Tod wurde die NRW-Landesgruppe zu einem Hort hinhaltenden Widerstands gegen Merkel. Ihre Kritiker führten das Wort, und Vorsitzender wurde nicht, wie von der Fraktionsspitze gewünscht, Ralf Brauksiepe, sondern Günter Krings. Carsten Linnemann, Norbert Röttgen, Jens Spahn und Paul Ziemiak gehören der Landesgruppe an, die alle keine Parteigänger Merkels sind, ebenso wenig Ralph Brinkhaus. Womöglich hätte Hintze vereiteln können, dass im Herbst 2018 Volker Kauder – gegen seinen eigenen und gegen Merkels Willen – das Amt des Fraktionsvorsitzenden an Brinkhaus abgeben musste.

Ungewöhnliche Dinge taten sich im Frühjahr und Sommer 2016. Über Monate legte sich Angela Merkel nicht fest, ob sie das Amt als CDU-Vorsitzende behalten und ob sie bei der Bundestagswahl 2017 wieder als Kanzlerkandidatin antreten würde. Nur dass Kanzlerschaft und Parteivorsitz in eine Hand gehörten, war für sie klar. Gute Gründe hätten in jenen Monaten für einen freiwilligen Verzicht Merkels gesprochen. In Sachen Eurokrisen-Bewältigung und Flüchtlingspolitik hatte es einerseits in der Fraktion und in der Partei erhebliche Widerstände gegen sie gegeben. Kauder musste in ihrem Sinne ganze Arbeit leisten. Andererseits waren beide Themenfelder fürs Erste bereinigt. Der Euro und Griechenland waren »gerettet«, und die Zahl der Flüchtlinge ging zurück. Merkel hätte sagen können, sie habe alles getan, um das Land in einem geordneten Zustand zu hinterlassen. Sie hätte sagen können, nach drei Amtsperioden müssten andere die Verantwortung tragen. Sie hätte darauf verweisen können, wie viel Kraft die Kanzlerschaft kostet. »Kanzlerjahre zählen doppelt«, hatte Schröder seine Erfahrungen auf den Punkt gebracht. Merkel zählt zu den Politikerinnen, von denen – zumindest in ihrem Umfeld – angenommen wird, auf die Annehmlichkeiten der Kanzlerschaft verzichten zu können. Es scheint ihr nicht darauf anzukommen, ständig im Mittelpunkt zu stehen.

Merkel ließ sich Zeit. Als Klaus Schüler, der Bundesgeschäftsführer der CDU im Konrad-Adenauer-Haus, im Sommer jenes Jahres im kleinen Kreis ein auf Merkel zugeschnittenes Wahlkampfkonzept präsentierte, wies die Parteivorsitzende den Parteiangestellten barsch zurecht. Sie habe sich noch nicht entschieden, machte sie ihm klar. So gehe es nicht. Schüler wiederum machte ihr klar, für niemanden sonst als für Merkel werde er einen Wahlkampf organisieren. Schüler war nicht bloß ein technischer Organisator. Er war ein politischer Kopf – mindestens ebenso einflussreich wie der jeweilige Generalsekretär. Drei Wahlkämpfe Merkels hatte er zu verantworten – 2009, 2013 und 2017. Bei nahezu sämtlichen Auftritten Merkels in der Provinz war er zugegen, um eigene Eindrücke von der Stimmung an der CDU-Basis zu gewinnen. Nachdem Merkel im Herbst 2018 auf den Parteivorsitz verzichtet hatte, zog Schüler die Konsequenz. Er organisierte noch den Europa-Wahlkampf 2019 seiner Par-

*Verkniffen und verbiestert, wo Lockerheit und Kampfeslust gefragt waren: Angela Merkel und Horst Seehofer nach einem Wahlkampftermin im Mai 2017 – in einem bayerischen Bierzelt!*

tei. Danach verließ er, der letzte verbliebene Merkel-Vertraute im Konrad-Adenauer-Haus, die CDU-Zentrale.

Alles sprach dafür, dass Merkel sich damals, im Sommer 2016, tatsächlich noch nicht festgelegt hatte. Doch darf eine Kanzlerin das? Sind einem Kanzler Selbstzweifel erlaubt? Konkurrenten erkennen das schnell. Das Amt des Bundeskanzlers kann nur ausüben, wer mit Haut und Haaren von sich überzeugt ist. Viele in der CDU waren sich deshalb sicher, Merkels Zaudern und Zögern sei bloß taktischer Art. Sie wolle der Partei ihre eigene Alternativlosigkeit vorführen. Es kam schließlich auch so. Merkel legte sich fest. Sie kandidierte für den CDU-Vorsitz und stellte sich wieder als Kanzlerkandidatin zur Verfügung – für vier Jahre und unter der Maßgabe, beide Ämter gehörten in eine Hand. Merkel wurde auf dem Parteitag im Dezember 2016 wieder zur Vorsitzenden gewählt. Doch siehe da: Mit 89,5 Prozent erzielte sie das schlechteste Ergebnis seit

2004. Und noch etwas passierte auf dem Parteitag. Gegen den ausdrücklichen Willen von Merkel, Kauder und de Maizière verabschiedeten die Delegierten einen Antrag, der Einschränkungen bei der doppelten Staatsbürgerschaft verlangte. Das war alles nicht besonders schlimm für Merkel. Schön aber war es auch nicht und abermals ein Stück Autoritätsverlust. Auf Merkel muss man nicht mehr hören, war das Signal ein Jahr vor der Bundestagswahl.

Noch vor der Bundestagswahl erwogen und erzählten wichtige und kenntnisreiche Führungsleute der CDU erstaunliche Dinge. Sie betrafen Volker Kauder, für Merkel mittlerweile die wichtigste Säule ihrer Macht. Kauder habe nun lange genug an der Spitze der Fraktion gestanden, wurde gesagt. Nun solle er doch besser Präsident des Deutschen Bundestages werden. Das sei ein ehrenvolles, schönes und wichtiges Amt, das nur von erfahrenen Leuten ausgeübt werden könne. Es hatte sich gefügt, dass Amtsinhaber Norbert Lammert (CDU) zur ungläubigen Verblüffung Merkels aus dem Bundestag ausscheiden wollte. Die Fraktionsführung aber gehöre in jüngere Hände, sagten jüngere Leute. Kauder schob dem einen Riegel vor. Er wolle nicht Parlamentspräsident werden, sondern so lange Fraktionsvorsitzender bleiben wie Merkel Bundeskanzlerin.

Über Merkel wurde erzählt, nur einmal noch werde sie als Kanzlerkandidatin antreten, dann nie wieder. Das Beste sei, sie würde auf dem Parteitag 2018 den CDU-Vorsitz ablegen und dem neuen Parteichef beziehungsweise der neuen Parteichefin Gelegenheit geben, sich zu bewähren und anschließend die Unionsparteien in den nächsten Bundestagswahlkampf zu führen. Auf diese Weise könne sie ihre Nachfolge in beiden Ämtern regeln, was noch keinem anderen Kanzler gelungen sei. Merkels Motto »Beide Ämter gehören in eine Hand« wurde weggewischt. Zunehmend wurde – wie selbstverständlich – Merkels Aufhören spätestens 2021 vorausgesetzt, in der CDU und auch in der SPD, überall im Regierungsviertel. Merkel als »lahme Ente«?

Noch ein Stück Autoritätsverlust war hinzugekommen, wenn auch vorerst ohne reale Konsequenzen. Doch die Auguren in der Parteizentrale sollten recht behalten. Es kam, wie von ihnen prophezeit.

Real bemerkbar machte sich Merkels Autoritätsverlust im Herbst 2017, kurz nach der Bundestagswahl. Es ging um ein schönes Amt: den Vorsitz der CDU-nahen Konrad-Adenauer-Stiftung. Amtsinhaber Hans-Gert Pöttering hatte sieben Jahre lang die Geschäfte geführt. Merkel wollte Annette Schavan installieren, die ehemalige Bundesforschungsministerin, die ihr Amt wegen Mängeln in ihrer Doktorarbeit hatte niederlegen müssen. Merkel schätzte Schavan und hatte ihren Rücktritt aufrichtig bedauert. Doch in der Stiftung regte sich Widerstand – zunächst und vor allem unter den ehemaligen Stipendiaten und auch unter einflussreichen Leuten dort, die Merkel eins auswischen wollten. Lammert wurde ins Spiel gebracht, der sich auch bereit erklärte. Annette Schavan zog ihr Einverständnis zurück. Auf dem zentralen Feld der Machtpolitik – der Personalpolitik nämlich – hatte die Bundeskanzlerin eine Niederlage erlitten wie noch nie.

Es war nur ein Vorspiel. Die Regularien der CDU/CSU-Fraktion besagen, dass der Vorsitzende der Fraktion zwei Mal gewählt werden muss: das erste Mal gleich nach einer Bundestagswahl und dann noch einmal ein Jahr später. Natürlich stand Kauder bereit – so wie immer seit 2005. Merkel konnte sich stets auf Kauder verlassen. Er hatte sich deswegen viel anhören müssen von seinen Gegnern. Dass er bloß ein Handlanger Merkels sei. Dass er nicht aus eigener Autorität an der Spitze der Fraktion stehe, sondern nur, weil Merkel es so wolle. Niemand mag so etwas über sich hören, und einer wie Kauder mochte es schon gar nicht. Er ist vom Typ »raue Schale, weicher Kern«. Kauder also wurde noch einmal gewählt, jedoch mit einem schlimmen Ergebnis. Nicht mehr mit über 90 Prozent, sondern nur mit 77,3 Prozent, so wenig wie noch nie seit 2005.

Gewiss hatte Kauder auch Meinungsverschiedenheiten mit Merkel. Doch öffentlich bekannt wurden sie nur auf nebensächlichen Gebieten. Ob der Islam zu Deutschland gehöre, war so eins. Oder ob die Türkei am armenischen Volk einen »Völkermord« verübt habe. Auf den zentralen Feldern hingegen hielt er zu Merkel, so wie es Fraktionsvorsitzende gegenüber »ihren« Kanzlern immer tun müssen. Äußerstenfalls richtete er in Reden im Bundestag mit strenger Geste »Erwartungen« an die Bundeskanzlerin. Mag sein, dass Kauder sich mehr Führung oder deutlichere Positionierungen Merkels wünschte. Aber er sagte es nicht. Kauder trat auf wie ein Zuchtmeister, sozusagen wie eine Neuauflage Herbert Wehners. Der war dreizehn Jahre lang Vorsitzender der SPD-Fraktion gewesen, von 1969 bis 1982. Bei Kauder sollten es auch dreizehn Jahre werden.

Im Herbst 2018 trat Ralph Brinkhaus gegen Kauder an und wurde gewählt. Sogar mit Merkel und Kauder hatte er vorab über seine Bewerbung gesprochen. In der entscheidenden Sitzung warb Merkel eindringlich für Kauder. Sie brauche ihn. Doch gewählt wurde Brinkhaus. Binnen einer Fraktionssitzung war einer der einflussreichsten Männer des Berliner Politikbetriebes zu einem ganz gewöhnlichen Abgeordneten geworden. Merkel aber hatte ihren wichtigsten Helfer verloren. Ein Autoritätsverlust sondergleichen war es. Nie war so etwas in der Bundespolitik geschehen – nicht in Bonn und nicht in Berlin. Wolfgang Schäuble aber stichelte gegen Merkel. »Sie ist nicht mehr so unbestritten, wie sie über drei Legislaturperioden oder über zweieinhalb Legislaturperioden gewesen ist«, sagte er über die Bundeskanzlerin. Dass Schäuble Offensichtliches benannte, kennzeichnete die Erosion von Merkels Macht.

# Schatten der Vergangenheit

Drei der vier Akteure, die im Spätherbst 2018 die Geschicke der CDU bestimmten, schleppten ein Miteinander, ein Nebeneinander und ein Gegeneinander mit sich, das weit in ihre Vergangenheit zurückreichte. Wolfgang Schäuble, der mit Abstand Älteste, und die beiden Jüngeren, Angela Merkel und Friedrich Merz, waren 1994 erstmals im Bundestag aufeinandergetroffen: Schäuble war Fraktionsvorsitzender, Merkel Umweltministerin, Merz das Talent. Alle hatten sie höher hinaus gewollt. Nur Annegret Kramp-Karrenbauer, die Jüngste der vier, war an den Machtkämpfen von früher nicht beteiligt gewesen.

Schäuble sagte 1997, als Helmut Kohl noch Bundeskanzler war, der Illustrierten *Stern,* die Kanzlerschaft wäre »eine Versuchung, der ich wahrscheinlich nicht widerstehen könnte«. Wenig später, als Kohl ihn zu seinem Lieblingsnachfolger ausgerufen hatte, äußerte er im Gespräch mit dem Autor: »Ich bin das Objekt seiner Wünsche. Er ist das Subjekt.« In nämlicher Zeit sah Angela Merkel die Sache so: Schäuble habe – als Vorsitzender der CDU/CSU-Fraktion – Kohl »Schritt für Schritt« die Macht entzogen. Der Kanzler hänge »am Tropf« von Schäuble. Aber die Machtinstinkte Kohls seien besser. Letztlich habe Kohl seinen Fraktionsvorsitzenden in der Hand gehabt. Wieder ein Jahr später, als Schäuble den CDU-Vorsitz innehatte, war Schäuble das Subjekt. Ende 1998 machte er Angela Merkel zur CDU-Generalsekretärin. Anfang 2000 hatten sich die Dinge neuerlich gewendet. Schäuble hatte wegen seiner eigenen CDU-Spendenaffäre die Vorsitze von Partei und Fraktion niederlegen müssen. Merkel machte sich daran, CDU-Vorsitzende zu werden. Friedrich Merz wurde Fraktionschef – mit Billigung und auf Wunsch Schäubles. Merz blieb nicht lange auf dem neuen Posten, ab 2002 hatte Merkel beide Führungsämter in ihrer Hand. Seither redete Merz schlecht über Merkel, was ihm aber mehr schadete als nutzte. Doch das Subjekt der CDU war Angela Merkel. Sie konnte bestimmen, was Schäuble wurde und was nicht: nicht Bundespräsident, aber stellvertretender Fraktionsvorsitzender, Innenminister, Finanzminister und Bundestagspräsident. Wie einst Kohl hing Merkel am Tropf Schäubles. Merkel wiederum hatte die Machtinstinkte Kohls. Sie hatte Schäuble in der Hand. Bis Ende 2018.

Dass Schäuble nicht Finanzminister bleiben würde, wie er gewollt hatte, war schon kurz nach der Bundestagswahl 2017 klar. Merkel hätte ihn in einer – zum Zeitpunkt der Entscheidung noch anvisierten – Jamaika-Koalition aus Union, FDP und Grünen nicht durchsetzen können und – wie es ihrem pragmatischen Stil entsprach – nicht durchsetzen wollen. Schäuble hatte zuvor noch in Gesprächen mit Merkel-Vertrauten darüber geschimpft, dass er als neuer Parlamentspräsident »gehandelt« werde; nach einem Gespräch mit Merkel aber stand er zu Verfügung. Wie in den Monaten zuvor sprach er auch danach immer wieder mit Friedrich Merz. Um ihrer beider Zukunft ging es. Schäuble bezeichnete Merz als Freund, auch in privater Hinsicht.

Nach den längsten Koalitionsverhandlungen, die in Deutschland nach einer Bundestagswahl je geführt wurden, gab es ab März 2018 wieder eine verfassungsrechtlich voll handlungsfähige Bundesregierung aus CDU, CSU und SPD. Keine der drei Parteien war rundum zufrieden. In der CDU waren die Leute verärgert, dass Merkel das Finanzministerium preisgegeben hatte. Die SPD hatte sich nur widerwillig dem Willen ihrer Führung gebeugt, abermals in eine große Koalition einzutreten. In der CSU begann das Hadern mit Horst Seehofer, der von den

Jüngeren wie ein Auslaufmodell behandelt wurde. Seehofer, CSU-Vorsitzender und Innenminister, wehrte sich, indem er Merkel attackierte – vor allem in Sachen Flüchtlingspolitik. Andrea Nahles, die SPD-Partei- und Fraktionsvorsitzende, hatte sich gegen innerparteiliche Zweifler und Gegner zu behaupten, indem sie den Streit zwischen CSU und CDU kritisierte und sogar den Eindruck erweckte, die Koalition mit der Union vorzeitig beenden zu wollen. Merkel war über all das entsetzt, bekam die Lage aber nicht in den Griff, was ihr wiederum in den eigenen Reihen vorgehalten wurde. Die Koalition habe vor dem Bruch gestanden, hieß es. Dass der CDU-Teil und der CSU-Teil der Unionsfraktion einmal getrennt tagten, galt als Beleg. Mit Mühe und Not schleppten sich die drei Koalitionsparteien in die parlamentarische Sommerpause. Ihre Umfragewerte waren im Keller.

Mit dem »Fall Maaßen« wurde es noch schlimmer. Hans-Georg Maaßen, der Präsident des Bundesamtes für Verfassungsschutz, war schon während der Sommerferien Gegenstand kritischer Berichte gewesen, wegen angeblich ungebührlicher Kontakte zur AfD etwa. Als es Anfang September in Chemnitz zu ausländerfeindlichen Ausschreitungen kam, widersprach Maaßen ausdrücklich der Einschätzung des Kanzleramtes und auch den Erklärungen Merkels, in Chemnitz habe es »Hetzjagden« auf Ausländer gegeben. Der Verfassungsschutz habe dafür »keine belastbaren Informationen«, sagte er in der Bild-Zeitung. Weil ein Kurzvideo vorlag, in dem eine Hetzjagd zu sehen war, eskalierte die öffentliche Debatte. Die SPD forderte öffentlich die Entlassung des Beamten. Führungsleute im Umfeld Merkels äußerten, Maaßen würde entlassen werden, wenn er einer dem Kanzleramt nachgeordneten Behörde vorstände. Doch Seehofers Innenministerium sei zuständig. Seehofer aber hielt an Maaßen fest. Die Koalitionskrise spitzte sich weiter zu. Merkel, Nahles und Seehofer fanden den Ausweg, Maaßen solle nicht mehr dem Verfassungsschutz vorstehen, dafür aber Staatssekretär im Bundesinnenministerium werden. Die Lösung war nicht zu halten, weil sie mit einer Beförderung einschließlich um 2000 Euro höheren Bezügen verbunden gewesen wäre. Empörung machte sich in allen drei Parteien breit. Der Tenor: Ein Beamter baut Mist und wird auch noch befördert. Merkel, Nahles und Seehofer hatten sich in den Augen der Öffentlichkeit blamiert. Sie rückten von der Lösung ab und entschuldigten sich. Maaßen sollte bei gleicher Besoldung ein Sonderberater im Innenministerium werden. Die Umfragen der drei Koalitionsparteien rauschten noch tiefer in den Keller. Die Union lag bei 25 Prozent und die SPD mittlerweile hinter Grünen und AfD bei 15 Prozent. Die CSU sorgte sich um den Ausgang der Landtagswahl in Bayern und die CDU um den der Wahl in Hessen.

Zwischendurch lachte ganz Berlin über den CDU-Abgeordneten Ralph Brinkhaus. Der Finanzpolitiker der Unionsfraktion, zugleich ihr stellvertretender Vorsitzender, war zu Merkel gegangen. Er werde sich bei der turnusgemäß anstehenden Wahl des Fraktionsvorsitzenden bewerben und bitte sie um Unterstützung. Merkel lehnte das ab; sie halte an Volker Kauder fest. Brinkhaus teilte auch Kauder, dem Merkel-Vertrauten, seine Bewerbung mit. Die Reaktionen: Mein Gott, wie naiv ist Brinkhaus. Alle waren sicher, Kauder würde gewinnen, er selbst eingeschlossen. Nach dem Wahlgang lachte niemand mehr über Brinkhaus. Mit 125 zu 112 Stimmen wurde er gewählt. Fortan hieß es, Kauder habe sich zu wenig gekümmert. Über Merkel aber verlautete, nach dem »Fall Maaßen« sei sie binnen kurzer Zeit zum zweiten Male einer politischen Fehleinschätzung erlegen. Bei der Bayern-Wahl blieb die CSU mit 37,2 Prozent stärkste Partei. Die Grünen landeten mit 17,5 Prozent auf Platz zwei, die SPD mit 9,7 Prozent auf Platz fünf. Für die Landtagswahl in Hessen zwei Wochen später sagten die Umfragen der CDU 26 Prozent und den Grünen mehr als 20 Prozent voraus.

Zwischen den beiden Wahlen äußerte sich Wolfgang Schäuble. Analyse, Prognose und vielleicht auch Zielvorstellungen mischten sich. »In menschlichen Systemen hat immer alles seine Zeit. Irgendwann treten dann gewisse Ermüdungserscheinungen ein.« Mit Blick auf die Wahl in Hessen: »Danach wird's dann vermutlich Diskussionen geben.« Erschütterungen sagte er voraus, die »ein Stück weit auch Auswirkungen auf die Bundespolitik und damit auch auf das Ansehen der Kanzlerin« haben würden. Merkel gab vor, das anders zu sehen. Den Eindruck vermittelte sie, beim CDU-Parteitag im Dezember wieder für den Vorsitz zu kandidieren. Parteivorsitz und Kanzlerschaft gehörten in eine Hand, sagte sie. Bei der Hessen-Wahl verlor die CDU mehr als elf Punkte und landete bei 27,0 Prozent. Die Grünen wurden mit 19,8 Prozent (plus 8,7) zweitstärkste Kraft – knapp vor der SPD. Annegret Kramp-Karrenbauer, die von Merkel instruierte CDU-Generalsekretärin, sagte am Abend der Hessen-Wahl: »Die Bundesvorsitzende hat ganz klar erklärt, dass sie auf dem Parteitag noch einmal antreten wird. Und ich habe bisher keine anderen Signale.«

Keine 24 Stunden hielt die Erklärung Kramp-Karrenbauers vom Sonntagabend. Am Montagmorgen tat Angela Merkel das, was gut 14 Jahre zuvor Bundeskanzler Gerhard Schröder getan hatte: Sie kündigte den Verzicht auf den Parteivorsitz an; auf dem CDU-Parteitag im Dezember 2018 werde sie nicht wieder für dieses Amt kandidieren. Merkel ging noch weiter als ihr Vorgänger. Sie kündigte auch an, dies werde ihre letzte Amtsperiode als Bundeskanzlerin sein. Bei der nächsten Bundestagswahl werde sie nicht wieder antreten. Bis dahin sei sie bereit, »weiter als Bundeskanzlerin zu arbeiten«. Merkel gab zu, in einem »ganz erheblichen Maße von meiner tiefen Überzeugung abzuweichen«, wonach Kanzleramt und Parteivorsitz in einer Hand liegen sollten. Unter Abwägung der Vor- und Nachteile sei sie aber zu dem Ergebnis gekommen, es sei vertretbar, das Wagnis der Ämtertrennung einzugehen. Indirekt gestand Merkel ein, dass der schlimme Zustand und das schlechte Ansehen der großen Koalition und der Bundesregierung auch mit ihr zu tun hatten. »Ich versuche mit dieser Entscheidung einen Beitrag zu leisten, der es der Bundesregierung ermöglicht, ihre Kräfte endlich auf gutes Regieren zu konzentrieren.« Merkel verwies überdies auf einen Passus im Koalitionsvertrag, auf dem ihr Vorgehen fußte: Zu Mitte der Wahlperiode, also im Herbst 2019, sei eine »Evaluierung« der bis dahin geleisteten Koalitionsarbeit vorzunehmen. Bis zu Merkels Erklärung hatten vor allem die Sozialdemokraten auf dieses Detail des Koalitionsvertrages hingewiesen. Einige verbanden damit die Prognose und Drohung, die »Evaluierung« könne zu dem Ergebnis führen, die Koalition mit der Union zu beenden. Die CDU jedenfalls, erläuterte Merkel in ihrer Erklärung, könne sich nun »auf die Zeit nach mir einstellen«. Fortan war Merkel innerhalb der CDU das, was der Präsident der Vereinigten Staaten in seiner zweiten und letzten Amtszeit abgibt: eine »*lame duck*«, eine lahme Ente.

Annegret Kramp-Karrenbauer wurde ein paar Minuten früher als der Rest der CDU-Führung von Merkel unterrichtet. Sie sagte, sie sei »sehr überrascht« gewesen und es hätten ihr sogar die Worte gefehlt. Kramp-Karrenbauer und Gesundheitsminister Jens Spahn teilten in der Sitzung des CDU-Vorstands mit, sich um die Nachfolge Merkels bewerben zu wollen. Friedrich Merz kündigte seine Kandidatur von außerhalb an. Es wurde vereinbart, die drei Bewerber sollten sich auf acht sogenannten Regionalkonferenzen der Partei vorstellen, zu denen alle Parteimitglieder Zugang haben sollten. Zwar gab es eine Fülle anderer CDU-Mitglieder, die ebenfalls verbreiteten, CDU-Vorsitzender werden zu wollen. Doch weil sie keine satzungsgemäße Unterstützung einer CDU-Gliederung hatten, kamen sie auf den Regionalkonferenzen nicht zum Zuge.

Kramp-Karrenbauer, Merz und Spahn traten jeweils gemeinsam auf. Sie gingen fair miteinander um, was politische Spitzen und Eigenlob nicht ausschloss. Kramp-Karrenbauer präsentierte ihre Regierungserfahrung und ihre Wahlerfolge im Saarland. Merz zeigte sich als CDU-Mitglied, das nicht nur in der Politik, sondern auch in der Wirtschaft zu Erfolgen kam. Spahn,

*Das Ende der Ära Merkel einzuleiten, war ihr Ziel. Der Parteivorsitz der Zweck. Florett und Holzhammer die Mittel. Merz, Kramp-Karrenbauer und Spahn (von links) im November 2018 auf einer CDU-Regionalkonferenz.*

der mit Abstand Jüngste der drei, trat als Mann der Zukunft auf. Kramp-Karrenbauer hatte den – in der CDU jener Tage schädlichen – Ruf zu bewältigen, die Lieblingskandidatin Merkels oder gar eine Miniaturausgabe der Kanzlerin zu sein. Merz tat sich schwer, weil er seit seinem Rückzug aus dem Bundestag 2009 in der Parteipolitik nicht mehr präsent gewesen war. Spahn musste hinnehmen, gleich zu Beginn der Regionalkonferenzen als sicherer Verlierer dazustehen. Merkel hielt sich aus dem Wettstreit heraus. Dass sie weder Merz noch Spahn bevorzugen würde, ergab sich von selbst. Beide hatten seit Langem zu ihren Kritikern – in der Flüchtlingspolitik und auch auf anderen Gebieten – gehört. Der CDU-Wirtschaftsflügel unterstützte Merz. Spahn wiederum konnte sich nicht mehr auf die Junge Union verlassen, die nun ebenfalls zu Merz tendierte. Das Merkel-Lager der CDU wurde auf Seiten von Kramp-Karrenbauer verortet. Die Mär wurde verbreitet, Kramp-Karrenbauer sei die Favoritin der Parteifunktionäre und Merz der Liebling der einfachen Parteimitglieder. Zwischen diesen beiden werde sich die Sache entscheiden, war der Konsens von Demoskopen und in den sogenannten CDU-Kreisen.

Am Montag vor der Entscheidung wurde in der ARD eine Dokumentation von Stephan Lamby ausgestrahlt. Schatten der Vergangenheit tauchten wieder auf, als Merz in dem Film bekannt machte, mit Schäuble einige Male über die Ablösung Merkels als Bundeskanzlerin gesprochen zu haben. »Wir haben uns natürlich auch hin und wieder über die Frage unterhalten«, sagte Merz. »Es stand ja die Frage im Raum, ob er möglicherweise die Kanzlerschaft noch einmal übernimmt oder nicht. Er hat mir dann gesagt: ›Wenn das dann jemals dazu kommen könnte, muss ich mich auch auf dich verlassen können.‹ Aber dazu ist es halt nicht gekommen.« Auch im Herbst 2015, während der Flüchtlingskrise, wurde nichts aus den Gesprächen. Doch hegte das Merkel-Lager damals Vermutungen über den Finanzminister. Schäuble sei der Kanzlerin gegenüber »nur bedingt loyal«, sagten enge Vertraute Merkels. Schäuble sage heute dies und morgen das Gegenteil, hieß es bei ihnen. Schäuble habe sich »nicht getraut«, äußerten später seine CDU-internen Kritiker. Wahrscheinlich wäre er auch nicht durchgekommen. Zudem verbreitete Schäuble die Auffassung, die CDU dürfe weder Vorsitzende noch Kanzler stürzen. Sonst würde es über Jahre hinweg zu Verwerfungen kommen.

Dass Schäuble aber Merz als Kandidat für den Parteivorsitz protegierte, war in Berlin bekannt. In dem Dokumentarfilm legte Merz dies zunächst selbst offen. Merz über Schäuble und über seine Planungen, für den CDU-Vorsitz zu kandidieren: »Ich habe ihn natürlich auch um Rat gefragt, was ich in dieser Situation jetzt tun soll, in der wir jetzt sind. Und er hat mir nicht abgeraten.« Schäuble äußerte sich in dem Film nicht. Er wollte es, in Absprache mit Beratern von Merz, später im Gespräch mit Johannes Leithäuser und Eckart Lohse, Berlin-Korrespondenten der *Frankfurter Allgemeine Zeitung*, nachholen, die ursprünglich damit gerechnet hatten, Schäuble erst nach dem CDU-Parteitag zu befragen, *post festum* also. Noch einmal aber wollte Schäuble Einfluss nehmen. Er gab ein vehementes Plädoyer für Merz ab, wie es keiner der anderen beiden Kandidaten von irgendeinem anderen CDU-Spitzenpolitiker erhalten hatte. »Friedrich Merz ist ein Mann, der mit klaren Konzepten klare Signale sendet, der den Mut hat, nicht nur das Ende einer Diskussion abzuwarten, sondern sie stattdessen zu gestalten.« Und: »Er ist ein überzeugter Europäer, ein verlässlicher Streiter für die atlantische Partnerschaft und jemand, der die soziale Marktwirtschaft hochhält. Für die Profilierung der CDU ist es sehr wichtig, jemanden mit einem so klaren Kompass an der Spitze zu haben. Das spricht für Friedrich Merz.« Schließlich: »Es gibt drei sehr gute Kandidaten. Aber ich habe eine feste Meinung: Es wäre das Beste für das Land, wenn Friedrich Merz eine Mehrheit auf dem Parteitag erhielte.« Noch einmal schien Schäuble, eigentlich der »Elder Statesman« der CDU, aus der Rolle des Objekts in die des gestaltenden Subjekts wechseln zu wollen. Auf die für ihn typische Weise, eigene Auffassungen hinter denen von anderen zu verbergen, attackierte er Merkel und Kramp-Karrenbauer zugleich. Was passiert wäre, wenn Merkel nicht auf den CDU-Vorsitz verzichtet hätte, wurde er gefragt. »Es hätte Diskussionen gegeben. Die Generalsekretärin der CDU, Annegret Kramp-Karrenbauer, die ja selbst für den Vorsitz kandidiert, hat von einer ›bleiernen Zeit‹ gesprochen, in der wir uns befänden.« Schäuble erreichte sein Ziel nicht. Stattdessen bekam er zu hören und zu lesen, auch seinen letzten Kampf in der CDU verloren zu haben. Seine Autorität habe er verspielt, wurde von Anhängern Spahns und Kramp-Karrenbauers später gesagt. Er hätte sich, wie jedes andere Führungsmitglied der CDU auch, nicht äußern dürfen. Unmittelbar nach dem Parteitag versuchte er eine Klarstellung: »Ich habe überhaupt keine Schlacht gegen Frau Merkel geführt.«

# AKK – auf Merkels Spuren

Der Parteitag fand in Hamburg statt. Vor der Wahl des/der neuen CDU-Vorsitzenden am 7. Dezember 2018 hielt Merkel eine Abschiedsrede, die mit etwa dreißig Minuten kürzer als ursprünglich geplant ausfiel. Neun Minuten lang war der Dankesbeifall, von den Delegierten stehend gezollt. Die drei Kandidaten hielten Bewerbungsreden, je etwa zwanzig Minuten lang. Die Rede von Annegret Kramp-Karrenbauer war die beste und besser als erwartet. Es gab viel Beifall. Die Rede von Friedrich Merz war lau und schlechter als erwartet. Der Beifall war bemüht. Die Rede von Jens Spahn war gut, auch weil er die zu erwartende Niederlage sportlich nahm. Der Beifall war ermutigend. Kramp-Karrenbauer hatte sehr persönlich gesprochen. Merz hatte doziert. Spahn hatte in die Zukunft geschaut. Wie es zu erwarten war, erreichte keiner der drei Kandidaten im ersten Wahlgang die erforderliche absolute Mehrheit der Delegierten. 999 Stimmen wurden abgegeben. Kramp-Karrenbauer bekam 450, Merz 392 und Spahn 157. Spahn schied aus. Er gab keine Empfehlung für die Stichwahl ab. Viele Delegierte dachten, wegen der politischen Nähe würden die Spahn-Wähler nahezu komplett zu Merz überlaufen. Eingefleischte Merz-Anhänger, von denen es viele gab, waren deshalb siegesgewiss.

Doch sie hatten falsch kalkuliert. Kramp-Karrenbauer bekam 517 Stimmen, Merz 482. Von den 157 Spahn-Wählern hatten sich offenkundig 67 für Kramp-Karrenbauer entschieden und nur 90 für Merz. Das Lager des Verlierers war entsetzt, weil es fest mit dem Sieg gerechnet hatte. Schäuble wurde gefilmt, wie er ungläubig-entsetzt den Kopf schüttelte. Auch er hatte verloren. Das Lager der Gewinnerin war euphorisiert. Merkel drückte ihre Nachfolgerin, die beiden Frauen strahlten. Das Merz-Lager suchte nach den Ursachen, weshalb er nicht 18 Stimmen mehr bekommen hatte. Seine Rede sei schuld gewesen; er habe sich am Vorabend nicht um die Delegierten gekümmert, sondern sie kommen lassen, als sei er schon Parteichef und Kanzler. Verschwörungstheorien gingen ebenfalls um. Während der Merz-Rede sei die Lautsprecheranlage leiser gestellt worden, weshalb er akustisch nicht gut zu verstehen gewesen sei; außerdem seien die Scheinwerfer so ausgerichtet worden, dass er geschwitzt habe. Dem – später auch flehentlich vorgetragenen – Ruf von Delegierten, Merz möge helfen, um das marktwirtschaftliche Profil der CDU zu schärfen, entsprach er nur im Allgemeinen. Als der Parteitag über die Wirtschaftspolitik der CDU sprach, trat Merz, das Idol der Marktwirtschaftler der CDU, nicht als Redner in Erscheinung. Er kandidierte auch nicht für die engere oder auch nur erweiterte Parteiführung. Das tat Jens Spahn. Der Gesundheitsminister wurde mit 89,1 Prozent der Stimmen in das Parteipräsidium gewählt. Das war wie eine Belohnung.

Kramp-Karrenbauer sprach mit Merz, und sie verabredeten, weiter im Gespräch zu bleiben. In der CDU wurde vernommen, Merz warte »auf ein Angebot«. Höhnisch wurde das kommentiert – im Lager von Kramp-Karrenbauer und auch im Lager von Jens Spahn. Merz sei der Verlierer. Die These der »Merzianer«, ihr Favorit sei der Liebling der Parteibasis, wurde zerpflückt. »Schlechte Verlierer« seien das. Merz redete, wie versprochen, mit Korrespondenten der *F.A.Z.* Er wurde gefragt, ob ein Ministeramt für ihn infrage komme. Merz sagte: »Ein solches Amt würde ich mir aufgrund meiner Erfahrungen in Wirtschaft und Politik zutrauen.« Er fügte an: »Dies liegt aber nicht in meiner Hand, sondern das ist Sache der Kanzlerin. Wir werden nach dem erneuten Gespräch im neuen Jahr weitersehen.«

Doch mit seinem Interview zeigte Merz, wie lange er sich nicht mehr im politischen Unterholz befunden hatte. Offenkundig hatte er über die Jahre in der Wirtschaft verlernt, was aus solchen Äußerungen gemacht werden kann. Dazu ein Auszug aus dem Protokoll der Bundespressekonferenz: »Frage: Herr (Regierungssprecher) Seibert, hat die Bundeskanzlerin vor, ihr Kabinett in nächster Zeit umzubilden? Würde sie das tun, um Platz für einen Minister Friedrich Merz zu schaffen? Seibert: Die Bundeskanzlerin plant keine Kabinettsumbildung, und damit erübrigt sich dann die Antwort auf Ihre zweite Frage.«

Über die Selbstbewerbung von Friedrich Merz aber wurde in den Kulissen des Berliner CDU-Betriebs gelästert. Wie könne er nur? Wenn Merz der Partei dienen und ein politisches Amt anstreben wolle, hätte er für ein Parteiamt kandidieren können. Zu einem der stellvertretenden CDU-Vorsitzenden wäre er gewiss gewählt worden. Annegret Kramp-Karrenbauer verspottete ihn sogar. Letzthin bei einer Vorbesprechung der Minister der Unionsparteien habe sie gezählt, sagte sie. »Das Kabinett war vollzählig. Es gibt da also für die Kanzlerin keinen Handlungsbedarf«, ließ sich »AKK« von der *Zeit* zitieren, wenige Tage nachdem Merz angeblich Ambitionen auf ein Ministeramt zu erkennen gegeben hatte.

Merkel und Kramp-Karrenbauer erweckten gleichermaßen den Eindruck, an der Spitze der Bundesregierung werde sich vorerst nichts verändern, womöglich bis zur nächsten regulären Bundestagswahl 2021. Doch weil die Kanzlerin mit ihrer Ankündigung, auf den CDU-Vorsitz zu verzichten, ganz Berlin überrascht hatte, verbreiteten sich – bis in das Kanzleramt hinein – Spekulationen, Merkel könnte auch ihre Demission als Bundeskanzlerin überraschend bekannt geben. Jeder Schritt und jedes Wort der beiden Frauen wurde unter dem Blickwinkel der Machtfrage bewertet. Dass Kramp-Karrenbauer an Merkels »Morgenlage« im Kanzleramt und an den CDU/CSU-internen Ministerbesprechungen vor Kabinettssitzungen teilnehme, wurde als Besonderheit registriert. Wer von beiden in Sitzungen der Bundestagsfraktion als erste sprach, ebenso. Als Kramp-Karrenbauer im April 2019 bekanntgab, der CDU-Vorstand werde sich im Juni – kurz nach der Europa-Wahl – zu einer Klausursitzung treffen, sah sich Merkel der Erregungen in den Medien wegen zu einer Klarstellung genötigt. »Mit einem klaren Nein« reagierte sie auf die Frage, ob sie wie damals im Herbst 2018 vor einer Klausurtagung »überraschend« auf ein Amt verzichten werde – dieses Mal auf das der Bundeskanzlerin. Den Spekulationen, ein neuerlicher Amtswechsel stehe bevor, tat es keinen Abbruch. Wenn schon nicht sofort, dann eben später nach Landtagswahlen in Ostdeutschland. Je länger Merkel Bundeskanzlerin sei, desto schwieriger würde es für »AKK«, auch in diesem Amt ihre Nachfolgerin zu werden.

Kramp-Karrenbauer aber war entschlossen, sich die errungene Macht in der Partei nicht wieder aus der Hand nehmen zu lassen. Nicht von Angela Merkel und schon gar nicht von Friedrich Merz und seinen Freunden, die alsbald begannen, den Anspruch der neuen CDU-Vorsitzenden infrage zu stellen, Merkel – nach einer Bundestagswahl – auch als Bundeskanzlerin nachzufolgen. AKK wollte dort ankommen, wo Merkel, die ebenfalls einst Unterschätzte, 2005 einzog: Bundeskanzleramt, Willy-Brandt-Straße 1, 10557 Berlin.

# Dank

Mein Dank gilt Freundinnen und Freunden, Kolleginnen und Kollegen, Gesprächspartnerinnen und Gesprächspartnern für Ermutigung, Hinweise und Informationen, besonders denen von der *Frankfurter Allgemeine Zeitung*, die mir über viele Jahre ermöglichten, die Politik in Bonn und Berlin zu beobachten und zu beschreiben. Zudem bedanke ich mich für die Unterstützung von Mitarbeiterinnen des *F.A.Z.*-Archivs und des Archivs Grünes Gedächtnis, das meinen Vorlass in Obhut genommen hat.

# Personenregister

331

# Abbildungsverzeichnis